Wolfgang Günther

„Ach Schwester, ich kann nicht mehr tanzen..."
Sinti und Roma im KZ Bergen-Belsen

Herausgeber: Niedersächsischer Verband deutscher Sinti e.V., Schaumburgstr. 3, 3000 Hannover 1

Autor: Dr. Wolfgang Günther, Hannover
Beratung: Karl Wagner, Loy

Satz, Druck und Verlag: SOAK GmbH, Hannover

© Hannover 1990

ISBN 3-88209-150-9

Inhaltsverzeichnis

Vorwort

1.0	Bergen-Belsen, Gegenstand und Methode	1
1.1	Die Interviews	3
1.2	Die topografischen Exkurse	7
2.0	Sinti und Roma in den Häftlingslagern für Männer	9
2.1	Ein Sinti-Transport in das Männerlager von Bergen-Belsen	12
2.2	Sinti als Häftlinge im Häftlingslager I	21
2.3	Sinti als Häftlinge im Häftlingslager II	22
2.4	Die letzten Tage im Männerlager	23
2.5	Ein topografischer Versuch und eine Zwischenbilanz	29
3.0	Sinti und Roma im Kleinen Frauenlager	33
3.1	Transporte von Sinti und Roma ins Kleine Frauenlager	33
3.2	Das Einweisungsverfahren in das Kleine Frauenlager	38
3.3	Der Kampf um das Essen in der letzten Woche	47
3.4	Zwischenbilanz für das Kleine Frauenlager	51
4.0	Kurze Geschichte des Großen Frauenlagers	53
4.1	Frauen und Kinder im Großen Frauenlager	54
4.2	Die Transporte von Sinti und Roma in das Große Frauenlager	54
4.3	Die Sinti-Baracken im Großen Frauenlager	55
4.4	Die Sinti-Baracken im Großen Frauenlager West	57
4.5	Waisen der Sinti und Roma im Kinderlager	69
4.6	Frauen und Kinder im Großen Frauenlager Ost	72
4.7	Zwischenergebnis: Frauen und Kinder der Sinti und Roma	77
5.0	Sinti und Roma im Nebenlager Bergen-Belsen	79
5.1	Zur Topografie des Nebenlagers in den Belsener Kasernen	79
5.2	Die Grenzen des Nebenlagers	82
5.3	Die Kontrolle über das Nebenlager	84
5.4	Die Transporte von Sinti und Roma in das Nebenlager	86
5.5	Funktionen von Sinti-Häftlingen im Nebenlager	93
5.6	Zigeunermusik in Bergen-Belsen	94
5.7	Sinti im Bewährungsbataillon Dirlewanger	95
5.8	Die Lage der Sinti-Blocks im Nebenlager	97
5.9	Die Anzahl von Sinti und Roma im Nebenlager	99
5.10	Fluchten von Sinti nach der Befreiung aus dem Haupt- und Nebenlager	107
6.0	Das Ende einer Befreiung	110
7.0	Exkurse zur Topografie des KZ Bergen-Belsen	115
7.1	Zur Kritik der Topografie des Kleinen Frauenlagers	115
7.2	Zur Kritik der Topografie des Frauen-Zeltlagers	119
7.3	Weiter: Kritik der Topografie des Kleinen Frauenlagers	123
7.4	Zur Kritik der Topografie des großen Frauenlagers	129
7.5	Zur Kritik der Topografie des Heeres-Neubau-Material-und Arbeiterlagers	130
7.6	Zur Kritik der Topografie des Kriegsgefangenen-Lazarettlagers	133

Lagerlaufbahnen der interviewten Familien	136
Statistik der ohne Entlassungspapiere geflüchteten Sinti	137
Mortalität der gemeinsam verhafteten Familienmitglieder	138
Statistik der Wohn- und Gewerbearten vor der Verhaftung	139
Dokumente	140
Topografische Quellen	159
Literaturverzeichnis	161
Plan vom Hauptlager Bergen-Belsen	165
Plan vom Nebenlager Bergen-Belsen	167

Vorwort

**Ihr, die Ihr überlebt habt, Ihr könnt nicht vergessen:
Die Träume und der Schmerz, der daraus entsteht, hindern Euch daran. Ihr könnt nicht vergessen, so wie Eure Peiniger Euch vergessen haben. Ihr, die geduldig mit Schmerz und Trauer Zeugnis über den an Euch begangenen Völkermord abgelegt habt, Euch möchten wir mit tiefem Respekt und höchster Achtung danken.** S.F.

In der vorliegenden Arbeit wird der Versuch unternommen, durch Zeugenaussagen überlebender Sinti und Roma und bislang weitgehend unbekannte historische Dokumente den Völkermord an Sinti und Roma in der Zeit des Nationalsozialismus zu beweisen.

In der aktuellen politischen Diskussion wird in fürsorglicher Absicht und beladen mit Schuldgefühlen versucht, Sinti und Roma in die Gruppe der sogenannten vergessenen Opfer einzureihen.

Richtig ist, daß neben der Minderheit der Juden allein unsere Minderheit aus rassischen Gründen ausgerottet werden sollte. Trotz vergleichbarer Vefolgungsgeschichte vor und während der Zeit des Nationalsozialismus wurde nach 1945 seitens der Behörden wie auch der historischen Aufarbeiterzunft alles unternommen, den Völkermord an unserem Volk herabzusetzen, zu verharmlosen oder gar ganz zu leugnen.

Trotz bekannter und beweisbarer Unterlagen und Dokumente erscheint das Verfolgungsschicksal der Sinti und Roma nur als Fußnote in Historikerkreisen: schuldhaft - dies bedeutet vorsätzlich oder fahrlässig - wird in der historischen Wissenschaft der Völkermord an Sinti und Roma vernachlässigt.

Eben wegen dieses Versäumnisses seitens der Historiker wird nun erstmals von den betroffenen Sinti und Roma selbst der Versuch unternommen, die tatsächliche Tragödie der Vernichtung unseres Volkes in der Nazi-Zeit darzustellen und zu veröffentlichen.

Die nach Abschluß der vorliegenden Arbeit gewonnenen Erkenntnisse veranlassen uns dazu, die bislang von Historikern angegebene Schätzzahl von ca. 500.000 in der Nazi-Zeit ermordeten Sinti und Roma zu bezweifeln.

Die Zahl muß nach unserer Meinung aufgrund der neu vorliegenden Erkenntnisse nach oben korrigiert werden.

Wir wissen zu würdigen, wie schwer es für die interviewten - heute alten und kranken - Überlebenden war, mehr als 40 Jahre nach dem Holocaust an einer Korrektur der Geschichtsschreibung mitgewirkt zu haben und dadurch das Grauen in der Nazi-Zeit nochmals in Gedanken durchleiden zu müssen.

Wir danken allen interviewten Sinti, die Belastung der Erinnerung auf sich genommen zu haben, damit den nachfolgenden Generationen das Verfolgungsschicksal unseres Volkes nicht in Vergessenheit gerät.

Außerdem danken wir Herrn Günther und Herrn Wagner für die Ausdauer und Sensibilität bei der Durchführung der Interviews mit den überlebenden Zeitzeugen.

Im Namen des Niedersächsischen Verbandes deutscher Sinti e.V.

Manfred Böhmer
Geschäftsführer

1.0. Bergen-Belsen, Gegenstand und Methode

Wenn ich an Bergen-Belsen zurückdenke, dann erscheint mir das Lager als schwarzes Loch, darauf spezialisiert, Menschen in großer Zahl anzusaugen und in sich mit solcher Gewalt zu verschlingen, daß die Nachricht ihres Verschwindens noch vor ihnen selbst aufgelöst worden ist zu dem, was von ihnen geblieben ist: Erde, Flugasche und Rauch. Nur am Rand und ganz zuletzt, als und wo die Gewalt dieses Schlundes schwächer war und wurde, entkamen ihm einige mit dem Entsetzen ihres Lebens. Ihnen ist dieser Text gewidmet.
Auf einem solchen Platz gelten eigene Gesetze der physischen und moralischen Orientierung; physische: denn nicht einmal die wenigen Entkommenen finden sich darauf zurecht und laufen in die Irre. Wähnend, in der Nähe wenigstens ihres einstigen Schmerzensortes zu stehen, können sie mehr als einen Kilometer von ihm abgekommen sein, und wenn sie genau darüberstehen, meinen, weit von ihm entfernt zu sein. Und moralische: denn das Opfer fühlt sich schuldig, weil es entkam, wo so viele starben, und der Täter unschuldig, weil er auf staatlichen Befehl gehandelt hat.
Wer als Besucher vor der Gedenkwand für die zuletzt nicht einmal mehr gezählten Opfer dieses Platzes steht, wird dort vielleicht eine an ihrer helleren Farbe als nachträglich eingefügt erkennbare Inschrift entdecken, mit der Sinti (Zigeuner) an ihre Toten auf diesem Platz erinnern. Sie befindet sich auf Veranlassung des Verbandes Deutscher Sinti dort seit 1979. Nimmt der Besucher aber das kurzgefaßte Standardwerk zur Geschichte des Lagers in die Hand, so wird er in ihr nicht einmal die Wörter Sinti, Roma oder Zigeuner finden.
Als dieses Standardwerk der Geschichte des Lagers Belsen-Bergen gelten die Arbeiten von Eberhard Kolb[1]. Danach hätte es im Lager Bergen-Belsen zwischen 1943 und 1945 keine Sinti als Häftlinge oder Lagerinsassen gegeben. Daß dies nicht stimmen kann, zeigt der erste Blick in zwei von Kolb benutzte Quellen[2]. Sington nennt für das Nebenlager Belsen die Zahl von genau 100 Zigeunerhäftlingen, die zum Zeitpunkt der Befreiung des Lagers noch gelebt haben. Aus der hohen Sterblichkeit unter den Häftlingen auch vor ihrer Befreiung folgt, daß die Zahl der lebend eingelieferten Sinti-Häftlinge bedeutend größer gewesen sein könnte. Aber Sington gibt nicht nur eine Zahl für die lebend befreiten Zigeuner an, sondern bemerkt auch, sie stammten „aus aller Welt".
Das heißt: es hat sich nicht nur um deutsche, sondern auch ausländische Staatsbürger gehandelt. Daß Kolb den Sachverhalt gekannt haben muß, ergibt sich aus dem Umstand, daß er den bei Sington abgedruckten Erlebnisbericht eines politischen Häftlings, des Sozialdemokraten Rudolf Küstermeier, zitiert und genau vor dem Satz unterbricht, wo Küstermeier eine Zigeunerkapelle erwähnt, die auf SS-Befehl Tanzmusik spielen mußte, und sein Zitat kurz hinter der Zigeunerpassage fortsetzt. Alle von Kolb abhängigen Autoren und Institutionen sind dieser Darstellung bis heute gefolgt[3]. Die von Kolb ausgelassene Textpassage hat folgenden Wortlaut:

„Es hatte immer Geigen und Gitarren im Lager gegeben, und ein paar Zigeuner hatten abends oft ein wenig Musik gemacht. In den letzten Tagen aber gab es plötzlich eine vollständige Kapelle. Die SS ermunterte sie, indem sie Zigaretten gab; und so spielte sie im Freien vom Morgen bis zum Abend, und die Leichen schleiften über die Steine, und die SS-Männer hieben mit Stöcken und Peitschen auf die stolpernden Gefangenen ein — zu Melodien von Lehar und Johann Strauß.

Die Zigeuner spielten sogar bei Nacht. Niemand konnte schlafen. Wir waren erschöpft und doch zugleich auf unserer Hut. Die Zigeuner wanderten von Baracke zu Baracke, spielten ein paar Stücke, sammelten kleine Geschenke und gingen weiter. Sie besuchten unsere Baracke um 11 Uhr, dann wieder um zwei und schließlich noch einmal um fünf. Einige Insassen waren dagegen, nannten es Irrsinn und Dummheit, während andere froh waren, etwas Unterhaltung zu haben.[4].

Auf der gleichen Linie lag der Bericht eines französischen Überlebenden, des Häftlingsarztes G. L. Frejafon aus 1947: unter den insgesamt 1823 Gefangenen des Häftlingslagers I (Männerlager) erwähnt er ausdrücklich auch „vier deutsche Zigeuner".[5]

Daß die erste Platzbesetzung eines ehemaligen reichsdeutschen Konzentrationslagers bereits 1945 von ungarischen Roma auf dem Gelände des aufgelassenen Hauptlagers von Bergen-Belsen versucht wurde und welchen Erfolg sie damit hatten, konnte man seit 1958 bei Leslie H. Hardman, einem britischer Militär-Rabbiner, nachlesen[6].

Schließlich sind die Arbeiten britischer Ärzte und Psychiater zu nennen, die über ihre Erfahrungen mit der Rehabilitation von Überlebenden in Bergen-Belsen, darunter auch Kindern der Sinti und Roma, berichtet haben[7].

Alle diese frühen Berichte erwähnen in irgendeiner Form die Anwesenheit von Zigeunern unter den Häftlingen in Bergen-Belsen, und alle diese Quellen finden sich bereits im Literaturverzeichnis der ersten Publikation von Kolb. Daß die Verfolgung der Zigeuner Europas im nationalsozialistischen Machtbereich rassistisch begründet wurde, war unmittelbar nach der Befreiung anerkannt. Dem Niedersächsischen Verband deutscher Sinti liegen Dokumente von dem „Ausschuss ehemaliger Konzentrationshäftlinge"[8] aus 1945 vor, in denen mehreren deutschen Sinti bescheinigt wurde, daß sie „bis zu ihrer Befreiung im Konzentrationslager" inhaftiert und „rassepolitisch verfolgt" waren, darunter auch solchen Frauen und Männern, die Belsen überlebt hatten.

Dieses historische Wissen fällt unter die schon von Homer in der Ilias formulierte Erkenntnis: „Geschehenes weiß auch der Tor." Wie aber soll man Menschen bezeichnen, die nicht einmal dieses Wissen besitzen? Und wie bezeichnen wir einen Menschen, der vor allen historischen Ereignissen wußte, was kommen wird? Homer nannte die Frau, die das kommende Unheil der Troer voraussagte, Kassandra. In einer Erzählung Otto Pankoks, die auf dem Höhepunkt der Weltwirtschaftskrise angesiedelt ist, heißt die junge Sintiza Ringela. Der einzige Unterschied zwischen beiden Frauen: Kassandra, eines Königs Tochter und Priesterin, konnte ihr Gesicht deuten und fand gleichwohl bei ihren Leuten keinen Glauben, Ringela, die nichts dergleichen gewesen ist und ihr Gesicht nicht deuten konnte, hat trotzdem bei ihren Leuten Glauben gefunden. Der Leser findet ihr Bild vor dem Text zum Großen Frauenlager.

Eines Tages war große Erregung in der Wagenburg. Mit weit aufgerissenen Augen standen die Zigeuner da, und den Frauen flossen die Tränen über die Wangen. Was gibt's? Da war gerade eine der jungen Frauen über die Heide gekommen und hatte plötzlich etwa Seltsames vom Himmel herabfliegen sehen. Und als sie erschrocken genau zusah, da war es der Mulo gewesen, der Tod. Ein menschliches Gerippe, das vom Himmel herniederschwebte, umschwärmt von einer großen Schar schwarzer Vögel. Und da war sie gelaufen, und nun saß sie zitternd auf dem Boden und hielt ihren Kopf in den Händen vergraben, und ihre Flechten hingen ihr

vorne über das Gesicht. 'O Molari', flüsterte Mami Fisili mir zu, 'jetzt wird etwas kommen, was Schreckliches wird kommen für die Sinte, du wirst dran denken, was ich sage: wenn man den Mulo am Himmel sieht, dann kommt was, das schlimmer ist als alles, was man sich ausdenken kann.'
Die Junge aber, der der Mulo begegnet war, das war die Ringela gewesen, die in Oranienburg einen grauenhaften Tod gefunden hat.[9]

In diesem schwarzen Loch Bergen-Belsen wollte ich nach Sinti suchen, Menschen, die sich selbst im halben Scherz als Schwarzköpfe bezeichnen: gut getarnt und fast unsichtbar also in seiner Schwärze. Soweit sich diese Suche in Büchern oder Archiven abgespielt hat, werde ich nicht besonders darauf eingehen, weil die dabei benutzten Methoden so oft beschrieben worden sind, daß eine Wiederholung den Leser langweilen muß. Ich beschränke mich auf eine Beschreibung unserer biografisch-topografischen Methode, mit deren Hilfe wir aus der Erinnerung der überlebenden Sinti, aus den Luftbildern und Fotos, den Karten, Skizzen und Plänen des ehemaligen Lagerplatzes sowie aus ihm selbst die Daten zusammengesucht haben, die der folgenden Beschreibung zugrundeliegen.

1.1 Die Interviews

Die Vorarbeiten für die Interviewserie begannen im Herbst 1988, nachdem der Niedersächsische Verband Deutscher Sinti sich entschlossen hatte, das Untersuchungsprojekt als Träger durchzuführen. Das 1. Interview — mit Frau Laubinger — fand am 2.9.1989 statt. Abgeschlossen — vorläufig — wurde unsere Serie mit dem letzten Interview — mit Frau Hasselmann — im Februar 1990. Wir haben insgesamt 14 Interviews, ein Vorinterview und zwei Nachinterviews gemacht. Wenn ich bisher von "wir" im Zusammenhang mit den Interviews gesprochen habe, dann meine ich damit Herrn Wagner und mich selbst. Herr Wagner war für die Kontaktanbahnung zuständig und hat einige Interviews mit mir zusammen durchgeführt, um sich in die Methodik einzuarbeiten, danach war er in vielen Fällen der einzige Interviewer. Die zitierten Gesprächsausschnitte geben das jeweils wieder.
Den Gesprächen lag ein offen gehaltener Gesprächsleitfaden zugrunde, der als roter Faden dienen sollte. Eine eigentliche Testphase dafür hat es nicht gegeben, weil jedes Gespräch für die Interviewten eine große Belastung mit sich brachte, die nicht aus rein formalen Gründen beliebig wiederholt werden konnte. Ich mußte mit den jeweils vorhandenen Daten arbeiten, und hoffte, in der unmittelbar anschließenden Auswertung die von mir und uns gemachten Fehler zu erkennen und beim nächsten Mal nicht mehr zu wiederholen. Die Interviews sind deshalb von unterschiedlicher Qualität und Ergiebigkeit. Die Gespräche wurden auf Tonbandkassetten aufgezeichnet und auf einem Textcomputer transkribiert. Sie umfassen zeitlich etwa zwei Dutzend Zeitstunden und der Text bedeckt einige hundert Schreibmaschinenseiten. Auch dieser Leitfaden hat sich also durch die Auswertung der Gespräche jeweils mitverändert, ohne daß dies eigens dokumentiert worden wäre. Im Gesprächsleitfaden war aber von Anfang an festgelegt, daß jedes Interview die ganze erinnerte Lebenszeit unter dem Gesichtspunkt der Verfolgung thematisieren sollte. Grob kann man drei Phasen unterscheiden:
— die Zeit vor der NS-Verfolgung der Familie
— die Zeit während der Verfolgung und
— die Zeit nach der Befreiung aus dem Lager Bergen-Belsen

Durch das letzte Kriterium wird deutlich, daß wir die Interviewpersonen nach einem doppelten Kriterium ausgewählt haben: sie mußten von den Sinti als "unsere Leute" anerkannt und im Lager Bergen-Belsen befreit worden sein. Die Formulierung des ersten Kriteriums verdeckt ein Problem: Zigeuner und Sinti sind nicht einfach verschiedene Begriffe für denselben Menschenkreis. Wer Zigeuner — oder Zigeunermischling — war, das bestimmten die Behörden des nationalsozialistisch gewordenen Deutschen Reiches. Wer ein Sinto, wer eine Sintiza ist, das wissen nur die Sinti selbst. Allgemein gilt: jeder von ihnen als zu ihren Leuten gehörig Anerkannte wäre im Fall der Aufspürung von den Behörden auch als Zigeuner oder Zigeunermischling klassifiziert worden, aber nicht jeder als Zigeuner oder als Zigeunermischling Klassifizierte wurde und wird als Sinto anerkannt. Der Kreis der Sinti ist also kleiner als derjenige der Zigeuner — selbst dann, wenn ich alle Roma als — in- oder ausländische — Sinti einbeziehe. So waren die armen Mechau-Zwillinge, deren unterschiedlich gefärbte Augen im medizinischen Spiritus der Sammelgläser des Dr. Mengele endeten, zwar vor ihrer Vergasung in Auschwitz-Birkenau als Zigeuner klassifiziert worden, aber jeder Sinto weiß, daß sie nicht ganz zu ihren Leuten gehört haben.
Abhängig von dem Lebensalter eines Gesprächsteilnehmers mußte das Interview sich nicht selten auf die zweite oder gar dritte Phase beschränken: der jüngste Teilnehmer, Christian Franz, ist zum Zeitpunkt der Befreiung fünf Jahre alt gewesen. Sein Paßbild im Ausweis der von den Alliierten befreiten Häftlinge ist Teil der neueröffneten Gedenkstätte Bergen-Belsen und vertritt dort die Gruppe der Sinti unter den Befreiten.[10]. Die älteste von uns interviewte Person, Frau Franz, war zum Zeitpunkt des Gesprächs 82 Jahre. Bei ihrer Verhaftung ist sie bereits verheiratet gewesen, hatte vier Kinder geboren und ein Stiefkind erzogen. Alle sind im Zigeunerfamilienlager Auschwitz-Birkenau ums Leben gebracht worden. Eine Übersicht über die Lagerwege aller Interviewpersonen findet sich im Anhang der Arbeit.[11]
Die Interviews wurden als Einzel- oder als Gruppeninterview durchgeführt. Mit Ausnahme eines einzigen Gesprächs, dem Interview mit Frau Pranden, fanden alle übrigen in der Familienwohnung statt, in der Regel bei Anwesenheit von einigen oder allen Familienmitgliedern. Dieses Arrangement haben wir schon deshalb getroffen, um die Überlebenden nach dem Gespräch mit ihren Wiederverletzungen nicht alleine zurücklassen zu müssen. Räumlich erstreckten sich die Gespräche im Wesentlichen auf Hannover und Umgebung innerhalb Niedersachsens. In einzelnen Fällen, — dem Interview mit Frau Winterstein —, wurden auch angrenzende Bundesländer aufgesucht. Dieser relativ enge Einzugsbereich hatte im Wesentlichen finanzielle und zeitliche Gründe. Die Auswertung solte in jedem Fall zum 45. Jahrestag der Befreiung des Lagers Bergen-Belsen auf den Büchertischen des neueröffneten Dokumentenhauses liegen.
Als Interviewsprache war zwischen allen Beteiligten Deutsch vereinbart worden. Soweit in den Interviews an kritischen Punkten die Menschen in ihre Muttersprache Romnes zurückfielen, hat Herr Wagner auch die Übersetzung aus seiner Muttersprache ins Hochdeutsche besorgt. Die Stellen sind drucktechnisch kenntlich gemacht, sodaß der Leser hier die Sprachebenen auseinanderhalten kann. Wenn also Frau Winterstein, im Bemühen, die Frage nach der Art ihrer Baracke ganz genau zu beantworten, sagt:
„Frau Winterstein: *Mamma, das waren große,* die waren ganz groß, die Baracken, ganz groß." dann sind die in normaler Schrift gesetzten Partien der Aussage im Original Romnes, die übrigen deutsch gesprochen worden. Schwierig in allen aus

dem Mündlichen schriftsprachlich transkribierten Texten ist immer die Frage der Annäherung gesprochener Sprache an die geschriebene: wir alle neigen beim Lesen unwillkürlich dazu, einen ganz anderen Verstehens- und Beurteilungsmaßstab anzulegen, den für die Schriftsprache, obwohl wir alle wissen, daß wir beim Sprechen nicht nach der Schulschnur reden. Jedem, der seine goldenen Worte schon mal abgeschrieben las, wird der milde Schock aus dieser Erfahrung erinnerlich sein. Bei den deutschen Sinti kommt hinzu, daß sie mehrheitlich nicht Hochdeutsch, sondern ihren regionalen Herkunftsdialekt sprechen, und den auch noch in einer spezifischen Variante. Dazu gehört, daß eine Respektsperson — und dazu rechnen die Alten — mit „Ihr" angesprochen wird. Das ist zwar bei den deutschen Deutschen auch mal üblich gewesen, aber schon so lange her, daß fast nur noch unsere Kulturwissenschaftler darüber informiert sind — die deutschen Sinti halten es aber heute noch so. Wer die Fragen, die Herr Wagner jeweils in den Interviews gestellt hat, daraufhin durchliest, wird genug Beispiele finden.

Ich habe mich bemüht, ihre Sprache nicht zu verwischen, sondern sie bei aller für das Verständnis des Gesagten notwendigen Annäherung an die hochdeutsche Grammatik und Syntax kenntlich bleiben zu lassen. In der Regel ist das die Sprachebene von Mitgliedern der deutschen ländlichen Gesellschaften aus der Vorkriegszeit in ihren einzelnen Regionen, von Ostpreußen bis ins Rheinland, von Schwaben bis nach Schleswig-Holstein. Und bei dem hohen Grad konservativer Grundhaltungen in dieser alten deutschen Minderheit wäre es nicht allzu verwunderlich, wenn eines Tages — lange, nachdem der letzte deutsche Ostpreuße, Schlesier oder Pommer seinen Mund für immer geschlossen hat — ein deutscher Sinto den seinen öffnen wird, und es wird immer noch so ähnlich klingen wie damals bei Sanau, Kobiella oder Triglaff. Wohl dem Leser, der noch eine Großmutter gekannt hat, bei der es so klang.

Die Auswertung der Interviews konzentriert sich auf den vorletzten Abschnitt, die Zeit in den verschiedenen Teillagern von Bergen-Belsen. Für bestimmte Fragen war es notwendig, eine oder zwei Stationen in der Lagerlaufbahn zurückzugehen, etwa, um die Frage einschätzen zu können, wieviele Sinti möglicherweise mit bestimmten Transporten nach Bergen-Belsen gekommen sein mochten. Dafür kamen im wesentlichen drei Lager in Frage: bei den Männern das Konzentrationslager Mittelbau-Dora mit seinen Neben- und Außenlagern, und bei den Frauen und Kindern die Konzentrationslager Ravensbrück und Mauthausen.

Die von Herrn Wagner und mir interviewten deutschen Sinti-Frauen konnten mit Etiketten wie "Großes Frauenlager" oder "kleines Frauenlager" soviel anfangen wie die Männer mit Begriffen wie "Häftlingslager I" oder "Häftlingslager II": nicht das geringste; keiner von ihnen erinnerte sich mit Bestimmtheit an den Tag der Einweisung, die Nummer ihres Blockes oder die Ergebnisse der ewigen Zählappelle. Offenkundig war dazu die Aufenthaltsdauer nicht lange genug gewesen, denn dieselben Zeugen konnten ihr Einweisungsdatum, die Barackennummern in früheren Lagern oder die Birkenauer Z-Nummern aller ihrer Verwandten — ich hatte den Eindruck: auch noch im Schlaf — hersagen: Stellvertretend für viele ähnliche Äußerungen mag der folgende Ausschnitt aus einem Interview stehen; der bei seiner Befreiung knapp fünfjährige Christian Franz erkundigte sich während des Interviews bei seiner Mutter, nachdem sie auf die Frage nach ihrer Bergen- Belsener Blocknummer eben hatte passen müssen:

Christian Franz: Was für einen Block waren wir denn in Auschwitz?
Luise Franz: In Auschwitz waren wir in Block 27, und im Block 1, und im Block 3.

Da kamen die wehrmachtsangehörige Zigeuner hin. Und 27 war der Hauptdingens (vermutlich: Hauptlager. W.G.), da sind wir zuerst hingekommen.
Christian Franz: Und in Bergen-Belsen weißt de das nich mehr?
Luise Franz: Nee, da waren auch, glaube ich, gar keine Nummern.
Und als ihr Sohn nicht locker ließ mit seiner Frage nach der vermaledeiten Blocknummer in Bergen-Belsen:
"Christian Franz: Aber du mußt doch ungefähr wissen, in was für'n Block wir waren?
kam es genervt von der alten Frau zurück:
Frau Franz: (auf die Sington-Skizze bezogen) Ach Mamma, Junge! Nach so 'm Plan! Wenn ich dahin komme, kann ich dir zeigen. Wenn ich ... Ich war ja schon mal in Bergen-Belsen.
Alle hatten eine quälend genaue Vorstellung von Bergen-Belsen. Oft sprang eine von ihnen im Gespräch auf und lief in der Wohnung die alten Wege nach: "Da bin ich so (linker Schwenk) und dann so (geradeaus) und dann so ... (rechter Schwenk) gegangen, und dann so, im Bogen, ..." (mit weitem Schwung beider Arme und halber Körperdrehung). Als Frau Winterstein Herrn Wagner die Pakkungsdichte in ihrer Baracke des großen Frauenlagers beschrieb, sprang sie auf, lief in der Stube eine Wand entlang:
Frau Winterstein: Also, das ging eine Reihe rauf, eine Reihe so, eine Reihe links, und denn wieder so. Auf die Erde ham mir alle geschlafen, nebeneinander.
Da sie dabei ihre Stellung zum Mikrofon so weit veränderte, wie es die beschränkten Raumverhältnisse nur zuließen, gibt die Aufzeichnung dies auch als Unterschied in Lautstärke und Raumakustik wieder. Wie oft hörte ich die Versicherung: „Ja, wenn das Lager noch dastände, dann könnte ich sofort ..." Ach ja, dann könnte sogar ich es inzwischen finden.
Diese Menschen hatten die Topografie ihres letzten Lagers nicht in seiner uns geläufigen Form symbolischer Repräsentation als Karte oder Skizze im Kopf, sie steckte ihnen buchstäblich noch in den Knochen. Und wir mußten an diese stumme, schmerzhaft bewußte innere Topografie der Überlebenden Anschluß gewinnen, soviel begriff ich schon nach den ersten Interviews; wenn uns sechs Sinti-Frauen ein- und denselben Barackentyp beschrieben, und hinzufügten, daß diese Baracke vollgestopft war mit ihnen selbst und ihren Kindern, dann konnte sich ein solcher Bericht entweder auf ein- und dieselbe Baracke oder auf sechs verschiedene Blöcke beziehen; im einen Fall hatten wir es mit etwa 500 Frauen und Kindern, das andere Mal mit 3000 zu tun.
Wie war die innere Topografie auf das Papier zu bringen? Nur soviel war klar, wir mußten unsere Begriffe der verarbeiteten Erfahrung dieser Menschen anpassen, wenn wir zu auswertungsfähigen Daten kommen wollten. Wir mußten ihre subjektiven Lagervorstellungen so erfragen, daß sie sich zu den Luftbildern, Fotos, Karten und Skizzen des Lagers wie den Etiketten seiner Verwaltung während der reichsdeutschen und britischen Zeit würden in Beziehung setzen lassen. Dem hatten die operationalen Definitionen unserer empirischen Begriffe zu entsprechen. Leider entwickelte sich diese Erkenntnis nur sehr langsam und unter dem Druck der anfänglichen Mißerfolge in meinem Kopf. So bin ich in Bezug auf mein erstes Interview immer noch außerstande zu entscheiden, ob Frau Laubinger im westlichen oder östlichen Teil des Großen Frauenlagers inhaftiert gewesen ist. Aber nachdem die Erkenntnis von der Existenz einer inneren Topografie des Lagers da war, erhielt die Klärung der äußeren Topografie des verschwundenen Lagers — zunächst für uns selbst — eine vorweg nicht geahnte Bedeutung.

1.2. Die topografischen Exkurse

Ich habe mich deshalb parallel zu den weiterlaufenden Interviews vor allem mit dieser topografischen Frage beschäftigt. Jede Karte ist zum Zeitpunkt ihres Druckes überholt, jede Skizze notwendigerweise weniger informativ als eine mit durchschnittlicher Sorgfalt hergestellte Karte. Und Pläne sind Pläne: sie müssen nicht notwendigerweise so realisiert worden sein. Topografische Quellen sind, wie literarische auch, Gegenstand der Kritik. Eine Beurteilung topografischer Spezialfragen ist nur den Lesern möglich, die Zugang zu den benutzten topografischen Quellen haben und imstande sind, die angewendeten Methoden zu kontrollieren, etwa stereoskopische Luftbildpaare auszuwerten. Aus finanziellen Gründen war es leider nicht möglich, die topografischen Quellen zu publizieren. Deshalb habe ich die entsprechenden Teile der Untersuchung in eigenen Exkursen dargestellt.

Als einziger zuverlässiger Fels in der Datenbrandung erwiesen sich die einzige, bisher bekanntgewordene Luftaufnahme des Hauptlagers aus britischem, wie mehrere Luftaufnahmen des Nebenlagers aus britischem und amerikanischem Besitz. Die britischen Aufnahmen datieren vom 17. September 1944 und decken im Hauptlager mit Ausnahme des SS-Lagers und des östlichen Teiles des Großen Frauenlagers das gesamte Areal ab. Ihre einzigen Fehler: sie informieren nur für den Zeitpunkt der Aufnahme selbst und in den Grenzen des technischen Mediums zuverlässig. Was davor, was danach der Fall gewesen ist in Bezug auf Vegetation, Baracken, Wege, Wachtürme, Wasserbecken und Grenzen im Lager, das ist nur zu erschließen, aber nicht abzulesen. Luftbilder werden als stereoskopisches Bildpaar aufgenommen und liefern unter dem Spiegelstereoskop, dem Standardwerkzeug der Luftbildauswerter im 2. Weltkrieg, ein dreidimensionales Bild. Leider ist die Auswertung in der dritten Dimension nur in dem Teil des Bildpaares möglich, wo die abgebildeten Zonen einander überlappen. Ich habe diese Luftaufnahmen wegen ihrer einzigartigen topografischen Bedeutung unter dem Spiegelstereoskop ausgewertet. Das zivile Gerät der schweizerischen Firma Wild besaß etwa die gleiche Leistungsfähigkeit wie die auf britischer Seite von den Luftbildauswertern während des 2. Weltkrieges eingesetzten militärischen Typen. Damit läßt sich gleichfalls einschätzen, was der britischen Führung aus dieser Quelle über das Lager bekannt gewesen ist — oder es hätte sein können. Ob das Bildpaar des Hauptlagers während des 2. Weltkrieges jemals schriftlich ausgewertet worden ist, habe ich bisher nicht klären können.

Nur durch die fortwährende Auswertung aller dieser topografischen Quellen war es möglich, den Zeitzeugen der Sinti so genaue Fragen zu stellen, wie wir es in den letzten Interviews tun konnten. Die tatsächliche Komplexität des Problems ist mir erst ganz zum Schluß klar geworden: bei fast allen Frauen und Männern überlagerten sich die Erinnerungen an das Lager mit den Teilresultaten ihres ewigen Papierkrieges mit den Wiedergutmachungsbehörden, und diese wiederum mit den Eindrücken ihrer Besuche auf dem Gedenkstättengelände, das sie für deckungsgleich mit dem ihres aufgelassenen Konzentrationslagers gehalten haben. Im letzten Interview mit Frau Hasselmann etwa berichtete die Zeugin, wie sie damals die Hauptlagerstraße in ihr Frauenlager geführt worden sei. Dabei zeigte sie mit ihrem linken Arm nach links, sagte aber gleichzeitig, es sei „nach rechts" gegangen. Was galt nun? Zum Glück waren wir zu diesem Zeitpunkt methodisch weit genug vorangekommen, um aus der Beschreibung des Lagers unzweideutig erkennen zu können, daß sie „links" und das hieß: im Kleinen Frauenlager inhaftiert worden war. Im Interview erklärte Frau Hasselmann dazu, sie habe bei ihrem ersten Eindruck vom Gedenkstättengelände gedacht, „was haben die das Lager klein gemacht, damals war es doch viel länger." Und wenn man natürlich falsch herum reingeführt wird, von unten, wird aus rechts links. Methodisch heißt dies: im Zweifelsfall gilt die Körpertopografie, hier: der linke Arm; nicht, was verbalisiert wird, hier: „nach rechts". Der Unterschied ist erheblich, denn einmal hätte ich auf Haft im Großen Frauenlager, das anderemal im Kleinen Frauenlager schließen müssen.

Alle topografische Kritik mündete in der Konstruktion von Interviewfragen und Schätzgrößen: mit Hilfe der Fragen haben wir in den darauffolgenden Interviews versucht, noch genauere Daten über das Teillager und den Barackentyp zu bekommen. Als Schätzmaße dienten uns Größen wie etwa der Marschblock. Er entsprach dem Appellblock und bestand aus 100 Häftlingen: 5 Reihen tief, 20 Glieder lang.[12] Durch diese Hunderterblöcke ist es wahrscheinlicher, daß sich ein Zeuge auch noch nach vielen Jahren, wenn nicht an die genaue Zahl, so doch an die Größenordnung, erinnern kann. So ein Marschblock wurde für unsere Untersuchung zu einer ähnlichen Verpackungsgröße für Menschen wie der Appellblock, die Barackevoll oder der Waggonvoll, mit denen wir gleichfalls zu schätzen gelernt haben, um unsere Arbeit tun zu können. Jede Epoche schafft und verdient sich ihre eigenen Maße. Im Unterschied zum Appell- und Marschblock waren alle übrigen Maße nicht konstante, sondern variable Größen. Ihre Benutzung setzte daher eine sehr genaue Bestimmung des Zeitpunktes und der gegebenen Randbedingungen voraus, für den sie gültig sein sollten: eine Barackevoll, das waren zur Zeit des reinen Aufenthaltslagers etwa 150 Menschen in doppelstöckigen Betten; zuletzt wurden bis zu 800 Menschen in eine nicht mit Betten ausgestattete, typgleiche Baracke gepreßt, und befanden sich in einem Block, etwa der Nummer 12 des Häftlingslagers II für Männer, dreistöckige Betten, dann konnten es bis zu 1200 Menschen sein.

Verzeichnis der Kapitelnoten
1. E. Kolb, Bergen Belsen. Geschichte des „Aufenthaltslagers" 1943-1945, Hannover 1962, und derselbe, Bergen-Belsen. Vom „Aufenthaltslager" zum Konzentrationslager 1943-1945, Göttingen 1985.
2. Derrick Sington, Belsen Uncovered, London 1946, deutsch: Die Tore öffnen sich, Hamburg 1948, und Rudolf Küstermeier in Sington, Wie wir in Belsen lebten.
3. Vergleiche die Textauswahl für den „Besucherdienst der Gedenkstätte Bergen-Belsen", Quelle Nr. 17, mit dem beschriebenen Zitat.
4. Küstermeier in Sington, Hamburg 1948, S. 120
5. G. L. Frejafon, Bergen-Belsen, Bagne Sanatorium, Paris 1947, S. 41
6. Leslie H. Hardman, The Survivors. The story of the Belsen Remnant, London 1958
7. W.R.F. Collis, Belsen Camp, A preliminary Report, in: British Medical Journal 1945/1, S. 814-816, und derselbe, The Ultimate Value, London 1951, und derselbe mit H. Hogerzeil, Strait on, London 1947
8. Siehe Anhang, Dokument Nr. 15 u. 16
9. Otto Pankok, Zigeuner, 1. Auflage Düsseldorf 1948, zitiert nach der 2. Auflage, Düsseldorf 1958
10. Siehe Anhang, Dokumente Nr. 9
11. Siehe Anhang, Tabelle der Lagerwege.
12. vgl. Küstermeier in Sington, Seite 92.

Kohlegemälde Otto Pankok
„Romanus" 1948
118 X 98 cm

2.0. Sinti und Roma in den Häftlingslagern für Männer

Die topografische Rekonstruktion der Teillager für Männer im Hauptlager Bergen-Belsens dürfte sich auf lange Sicht als das schwerste Teilproblem der letzten Lagerphase erweisen. Es scheint, daß schon zur Laufzeit des Lagers selbst sich niemand richtig darin ausgekannt hat, weder die Häftlinge, noch ihre nationalsozialistischen Verwalter, auch den siegreichen Briten erging es nicht anders, und die wissenschaftliche Kritik ihrer aller Daten ist von dieser Linie nicht allzuweit abgewichen. Dafür nur einige wenige Belege.
Als Josef Kramer, der letzte Kommandant des Hauptlagers, im Lüneburger Kriegsverbrecherprozeß von seinem britischen Pflichtverteidiger Major Winwood zur topografischen Situation des Lagers bei Dienstantritt befragt wurde, hat er dazu folgendes erklärt:
The camp itself was subdivided in so many compartments, that I really could not find my way through, created largely through these exchange Jews.(1)
Das Lager selbst zerfiel in so viele Abteilungen, daß ich mich nicht zurechtfinden konnte, vor allem wegen dieser Austausch-Juden.
Eine seiner ersten Amtshandlungen bestand deshalb darin, die Verwaltung des Männerlagers zu vereinheitlichen. Auf die Frage seines britischen Pflichtverteidigers erklärte Kramer dazu:
The first thing I did was to dissolve the small sort of compounds into which the big camp was subdivided ...(2)
Als erstes ließ ich diese kleinen Teillager auflösen, aus denen das große Lager bestand.
Das bedeutete für die Insassen des Aufenthaltslagers de facto die Bedrohung ihres bisher privilegierten Status. Aber es scheint, daß Kramer mit diesen Bemühungen nicht so recht erfolgreich gewesen ist. Wie anders könnte das Abteilungsgewirr in Singtons Skizze des Männerlagers erklärt werden? Möglicherweise hat Kramer nicht nur zu Anfang der Durchblick gefehlt.
Küstermeier und Mohaupt, zwei politische Häftlinge und sicher überdurchschnittlich gut informiert, kannten in der letzten Phase der Lagergeschichte nur zwei Teillager für Männer: das Häftlingslager I (HLI)) und das Häftlingslager II (HLII).
Als die Briten die Verantwortung für das Lager übernahmen, stellte sich ihnen die Situation nicht weniger undurchschaubar dar als ihrem Vorgänger. So erklärte der Leiter der medizinischen Rettungsbemühungen, der Brigadier Glyn Hughes, das Männerlager habe aus drei Abteilungen (compounds) bestanden, die mit insgesamt ca. 12 000 Häftlingen belegt gewesen seien. Sein Untergebener, der Leiter der 32. Casualty Clearing Station, Lieutenant-Colonel Johnston, in Bergen-Belsen als Senior Medical Officer eingesetzt, blieb in seiner schriftlichen, beschworenen Zeugenaussage (Affidavit) vor dem Lüneburger Kriegsgericht im sicheren Teil und erklärte, das Hauptlager habe aus einem Männer- und zwei Frauenlagern bestanden. Seine Formulierung läßt auch die Deutung zu, daß es drei Frauenlager gegeben habe, zwei auf der linken, und eins auf der rechten Seite der Hauptlagerstraße. Das würde die Vermutung erhärten, wonach sich die Ostgrenze des Kleinen Frauenlagers zuletzt in den Bereich des Aufenthaltslagers hinein verschoben hätte.(3)
Sington weist in seiner Skizze des Männerlagers von 1946 insgesamt 8 compounds aus — ohne ein einziges davon zu qualifizieren. Es ist bemerkenswert, daß

weder die Richter, noch die Prozeßparteien des Belsen- Trial Sington als Sachverständigen für die Topografie des Lagers betrachtet haben. Ihm wurde — im Unterschied zu Hughes und Johnston — keine einzige einschlägige Frage vorgelegt. Seine Skizze hat dem Gericht nicht vorgelegen, sondern wurde erst für die Zwecke der Publikation der Prozeßprotokolle aus der Sington-Publikation von 1946 übernommen. Sie wird in zahlreichen Punkten nicht durch die Flugaufnahme vom 17. September 1944 bestätigt.

Die Skizze des Lagers von Glyn Hughes mit Stand vom Mai 1945 schließlich, als exhibit No. 142 in das Belsen Trial eingeführt, ist in Bezug auf Binnengrenzen absolut irrtumsfrei: sie kennt nur ein einziges Hauptlager Bergen-Belsen. Soweit sie durch die Flugaufnahme vom 17. September 1944 kontrolliert werden kann, darf sie als die präziseste Wiedergabe für die Grundrisse der Baracken, Wege und Wasserbassins im Hauptlager gelten. Die Verteidiger im Belsen-Trial haben sie nach eingehender Prüfung für im wesentlichen korrekt erklärt.(4) Bei dem einzigen Ortstermin des Kriegsgerichts im Hauptlager hat Hughes das Gericht über das Gelände mit den niedergebrannten Baracken geführt und dabei seine Aussage zur Topografie einschließlich der Binnengrenzen erläutert.

Nach üblicher Annahme auf der Basis von Singtons Grenzziehung erstreckten sich die Männerlager links oder südlich der Hauptstraße von Block 1 bis Block 41. Da alle Zeugen die von Kramer genannte Zahl von etwa 40000 Häftlingen (ca. 28000 Frauen und 12000 Männer) übernommen haben, würde das eine durchschnittliche Belegung von weniger als 300 Häftlingen pro Block in den Männerlagern ergeben. Gleichzeitig erklärten Hughes und Johnston, die Baracken des gesamten Lagers seien um den Faktor 10 überbelegt gewesen. Das ließe Belegungsziffern in der Nähe von über 500 erwarten. Sington gab dagegen an, das Hauptlager hätte allenfalls 8000 Häftlingen eine anständige Unterkunft bieten können. Demnach war es seiner Meinung nach bloß fünffach überbelegt.

Für die Frauenlager gab Hughes eine präzise klingende Zahl von 28185 Frauen an. Da für diese Zahl etwa drei Dutzend Baracken zur Verfügung standen — gesetzt den Fall, daß sich das Kleine Frauenlager nicht über seine ursprüngliche Grenze hinweg nach Osten ausgedehnt hatte — ergab das eine durchschnittliche Belegungsziffer von 782. Sie paßt vorzüglich zu der qualitativen Beschreibungsebene seiner Aussage: absolutely frightful; für die Männer besteht zwischen beiden ein auffälliger Widerspruch. Er wird noch durch den Umstand weiter verschärft, daß die Kramer zur Verfügung stehenden 2500 dreistöckigen Kojen überwiegend im Männerlager konzentriert waren, weil beide Frauenlager ihm von der Wehrmachtsverwaltung des Truppenübungsplatzes ohne Bett, Tisch oder Stuhl — möglicherweise auch ohne Installation für die Küche H — übergeben worden sind.

Wie immer gibt es bei mangelhafter Datenlage mehrere Deutungen. Eine wäre, daß Hughes sich bei der Zahl der Männer grob verschätzt hätte, eine andere, daß die Austauschhäftlinge ihre privilegierte Situation bis zuletzt verteidigen konnten, gestützt auf ihre starke Stellung in der Lagerverwaltung. Eine weitere, daß die Ostgrenze des Kleinen Frauenlagers (KFL) in Richtung auf die Männerlager verschoben, und dadurch die Zahl der den Männern zur Verfügung stehenden Baracken tatsächlich niedriger gewesen ist. Und eine — vorläufig letzte — Hypothese besagt, daß Kramer nach der Evakuierung der letzten Austauschhäftlinge das Männerlager bis zuletzt für weitere Transporte offen gehalten hat. Das wird zunächst durch die Beschreibung der drei Männerlager durch Glyn Hughes erhärtet. Er erklärte als Zeuge der Anklage auf die Frage von Colonel Backhouse:

No 1. Compound in the men's quarters was a smallish compound and conditions were exactly the same as I have already described, except that perhaps the typhus there had begun to decline. No. 2 was the worst of the men's compounds. I think there were about 8000 there and conditions were very bad. The worst I have described equalled it and typhus was rife. No. 3 was the last of the men's compounds and was much smaller and had fewer men in it. I think it had only begun to fill up and conditions were better.(5)

Abteil Nr. 1 im Männerlager war klein und die Bedingungen waren genau so, wie ich es bereits beschrieben habe, ausgenommen, daß der Typhus vielleicht im Abklingen war. Nr. 2 war das schlimmste Männerlager. Ich denke, daß etwa 8000 drin waren, und die Verhältnisse waren sehr schlecht. Es glich dem Schlimmsten, was ich beschrieben habe, und der Typhus war auf dem Höhepunkt. Nr. 3 war das letzte Männerabteil, und war viel kleiner und es waren weniger Männer drin. Ich denke, man hatte gerade begonnen, es aufzufüllen, und die Verhältnisse waren besser.

Nimmt man an, daß Hughes mit compound No. 2 dasselbe Gebilde gemeint hat wie Küstermeier mit dem Häftlingslager II, dann hätte es aus „den nächsten 15 Blocks", eventuell mit den Ordnungsnummern 9-23 bestanden.(6) Das ergäbe eine Belegungsziffer von 533. Unter der Annahme, daß weitgehend Betten gefehlt haben, kommt eine solche Belegungsziffer schon dichter an diejenige für die Frauenlager heran und paßt in etwa zu den qualitativen Beschreibungen in allen Zeugenaussagen zu dem Komplex. Für das Häftlingslager I und compound No 3 blieben dann zusammen noch ganze 4000 Häftlinge übrig. Das Häftlingslager I bestand aus insgesamt 8 Baracken, die schon zum Zeitpunkt der Flugaufnahme durch eingeflickte Mittelstücke miteinander verbunden und dadurch in ihrer Übernachtungskapazität um eineindrittel Standardbaracken erweitert worden waren. Bei einer angenommenen Belegungsziffer von 500, die in der Nähe derjenigen aus dem Häftlingslager II liegt, wären das bereits alle verbleibenden Häftlinge, verteilt auf nur 23 Baracken. Selbst wenn ich dem compound No. 3 bei fast fehlender Belegung die Hälfte der Barackenzahl des Häftlingslagers II zuweise, wäre ich immer noch erst bei der Ordnungszahl für Baracke 31 angekommen. Damit blieben als mögliche Reserve für eine Ostverschiebung des Kleinen Frauenlagers ca. 10 Baracken des Männerlagers übrig.

Nehme ich eine Unterschätzung der Häftlingszahlen bei den Männern durch Glyn Hughes an, würde ich bei einer rechnerischen Belegungsziffer von 500 pro Block auf eine Gesamtzahl von 20 500 Männern kommen. Das macht eine Differenz von 8500 Männern aus. Kramer gab für den 1.3.1945 die Zahl der im Lager verbliebenen, nicht ausgetauschten Insassen des Aufenthaltslagers mit 7500 Häftlingen an und fügte hinzu, wenn die verschwunden wären, ergäbe das Platz für 10000 KZ-Häftlinge.(7) Tatsächlich sind alle transportfähigen Austauschhäftlinge seit Ende März in drei Eisenbahntransporten aus Bergen-Belsen evakuiert worden. Das weist in die Richtung von zwei Vermutungen: die Austauschhäftlinge haben eine gewisse Vorzugsstellung bis zuletzt verteidigen können, und gleichzeitig hätte Kramer entgegen anderslautenden Annahmen in der Literatur auch sein Hauptlager bis zum Ende aufnahmefähig für weitere Transporte mit männlichen Häftlingen gehalten.

Kolb schließlich geht für die letzte Phase des Männerlagers in Anlehnung an Sington von vier — spezifizierten — Teillagern aus.(8)

Leider ist die wirkliche Situation zuletzt noch komplizierter gewesen. Das merkten wir durch unser bisher letztes Interview. Herr Wagner war durch Zufall im Dokumentenhaus von Bergen-Belsen auf einen älteren Sinto gestoßen, der mit dem Finger auf ein Bild in der Ausstellung wies und ihm erklärte: „Da sind wir drin gewesen". Das Besondere an dem Bild: es zeigte einen Barackentyp mit Oberlicht, den ich zum damaligen Zeitpunkt überhaupt nicht in meiner Vorstellung vom Hauptlager unterbringen konnte. Rückfragen bei der Niedersächsischen Landeszentrale brachten dasselbe, negative Resultat. Der Barackentyp wich so charakteristisch von allen mir geläufigen Unterkunftsbaracken in Bergen-Belsen ab, daß ich ihn überall dort vermutete, wo die Flugaufnahme der RAF vom 17.9.1944 nicht hinreicht. Denn soweit ihre detailscharfe Abbildung des Lagers geht, bis an die Grenze zwischen Männerlager und SS-Bereich, war auf ihr ein solcher Barackentyp nicht zu identifizieren. Ich kannte ihn aus einer Jahre zurückliegenden Führung durch das Zigeunerfamilienlager Auschwitz-Birkenau BIIE. Es waren die Pferdeställe mit dem charakteristischen Oberlicht bei fehlenden Fenstern. Fast alle Sinti wußten aus ihrer Wohnwagenerfahrung, was ein Oberlicht ist, weil der in Deutschland von ihnen entwickelte und gefahrene Wagentyp eines besaß, und fast alle Überlebenden hatten die höchst fatale Birkenauer Variante ertragen müssen. So auch unser Zeuge. Ein Irrtum war also höchst unwahrscheinlich, und das Bild vom Frühjahr 1945 bewies überdies, daß es mehr als eine Baracke dieses Typs mit Häftlingen belegt gegeben haben mußte. Aber wo? Im Hauptlager? Im Nebenlager?

Ich bin auf wenige Interviews so gespannt gewesen, wie auf gerade dies: wir hatten bis Ende 1989 trotz intensiver Suche keinen einzigen überlebenden Sinto aus dem Hauptlager auffinden können, und niemand wußte bisher etwas über die Oberlicht-Baracken. Alles, was ich im folgenden darlegen kann, stammt aus diesem Interview vom 5.1.1990 mit Herrn Lutz, einem Nachinterview am 31.1.1990, bei dem er zusammen mit einem ehemaligen Leidensgefährten aus diesem Teillager, Herrn Weiß, seine Aussagen präzisierte, sowie einem topografischen Versuch, den Herr Wagner mit Herrn Lutz auf dem Gelände des verschwundenen Lagers unternommen hat — und der Analyse des Fotos, auf das er gezeigt hatte.

2.1. Ein Sinti-Transport in das Männerlager von Bergen-Belsen

Der Anfang des Gesprächs war nicht sehr verheißungsvoll. Herr Lutz erklärte nach der Begrüßung mit einigem Stolz, er kenne den Standort seiner Baracke genau. Sie habe etwa dort gestanden, wo sich heute die Gedenkwand befinde. Ich war sicher, daß sich im Umkreis von mehr als hundert Metern keine einzige Baracke befunden hatte. Nach einigen weiteren Bemerkungen hin und her schaltete ich das Aufnahmegerät ein, und es wurde Ernst.

Herr Lutz war mit der Reichsbahn, in geschlossenen Güterwagen, jeder mit etwa Hundert Menschen besetzt, von Ellrich, einem Nebenlager von Dora, über Harzungen nach Neuengamme in Marsch gesetzt, aber vermutlich, da Neuengamme sich für geschlossen erklärt hatte, in Haarburg umgedreht und nach Bergen-Belsen zurücktransportiert worden. Über Zeitpunkt, Stärke, Herkunft und Zusammensetzung dieses Transportes erklärte Herr Lutz auf meine Fragen:

„Herr Günther: Und können Sie uns über den Transport etwas sagen? Wieviele Häftlinge sind auf diesem Transport gewesen?
Herr Lutz: Warten Se mal, ... (nach längerem Nachdenken) Also 500, ...
Herr Günther: Ja. Und ...

Herr Lutz: An fünfhundert Häftlinge, ...
Herr Günther: Ja, und ...
Herr Wagner: Fünfhundert?
Herr Günther: Und was für Männer sind das, ... Sind das nur Männer gewesen?
Herr Lutz: Nur Männer.
Herr Wagner: Nur Männer?
Herr Lutz: Nur Männer
Herr Günther: Ja. Und von welchen Nationen?
Herr Lutz: Deutsche Zigeuner.
Herr Günther: Deutsche Zigeuner?
Herr Lutz: Deutsche Zigeuner. Waren deutsche Zigeuner. Alles die Zigeuner, die von Auschwitz nach Buchenwald gekommen sind und von Buchenwald nach Dora. Es waren alle deutsche Zigeuner. Und deutsche Kinder, deutsche Jungs, also, Zigeunerjungs waren das gewesen. Da sind wir dort, ... Verschiedene sind aber noch in Buchenwald geblieben, und in Dora sind noch verschiedene geblieben. Die sind nicht alle auf Transport gegangen."

Diese Erklärung hat Herr Lutz im Nachinterview insofern modifiziert, als er in Übereinstimmung mit Herrn Weiß angab, daß auch andere, namentlich ausländische Häftlinge, in ihrem Transport gewesen sind. Möglicherweise hat meine Unterbrechung seiner Antwort Herrn Lutz im Interview die Möglichkeit abgeschnitten, diesen Zusammenhang zu erklären. In jedem Fall bezieht sich die geschätzte Zahl von ca. 500 Häftlingen auf die deutschen Sinti unter ihnen, nicht aber auf die Transportgröße insgesamt. Diese dürfte deutlich größer gewesen sein. Damit nähert sich ihre Zahl der von dem letzten Kommandanten des Nebenlagers, Hößler geschätzten Transportgröße von 900-1100 Häftlingen.(9)

Eine Anfrage beim Direktor der Gedenk- und Mahnstätte Mittelbau-Dora, Herrn Dr. Kuhlbrodt, brachte folgende Daten:
1. Es existieren in der Gedenkstätte keine Listen der Evakuierungstransporte aus April 1945 nach Bergen-Belsen.
2. Am 1.11.1944 waren als Zigeuner klassifizierte Männer inhaftiert
— im Lager Dora 377 = 2,7%
— im Lager Erich (Ellrich) 327 (Namensliste)
— im Lager Hans (Harzungen) 437 (Namensliste)
— in Arbeitsbrigaden 36 (ohne Prozentangabe)
— in Kommandos 8 (ohne Prozentangabe)
Damit betrug ihre Gesamtzahl im Konzentrationslager Mittelbau-Dora für das angegebene Datum 1 185 Männer =3,7%.(10)
3. Die Häftlinge waren mit zwei Transporten aus dem KZ Buchenwald nach Mittelbau-Dora, ursprünglich eins der zahlreichen Nebenlager von Buchenwald, verbracht worden. Beide Transporte können durch die Transportlisten dokumentiert werden:
— an Mittelbau am 12.5.1944 600 Häftlinge, davon 532 als Zigeuner klassifiziert, (11)
— an Mittelbau am 9.8.1944 452 Häftlinge, alle als Zigeuner klassifiziert.(12)
4. Die Evakuierungstransporte gingen in Mittelbau mit Ausnahme des Transportes aus dem Außenkommando Boelcke-Kaserne (7.3.1945) zwischen dem 4. und 5. April ab und trafen zwischen dem 7.4. und 11.4.1945 in Bergen-Belsen an der Rampe ein — soweit sie mit der Reichsbahn durchgeführt wurden. Für den Transport aus dem Lager Ellrich wurde der Abfahrtstermin des 4.4.1945 abends

genannt. In ihm befanden sich „viele Flamen, auch Zigeuner."(13)

Damit sind die Kernaussagen von Herrn Lutz über seinen Transport aus einer unabhängigen Quelle als zutreffend erhärtet.

Über die Transportbewachung erklärte Herr Lutz:

Herr Günther: Von wem ist dieser Transport bewacht worden?
Herr Lutz: Von SS-Männer. Von SS-Männer.
Herr Günther: Und welche Farbe hat die Uniform dieser Männer ...
Herr Lutz: Grün, grün. Grüne Uniform.
Herr Günther: Keine schwarze Uniform?
Herr Lutz: Nein, nein, grüne Uniform.
Herr Günther: Und es war nicht dieselbe Farbe wie bei Wehrmachtsuniform? Feldgrau? Wie die Soldaten das gehabt haben?
Herr Lutz: Nein, nein, das war, das war, wie kann ich das sagen ...
Herr Günther: ein anderer Farbton?
Herr Lutz: Ja, ja. Ein anderer Farbton.
Herr Günther: Ja, dann ist es also Waffen-SS gewesen.
Herr Lutz: So mit die, haben sie hier das Zeichen (zeigt die Gegend der Kragenspiegel), hier haben sie das SS drauf (macht mit dem Finger in der Luft die doppelte SS-Rune)
Herr Günther: Ah ja, auf dem Kragenspiegel sind zwei Siegrunen drauf.
Herr Lutz: Ja, ja. (14)

Der Transport mußte mehrfach wegen Fliegeralarm anhalten, und die Häftlinge sprangen dann mit ihren Bewachern in die nächste Deckung. Der Transport erreichte schließlich Belsen, sie wurden an der Rampe ausgeladen und gezählt. Anschließend marschierten sie in Fünferreihen, je zwanzig Glieder tief, bewacht von Waffen- SS unter Karabiner mit aufgepflanztem Bajonett in das Hauptlager.
Die Häftlinge waren – wie üblich – während des mindestens zweitägigen Transportes weder mit Essen noch mit Trinken versorgt worden. Kranke, die auf dem über einstündigen Fußmarsch zusammenbrachen, wurden noch vor den Augen ihrer vorbeimarschierenden Kameraden von Soldaten der Waffen-SS durch Genickschuß getötet und am Straßenrand liegengelassen. Beim Einmarsch in das Hauptlager entdeckten die Häftlinge vor sich einen Ackerwagen, auf dem Brote in eine Küche transportiert wurden. Vor allem die vollkommen ausgehungerten Jugendlichen stürzten auf den Wagen mit seiner Brotladung zu. Es gab weitere Tote, als die Waffen-SS dazwischen schoß. Nach der Schießerei wurden die Häftlinge erneut in Appellordnung aufgestellt und abgezählt. Erst danach erhielten sie etwa einen halben Liter wässrige Steckrübensuppe und eine Scheibe Brot. Auch dieser Umstand wird durch eine entsprechende Aussage von Hößler erhärtet.(15)
Herr Lutz wurde mit drei oder vier anderen Sinti der Familie Weiß in eine Oberlichtbaracke geführt, die übrigen Männer anderen Teillagern zugewiesen. Er hat viele von ihnen unmittelbar nach der Befreiung durch die britische Armee im Hauptlager wiedergetroffen. Von der Oberlichtbaracke und dem Teillager, in dem sie stand, gab Herr Lutz folgende Beschreibung: die Baracke wurde von der Seite aus durch eine Flügeltür betreten und war von derselben grünen Farbe wie die typgleichen Baracken im Zigeunerfamilienlager Birkenau BIIE. Es ist bemerkenswert, daß auch Sington beim Betreten des Lagers die Farbe der links stehenden Häftlingsbaracken als grün beschrieben hat.(16) Zum Zeitpunkt ihrer Einweisung war sie mit dreistöckigen Kojen vollgestellt und bereits überbelegt.

Geschätzte Anzahl der Männer: über 1000. Deshalb hat er sich aus einer alten, irgendwo ausgehängten Tür hoch in den Dachbalken der Baracke, direkt unter einem Oberlichtband, eine provisorische Liege gebaut. In der Baracke lebten außer ihnen keine weiteren Sinti. Die übrigen Männer waren Russen, Polen und Juden. Kapo der Baracke war seinen akzentfreien Flüchen und Kommandos nach zu urteilen ein deutscher Häftling, der einen roten Winkel trug. An die Nationalität weiterer Häftlingsfunktionäre, wie Block- und Stubenälteste konnte sich Herr Lutz nicht mehr erinnern. Außer seiner eigenen Baracke gab es in ihrem Teillager zwei oder drei Baracken desselben Typs, gleichfalls überbelegt. Die Baracken waren nicht durch Stacheldraht, sondern lediglich durch einen Maschendraht mit rechteckigem Muster eingezäunt.

Mit Ausnahme eines einzigen Tages haben die Häftlinge in der Stall-Baracke kein Brot erhalten, sondern lebten bis zur Befreiung des Lagers von dem, was sie durch Beziehung zu Funktionshäftlingen, Mitgefangenen oder Zivilpersonal organisieren konnten. Und da alle diese Quellen vollständig unzureichend waren, mußten die letzten Reserven genutzt werden:

Herr Lutz: Wir haben ja beide gegrast.
Herr Wagner: Gegrast? Wie habt Ihr das denn gemacht?
Herr Weiß: Na ja, das war so gewesen, das muß ich jetzt mal erzählen, weil der Lutz mich gerade auf den Thema bringt, jetzt. Das war so gewesen: ich habe das damals in meiner Erinnerung war das damals schon so gewesen, daß ich das gewußt habe, daß da so'ne saure Blätter gibt, in Gras, ...
Herr Lutz: Saure Blätter ...
Herr Weiß: So saure Blätter, Sauerblätter.
Herr Wagner: Sauerampfer.
Herr Weiß: Sauerampfer, ja. Und wir, ich hab das so gesucht, aber ich muß ganz ehrlich sagen, (betrübt) wir haben da keine gefunden nicht, da waren da vielleicht zwei, drei gewesen, aber wir haben gegrast wie die Pferde. Wir haben das Gras gefressen. So war es gewesen, ja.

Die ergiebigsten Weidestellen waren in Zaunnähe, wo sich einige Pflänzlein dem Zugriff der Hungernden bis fast zuletzt hatten entziehen können. Auch der englische Lehrer Le Druillenec, Häftling in HLII, hat beschrieben, wie er sich nach seiner am Tag der britischen Übernahme des Lagers erfolgten Verlegung in die Baracke 26 gierig über das dort noch vorhandene Gras hergemacht hat.(17) Aus dem Umstand, daß um diese Baracke 26 herum noch Gras wuchs — das es im ganzen HLII offensichtlich nicht mehr gab — kann gefolgert werden, daß dieser Block zu einem Aufenthaltslager gehört und nach der Evakuierung leer gestanden hat. Möglicherweise ist diese Verlegung des Blocks 13 — und anderer — aus dem HLII das Mysterium des compound No 3 bei Glyn Hughes: denn auch nach seinem Eindruck hatte es ja erst begonnen, sich aufzufüllen. Wenn das zuträfe, wäre das Geheimnis über einem compound bei Sington gelüftet: das, zu dem Block 26 gehörte.

Schräg rechts gegenüber der Baracke von Herrn Lutz und Herrn Weiß stand auf der anderen Seite der Hauptlagerstraße eine Küche. Unter der Annahme, daß sein Block östlich vor dem Häftlingslager I gestanden hat, weist eine solche Visierlinie genau auf die Küche 4 (nach englischer Etikettierung). Sie hat sowohl für das Männer- wie Frauenlager gekocht. Weiter erklärte Herr Lutz, er habe an der Erstürmung dieser Küche nach Befreiung des Lagers teilgenommen. In der Küche hätten sich keine SS-Leute befunden. Es sei erklärt worden — möglicherweise von englischen Soldaten — daß die Suppe im Kessel vergiftet sei; deshalb hat er selbst davon nichts gegessen, sondern sich nach dem Sturm auf die Küche Mehl organisiert und daraus Klöße zubereitet.

Nun wissen wir durch die Beschreibung von anderen Augenzeugen bisher nur vom Sturm auf eine einzige der fünf Küchen des Lagers; durch das Affidavit von Glyn Hughes im Lüneburger Prozeß ist bekannt, daß es sich dabei um die Nummer 2 im Männerlager gehandelt haben soll. Der Sturm soll sich eine halbe Stunde nach Hughes' Eintreffen zugetragen haben. Das wäre am 15. April 1945 gegen 18.30 Uhr gewesen. Nun lag die Küche 2 einige hundert Meter die Hauptlagerstraße runter; nicht sehr wahrscheinlich, daß ausgehungerte Männer einen solchen langen Weg hinunterlaufen, wenn doch gleich gegenüber eine Küche gelegen hat. Es muß zweifelhaft bleiben, ob nicht in Wirklichkeit alle Küchen von den ausgehungerten Häftlingen gestürmt worden sind, zumal Übereinstimmung darüber besteht, daß sie schon zu reichsdeutscher Zeit gegen die ausgehungerten Frauen und Männer nur durch Stacheldraht und Schußwaffengebrauch hatten verteidigt werden können; sie müssen regelverkehrt belagerten Festungen geglichen haben: im Inneren die schwerbewaffneten und wohlgenährten Verteidiger, außen die unbewaffneten und verhungernden Belagerer. Als die Briten schließlich die Essenszubereitung wieder im Griff hatten, waren von den fünf Küchen des Lagers — Küche 3 im Großen Frauenlager war in Wirklichkeit eine Doppelküche — nur noch zwei Küchen funktionstüchtig, in der größeren der beiden „war etwas schiefgegangen", und beide mußten mit neuem Personal betrieben werden.(18) Folgen eines allgemeinen Sturms? Kramer jedenfalls erklärte in seinem Prozeß,

Two hours after the loudspeaker van had gone through the camp, the camp was in an indescribable condition.(19)

Zwei Stunden, nachdem der Lautsprecher-Wagen durch das Lager gefahren war, befand sich das Lager in einem unbeschreiblichen Zustand.

Möglicherweise war das nur eine seiner zahlreichen Schutzbehauptungen, aber es könnte mit gleichgroßer Wahrscheinlichkeit auch tatsächlich so gewesen sein. Sington ist in seinem gesamten Text bemüht gewesen, die Übernahme des Lagers durch die Briten als ordentlichen Vorgang darzustellen — auch dort, wo das Gegenteil belegt werden kann.

Hinter der Küche entdeckte Herr Lutz nach der Befreiung den Weg zu einem Frauenlager. Es heißt an der betreffenden Stelle:

Herr Günther: Dann haben Sie uns erzählt, daß es in Ihrem Lager, etwas weiter weg, auch deutsche Sinti-Frauen und -Kinder gegeben hat.
Herr Lutz: Ja, ja, die kamen ...
Herr Günther: Können Sie uns einfach mal beschreiben, wie man gehen mußte, um dahin zu kommen?
Herr Lutz: Ja. Wie gesagt, wie gesagt, also, wenn man ins Lager reingekommen ist, war rechts, rechts 'ne Küche. Und hinter de Küche, da war ein einzigster Block, oder zwei Blöcke waren's gewesen. Da sind diese Weiber mit Kinder von Ravensbrück, also erst von Auschwitz sind se gekommen, nich, nach Ravensbrück. Von Ravensbrück wieder zurücktransportiert nach Bergen-Belsen. Das hat man uns erzählt, die Häftlinge, die Weiber da. Die sind von Ravensbrück zurückgekommen.
Herr Günther: Haben Sie denn mit diesen Frauen sprechen können ..
Herr Lutz: Ja, ja ...

Herr Günther: vor der Befreiung?
Herr Lutz: Nein, nein, nach der Befreiung.

In der Hoffnung, es noch genauer zu erfahren, wies ich Herrn Lutz auf die zu seinen Füßen liegende Skizze von Hughes hin und sagte:

Herr Günther: Und hier noch mal auf der Zeichnung gefragt, zum besseren Verständnis: wenn ich mal annehme, daß Ihre Baracke irgendwo hier war (östlich neben Häftlingslager I zeigend) mußten Sie für die Frauen solang gehen, die Lagerstraße runter, oder quer rüber?
Herr Lutz: Nein, rauf. Wollen mal so sagen, wollen mal so sagen, wenn hier, wo ich drinne war, mußte ich schräg gehen, schräg, ...
Herr Günther: Rechts schräg?
Herr Lutz: (überlegt, dann zeigt er mit ausgestrecktem Arm) rechts schräg, ja, dann so, wollen ma sagen, zwanzig Meter von der Küche weg, ging da so'n Weg runter, nach diesen ...
Herr Wagner: Frauenbaracken.
Herr Lutz: Weiberbaracken. Ja, Weiberbaracken. Das haben wir zufällig entdeckt, wie die Engländer reingekommen sind. Das wußten wir vorher ja gar nicht, daß die auch da sind.

Tatsächlich ist sowohl bei Sington wie auch auf der Skizze von Glyn Hughes in der angegebenen Entfernung hinter der Küche ein Weg eingezeichnet, der in den östlich der Straße Walle-Hörsten liegenden Teil des Großen Frauenlagers (GFL) geführt hat. In dieses Frauenlager ist Herr Lutz nach der Befreiung mehrfach gegangen und hat sich dort ein Zelt gebaut, um nicht in seiner vollständig überbelegten Baracke leben zu müssen. An Bäume auf dem Gelände dieses Teillagers konnte er sich nicht erinnern. Das ist kein Wunder: es gab dort keine.

Möglicherweise hat es sich dabei um das Stojka-Lager gehandelt, von dem noch zu berichten sein wird; dann könnte die Baracke eine der drei Blöcke mit den Ordnungsnummern 203-205 gewesen sein. Herr Lutz jedenfalls tippte mit dem Finger auf den mittleren der querstehenden Blöcke mit der Nummer 204. Auf Grund seiner ersten Beschreibung ebenfalls möglich wäre einer der Blöcke hinter der Küche 4 selbst, und zwar der einzige, der quer zur beschriebenen Anmarschrichtung steht. Er trägt in der Skizze von Glyn Hughes die Nummer 311 und liegt bei ihm außerhalb des Häftlingslagerbereichs. Das spräche gegen diese Annahme. Bei Sington trägt der Block dieselbe Nummer und hat dieselbe Lage zur Küche. Aber bei Sington gehört dieser Block hinter der Küche zu einem eigenen Teillager mit eigenen Wachtürmen. Ich würde deshalb auch diesen Bereich in Betracht ziehen, schon deshalb, weil mir die durchschnittliche Belegungsziffer im Frauenlager auf der Basis von Kramers Schätzzahlen als zu hoch erscheint. Herr Weiß beschrieb die Geschichte nach der Befreiung so:

Herr Weiß: Als ich dahinten in die Ecke lag, ...
Herr Lutz: halbtot, ...
Herr Weiß: halbtot, und der Lutz kam an, da sagt der Lutz zu mir: 'Mensch, Weiß, dahinten sind ja soviele Frauen in Lager, in die Baracken, dahinten, ...
Herr Lutz: Kinder, ...
Herr Weiß: und Kinder! Frauen, da sacht er zuerscht: 'Vielleicht ist auch deine Mutter dazwischen', ne.
Herr Lutz: Kann möglich sein.
Herr Weiß: Kann möglich sein. Und da hab ich mich so zusammengenommen, laufen konnt ich nich, ...

Herr Lutz: Na, ich hab ihn gehalten, ...
Herr Weiß: Er hat mich unter'n Arm genommen, das war schon mehr Krabbelerei, und ich sage das jetzt so, wie das geschehen ist, so hat es wohl der liebe Gott gemacht, da kam ich in die Baracke rein, ...
Herr Lutz: (ihm die Pointe stehlend) war seine Mutter da!
Herr Weiß: (unbeirrt sein langsameres Erzähltempo durchhaltend) da seh ich da meine Mutter und meine zwei Geschwistern liegen.
Herr Wagner: Habt Ihr da wiedergefunden, nach der Befreiung. Und die andern Geschwister sind alle ...?
Herr Lutz: Ja, die sind alle weg...
Herr Wagner: Der Vater auch?
Herr Weiß: Weg. (?)RS.
Herr Lutz: Weg.

Diese Baracke mit Frauen und Kindern der Sinti, wo immer sie genau gestanden haben mag, war, wie üblich, ohne Betten, sie enthielt einen großen Raum und war überbelegt. Sie wurde an der Giebelseite betreten. Das stützt die Annahme einer großen Baracke von dem Typ, wie er im GFL vorwiegend benutzt worden ist. Herr Lutz konnte sich mit Bestimmtheit an Frauen und Kinder aus den Familien Rosenberg und Rosemann, Laubinger und Lauenburger, Weiß, Franz und Steinbach erinnern. Er erklärte, weitere Familien dort seinerzeit erkannt, aber in der Zwischenzeit die Namen vergessen zu haben. Die Baracke schätzt er als von ähnlicher Größe ein wie die eigene. In Bezug auf die Zahl der Frauen und Kinder nahm er an, daß mindestens 20 Teil-Familien deutscher Sinti, Frauen und Kinder, in der Baracke leben mußten. Das stimmt mit der angegebenen Barackengröße nur scheinbar schlecht zusammen: wenn Sinti Familie sagen, meinen sie in der Regel einen Sozialverband, den es in der deutschen Mehrheitsgesellschaft nicht oder kaum noch gibt: ein Geschlecht. Selbst im europäischen Hochadel ist er am Aussterben.

Im Anhang dieser Arbeit findet der Leser das Foto eines Gedenksteines, den eine solche Sinti-Familie ihren in Birkenau umgebrachten Mitgliedern errichtet hat. Auf ihm ist zu lesen, daß dort 40 Angehörige der Familie „durch Unmenschlichkeit umgekommen" sind. Die beiden Frauen aus dieser einmal großen Familie erklärten in Bezug auf den Gedenkstein beinahe entschuldigend, ihr Vater habe nicht alle aufgeführt, sondern „nur, was die nächsten waren". Welche Familie wäre groß genug, um eine solche Zahl von Menschen verlieren zu können, ohne ausgelöscht zu werden?

Auch Herr Lutz hat eine solche Familie gemeint; andere gab es früher bei den deutschen Sinti nicht. Man wird auch zu berücksichtigen haben, daß nach der Befreiung viele Häftlinge geflüchtet sind, gerade unter den deutschen Sinti, und sich niemand mehr gezwungenermaßen in seiner Baracke aufhalten mußte. So wie Herr Lutz auch waren alle Sinti auf der Suche in dem riesigen Lager: nach einem Loch im Außenzaun, nach etwas Eßbarem oder nach ihren Angehörigen.

Hößler, der letzte Kommandant des Nebenlagers im Kasernenbereich Belsens, hat im Prozeß angegeben, daß einer der Evakuierungstransporte aus Dora ursprünglich für Neuengamme bestimmt gewesen, aber wegen Überfüllung dort nicht aufgenommen, sondern nach Bergen-Belsen umgeleitet worden sei. Dieser Transport soll nach seinen Angaben 900-1100 Männer umfaßt haben.(20) Die Transportstrecke spricht dafür, daß sich Hößler auf den Lutz-Transport bezogen hat, seine Angabe, es habe sich dabei um die von den Lagerärzten für nicht marschfähig erklärten Männer gehandelt, dagegen. Allerdings hat Herr Lutz ausdrücklich Kinder und Jugendliche in ihrem Transport erwähnt, und das spräche wieder dafür, und daß nach seiner Aussage noch Sinti in Dora zurückgeblieben sind, dagegen. Kramer sagte folgendes dazu aus:

When the first transports came, the barracks on the barrack ground were not free and the Kommandant there asked me to take over the first few transports whilst he saw that the barracks were made ready as quickly as possible. Instead of being able to diminish the strength of my camp as was my plan, I was forced to take in more and more and to overcrowd it. These transports came from Dora Concentration Camp, and Hoessler, who was to be in charge of Camp No. 2, came with the last 15000.(21)

Als die ersten Transporte ankamen, waren die Kasernen auf dem Kasernengelände noch nicht geräumt, und der Kommandant dort bat mich, die ersten Transporte aufzunehmen, während er veranlaßte, daß die Kasernen so schnell wie möglich geräumt wurden. Statt meinem Plan entsprechend die Stärke meines eigenen Lagers zu vermindern, war ich gezwungen, immer mehr aufzunehmen und es zu überfüllen. Diese Transporte kamen aus dem Konzentrationslager Dora, und Hößler, der das Nebenlager übernehmen sollte, kam mit den letzten 15000.

Damit sind alle wesentlichen Angaben von Herrn Lutz und Herrn Weiß über ihren Transport aus dem KZ Mittelbau — und ihr Lager in Bergen-Belsen — bestätigt.

Die sehr genaue und detailreiche Schilderung von Herrn Lutz für seine Zeit in Bergen-Belsen läßt es aussichtsreich erscheinen, den Versuch einer topografischen Lokalisierung für dieses zusätzliche Männerlager der letzten Stunde in den Pferdestallbaracken fortzusetzen. Im Bericht von Küstermeier wurde bereits für die Unterbringung eines früheren Männer-Transportes eine Stallbaracke erwähnt. Es heißt bei ihm:

Eines Tages kam ein Transport aus Groß-Rosen in Schlesien. Fast 3000 Männer waren 12 Tage lang in Güterwagen eingeschlossen gewesen, ohne Speise oder Trank, bis zu hundert in einem Waggon. Als die Türen der Waggons geöffnet wurden, wurden mehr als 800 Leichen gefunden. Die meisten der anderen konnten weder gehen noch stehen. Die Überlebenden wurden in eine Stallbaracke geschafft, die zwar für sie freigemacht, aber nicht gereinigt worden war. Dort wurden sie in Schmutz und Mist sich selbst überlassen, weil sie als typhusverdächtig betrachtet wurden.

Ein paar Tage später wurde die Stallbaracke gesäubert. Es lebten noch etwa 200 Männer. Sie wurden in die Lazarettblocks gebracht. Die anderen gingen den gleichen Weg wie ihre 800 Kameraden vor ihnen — ins Krematorium.(22)

Der Transport aus Groß-Rosen traf nach der Erinnerung von Mohaupt am 1.3.1945 in Bergen-Belsen ein. Mohaupt gibt seine Stärke mit 2000 kranken Männern an.(23) Demnach hat er die Transporttoten bei seiner Stärkeschätzung bereits abgezogen. Zu dem Zeitpunkt befand sich Küstermeier wahrscheinlich bereits im Häftlingslager I, während Mohaupt bis zur Befreiung im Häftlingslager II gewesen ist. Lag also die erwähnte Stallbaracke unmittelbar im Osten der Grenze des Häftlingslager I, dann konnte Küstermeier den Barackentyp identifizieren, weil es von dort eine freie Visierlinie auf den angenommenen Lagerplatz gab. Von irgendeinem Standpunkt im Häftlingslager II aus wäre das unmöglich gewesen, weil es von dort keine freie Visierlinie durch das Häftlingslager I gegeben hat.

Damit wird allerdings ein neues Problem sichtbar: bezog sich Glyn Hughes mit seiner Einteilung des Männerlagers in 3 compounds auf das provisorische Lutz-Lager als deren No. 1, dann hätte sein compound No. 2 dem Häftlingslager I entsprochen, und sein Compound No. 3 dem Häftlingslager II. Im einen Fall hätte die Grenze zwischen dem westlichsten Männerlager und dem Kleinen Frauenlager sehr weit im Bereich des ehemaligen Aufenthaltslagers liegen können, das andere Mal wäre denkbar, daß sie überhaupt nicht nach Osten verschoben worden und in der letzten Lagerphase westlich von Block 41 verlaufen ist. Glyn Hughes erklärte während des Prozesses auf die Aufforderung, die Frauenlager zu beschreiben:

No. 2 was on the same side as those three I have described, to the left of the camp. This, although small, had about 6000 in it. The conditions here were infinitely worse. They were absolutely frightful.(24)

Nr. 2 war auf derselben Seite wie die drei bereits beschriebenen, auf der linken Seite des Lagers. Es hatte, wiewohl klein, etwa 6000 drin. Die Verhältnisse waren unendlich schlechter. Sie waren absolut fürchterlich.

Bei Annahme einer nicht ins Aufenthaltslager hineinverschobenen Ostgrenze des Kleinen Frauenlagers hätten für die Unterbringung der Frauen ganze sechs und eine halbe Baracke zur Verfügung gestanden, da die gemauerten Riesenblöcke 42 und 50 wahrscheinlich nicht für die Unterbringung von Frauen benutzt, sondern bis zuletzt als Magazine verwendet worden sind. So sollen nach Singtons Beschreibung die Militärzelte, die von Frauen nach der Befreiung des Lagers bezogen wurden, aus Block 42 gestammt haben, und seine Skizze zeigt eine geschlossene Stacheldrahteinzäunung für den Block 50.(25)

Allerdings gibt es für Block 50 die Aussage einer polnischen Zeitzeugin, wonach zuletzt dieser Block abwechselnd als Leichenhalle und Unterkunftsbaracke benutzt wurde. Ich werde darauf bei der Darstellung der Verhältnisse im Kleinen Frauenlager zurückkommen. Das ergäbe Belegungszahlen in der Nähe von 1000 Frauen pro Block. Nach Sington soll aber die übelste Baracke im Kleinen Frauenlager der Block 48 gewesen sein und ohne jede Installation mit Bett, Stuhl oder Tisch 680 Frauen enthalten haben.(26) Aus der auffälligen Häufigkeit, mit der Sington gerade diese Baracke in seinem Text erwähnt hat, kann gefolgert werden, daß er sich im Kleinen Frauenlager im allgemeinen, und in dieser Baracke im besonderen, am besten ausgekannt hat. Nun scheint die Skizze von Glyn Hughes anzuzeigen, daß auch im Kleinen Frauenlager die Baracken 47-48 und 43-44 durch ein eingefügtes Mittelteil verbunden und damit in ihrer Unterbringungskapazität gesteigert worden sind. Aber eine ganze Serie erdgebundener Aufnahmen beweisen, daß diese Angabe in der Skizze nicht stimmt;(27) die beschriebene Erweiterungsmaßnahme blieb auf diejenigen Lagerteile beschränkt, für die sie durch die Flugaufnahme nachzuweisen sind, und das waren eben das KZ-Lager für Männer und die Aufenthaltslager. Damit ist es zumindest wahrscheinlich gemacht, daß die letzte Ostgrenze des Kleinen Frauenlagers im Bereich des ehemaligen Sternlagers gelegen hat, möglicherweise östlich der Blöcke 34, 35 und 36. In der Sington-Skizze ist dort eine Grenze eingetragen. Auch auf diese topografische Spezialfrage werde ich bei meiner Kritik der Topografie des Kleinen Frauenlagers zurückkommen müssen.

Zurück zum Foto des Lutz-Lagers. Auf ihm sind, aufgenommen durch einen Zaun von der Machart, wie er für den Innenzaun zur Hauptlagerstraße dokumentiert ist, (28) vier Baracken vom Pferdestall-Typ mit Oberlicht nebeneinander sichtbar, die in einer gemeinsamen Frontlinie weit von einem rechts des Bildrandes zu vermutenden Zaun zurückstehen.(29) Dadurch gab es einen geräumigen Vorplatz, auf dem etwa 40 männliche Häftlinge zu erkennen sind. Die erste und letzte Baracke hatten eine Tür in der Giebelfront, die beiden mittleren Baracken zeigen eine Tür vorne in der linken Seitenwand. Genau so aber hatte Herr Lutz die Lage des Eingangs zu seiner Baracke beschrieben: in einer Längsseite. Demnach hatte er sich in einem der beiden mittleren Blöcke aufhalten müssen. Im Zuge des Feldversuchs nahm Herr Lutz, ein weiteres Mal vor dem Bild seines ehemaligen Lagers in dem Dokumentenhaus stehend, die 2. Baracke von vorne als seine damalige Unterkunft an.

Gesetzt den Fall, daß alle vier Baracken auch nur mit je 1000 Häftlingen belegt waren, machte das 4000 Häftlinge, die von den 12000 bei Glyn Hughes abgezogen, oder vier Baracken mehr, die zu den 41 übrigen hinzugezählt werden müssen. Damit wird die Belegungsziffer pro Block vollends absurd: unter zweihundert Männern. Das wäre kaum mehr als zur besten Zeit des Aufenthaltslagers gewesen (ca. 150) Unter diesen Bedingungen war es sogar mit Doppelstockkojen möglich, jede Baracke in einen Schlaf- und Wohnbereich zu unterteilen.(30)

2.2. Sinti als Häftlinge im Häftlingslager I

Wir haben keine überlebenden Sinti oder Roma aus diesem Teillager auffinden können. Bei Frejafon werden für das Häftlingslager I mit Datum des 10.1.1945 vier deutsche Zigeuner erwähnt.(31) Es fällt auf, daß dies in etwa die Zahl ist, die auch Herr Lutz angegeben hat. Das frühe Datum macht aber eindeutig klar, daß es sich um eine andere Gruppe gehandelt haben muß. Leider hat mir die Arbeit Frejafons bisher nicht vorgelegen, sodaß ich kein eigenes Urteil darüber habe, ob er tatsächlich im Häftlingslager I inhaftiert war. Laut „Chronologie Bergen-Belsen" kam er von Neuengamme nach Bergen-Belsen am 23.8.1944.(32) Wurde er niemals verlegt, hat er sich im Häftlingslager I befunden, da ein Häftlingslager II zu diesem Zeitpunkt noch nicht existiert hat. Auch Küstermeier, zuletzt im Häftlingslager I als Blockschreiber im Lazarett des Teillagers tätig, berichtet:

Es hatte immer Geigen und Gitarren im Lager gegeben, und abends haben immer einige Zigeuner Musik gemacht.(33)

Möglichwerweise hat es sich bei diesen Sinti-Häftlingen um Männer gehandelt, die nach Verschleiß ihrer Arbeitsfähigkeit im Dienste norddeutscher Industriefirmen in das „Erholungslager" Bergen- Belsen verbracht worden sind.

Da Küstermeier berichtet hat, daß „plötzlich" eine ganze Zigeunerkapelle da war, und als Zeitpunkt die letzten drei reichsdeutsch beherrschten Tage nennt, darf es als sicher gelten, daß es sich bei ihnen um Sinti-Musiker gehandelt hat, die aus Dora antransportiert worden sind. Herr Lutz und Herr Weiß haben die Anwesenheit von Musikern unter ihren Leuten bestätigt und erklärt, diese seien jedoch nicht in ihrem Teillager untergebracht worden. Da Küstermeier keine Erklärung für die unvermittelte Anwesenheit einer ganzen Zigeunerkapelle gegeben hat, ist es wahrscheinlich, daß er zu dieser Gruppe keinen Kontakt gehabt hat, weil sie nicht aus dem Häftlingslager I stammten. Auch diese Annahme wird durch die Aussage von Herrn Lutz und Herrn Weiß erhärtet; danach war die große Mehrzahl ihres Transportes im Häftlingslager II, und zwar in den gemauerten Baracken, untergebracht worden. Denkbar ist allerdings auch, daß die Kapelle aus dem Nebenlager herbeigeschafft worden ist. Wir können aus den Interviews zu diesem Teillager belegen, daß es dort Sinti-Musiker gegeben hat. Ihre Namen sind unter den überlebenden Sinti noch heute bekannt.

2.3. Sinti als Häftlinge im Häftlingslager II

Auch aus diesem Teillager haben wir keine überlebenden Sinti auffinden können. Das sollte aber in der Zukunft möglich sein, denn bestimmte Passagen aus dem Interview Lutz in Verbindung mit dem Interview von Schwanhilde Franz lassen es als fast sicher erscheinen, daß die Mehrzahl der Männer des Transports von etwa 500 deutschen Sinti in das Häftlingslager II eingewiesen worden sind. So erklärte Herr Lutz, daß viele von ihnen in Steinbaracken „auf der rechten Seite" untergebracht worden seien. Dabei kann es sich eigentlich nur um die Blöcke 9-11 gehandelt haben, und die gehörten zuletzt dem Häftlingslager II an. Aus diesem Transport soll es Überlebende in Süddeutschland geben.
Schwierigkeiten machte mir die Erklärung, diese Stein-Blöcke hätten „auf der rechten Seite" gelegen. Ich hatte mir bei meiner Frage Herrn Lutz in Gedanken auf der Lagerstraße stehend vorgestellt und erwartete die Antwort „links"; vielleicht stand Herr Lutz aber in seinen Gedanken wieder vor dem Eingang zu seinem Lagerteil, eben so, wie er beim Abschied von seinen Leidensgefährten gestanden haben mag. Und dann sind diese in der Tat nach rechts die Lagerstraße hinunter und in die Steinblöcke des Häftlingslagers II hinein seinen Blicken entschwunden ...

Welche Bedingungen sie dort vorgefunden haben, zeigen die Aussagen von zwei polnischen Funktionshäftlingen des Häftlingslager II. Einer davon, Aurdzieg, der als Stubendienst für die direkt hinter dem Steinblock 11 liegende Holzbaracke 12 zuständig war, wurde nach der Befreiung des Lagers vor dem britischen Kriegsgericht in Lüneburg des doppelten Totschlags an einem russischen und polnischen Mithäftling angeklagt. Leutnant Jedrzejowicz, der Pflichtverteidiger des Angeklagten, faßte einen Teil der Beschuldigung in seiner Frage zusammen:

Filo Pinkus also alleges that on 15th April, 1945 you had an argument with a Russian and you beat him and he hit you back, and then you called your orderlies to your service room and you all started to beat him and when he died you removed his body and carried it to the heap of corpses lying beside your block?

Filo Pinkus beschuldigt Sie auch, daß Sie am 15. April 1945 einen Streit mit einem Russen hatten, und ihn schlugen, und er schlug Sie zurück, und darauf riefen Sie Ihre Stubendienste in Ihr Dienstzimmer und Sie alle fingen an, ihn zu schlagen, und als er starb, entfernten Sie seine Leiche und trugen sie zu dem Leichenstapel neben Ihrer Baracke?
Darauf erklärte der Angeklagte:

Two gypsies brought this Russian to our Stubendienst and complained that this man had tried to cut off a heart from a dead body in order to eat it and he was punished by the Stubendienst with two or three strokes and then set free. When the gypsies noticed the punishment was so lenient they started fighting with him, and what happend later on I do not know.(34)

Zwei Zigeuner brachten diesen Russen zu unserem Stubendienst und beschuldigten ihn, daß dieser Mann versucht hatte, das Herz einer Leiche herauszuschneiden, um es zu essen, und er wurde vom Stubendienst mit zwei oder drei Schlägen bestraft und dann laufengelassen. Als die Zigeuner sahen, daß die Strafe so milde war, fingen sie an, mit ihm zu kämpfen, und was später geschah, weiß ich nicht.'

Der Vorfall wurde von einem Entlastungszeugen, Medislaw Andrzejewski, im Kreuzverhör dargestellt. Der Ankläger, Colonel Backhouse, fragte:

Haben Sie an dem Tag, als die Briten ankamen, in Block 12 irgendeinen Zwischenfall gesehen?'
Antwort:
Yes. About lunchtime Adam and two gypsies brought a Russian in the block and started beating him. Later on the two gypsies took the man outside to the place where the dead bodies were lying.(35)
Ja. Um die Mittagszeit brachten (der Kapo. W.G.) Adam und zwei Zigeuner einen Russen in den Block und prügelten ihn. Später brachten beide Zigeuner den Mann raus, dorthin, wo die Leichen lagen.
Es scheint, der Offizier habe den Erklärungen des Entlastungszeugen nicht allzu weit vertraut, da dieser im Verlauf des Kreuzverhörs angab, zur Zeit des Vorfalls typhuskrank auf dem Boden der Baracke gelegen, gleichzeitig den Streit verfolgt und wahrgenommen zu haben, daß Aurdzieg zur selben Zeit im entgegengesetzten Teil der Baracke damit beschäftigt war, den Fußboden aufzuwischen ...
Wem die Richter in Lüneburg glaubten, zeigt der weitere Prozeßverlauf: nach den beiden Zigeunern wurde nicht einmal als Zeugen gesucht, Aurdzieg erhielt 10 Jahre Zuchthaus wegen doppelten Totschlags zudiktiert.(36)
Frau Franz, selbst im Kleinen Frauenlager (KFL) gefangen, wird im folgenden Kapitel erklären, daß sie Sinti-Männer im östlich anschließenden Lagerteil am Grenzdraht habe Appell stehen sehen und mit diesen gesprochen und getauscht habe. Die Baracken dieser Sinti aber hätten „weiter hinten" gelegen und seien für sie nicht sichtbar gewesen. Auch diese Aussage wird durch die möglichen – und unmöglichen – Visierlinien gestützt.
Herr Lutz erklärte, wie Frau Franz, daß nach der Befreiung eine ganze Reihe von Männern seines Transportes ihre Frauen im Frauenlager wiedergefunden hätten. Dabei blieb offen, welches der beiden Teillager für Frauen damit gemeint war – möglicherweise alle beide. Die Eheleute waren nach der Vergasung der Mehrheit aller Häftlinge des Zigeunerfamilienlagers in Birkenau getrennt und in verschiedene Lager transportiert worden.(37)

2.4. Die letzten Tage im Männerlager

Herr Lutz war nach eigener Einschätzung zwei bis drei Wochen im Hauptlager von Bergen-Belsen. Sein Transport fand noch in der kalten Jahreszeit statt. Er selbst schätzt die Dauer seiner Inhaftierung im Hauptlager auf zwei bis drei Wochen. Das spräche für einen Einweisungstermin in der letzten März- oder ersten Aprilwoche. Im Widerspruch dazu steht seine Erinnerung, daß ihr Transport nach den Transporten der anderen Sinti in das Nebenlager Bergen- Belsens gelaufen ist; denn der fand während der 1. Aprilwoche statt (4. April ab Mittelbau, um den 10. April an Bergen-Belsen). Kramer hat den späten Beginn der Leichenbergung im Hauptlager damit erklärt, daß er erst ab dem 5. April 1945 über arbeitsfähige Männer aus Transporten nicht- östlicher Richtungen verfügt habe. Diese Behauptung wird durch Herrn Lutz insofern gestützt, als sie die gesamte Zeit ihres Belsener Zwangsaufenthaltes damit beschäftigt worden sind, Leichen zu schleppen und in ein Massengrab zu werfen. Vermutlich sind sie seit dem 10. April im Hauptlager gewesen. Herr Weiß, der mit ihm in demselben Lagerteil untergebracht worden war, berichtete darüber im Nachinterview am 31.1.1990:

23

Herr Weiß: Also, ich möchte ein Wort dazu sagen. Ich war in Birkenau gewesen, und auch in Auschwitz (Stammlager. W.G.), ich habe da auch viel miterlebt, mit die Toten, und so, soweiter. Aber hier in Bergen-Belsen, wo ich hier zusammen gewesen war mit dem Lutz, da haben wir nur von morgens bis abends nur die Toten getragen und geschleppt. Und da war ein großer Massengrab gewesen, ein Massengrab, da konnt' man zehn Häuser reinschmeißen. Und da mißten wir die Toten mißten wir da reinschmeißen. Und da war'n noch welche dabeigewesen, die haben mit den Kopp noch so gemacht (zeigt eine müde Kopfbewegung), und mit den Arm noch so gemacht (zeigt eine unkontrollierte Armbewegung), die war'n noch nich, noch nich richtig tot. Aber die wurden reingeschmissen, und die andern wurden oben rauf denn geschmissen, und das ging immer weiter, immer rein. Und wir haben nur den Befehl gekricht, wir mißten nur die Toten tragen, schleppen, in den Massengrab reinzuschmeißen, und mehr müssen wir nich. Und wir konnten auch uns nich umdrehen, wir konnten auch nich sagen, daß wir uns noch mal kurz umgedreht haben. Wir haben gesagt: 'Ach, da, schau mal, da sind ja noch welche, die leben ja noch!', nich, das durften wir garnit sagen. Wir missen die nur reinschmeißen, umdrehn, und weitergegangen. Weil rechts und links SS gewesen war'n, und wenn wir das gemacht haben, dann haben wir auch 'n Schuß gekricht, denn sind wir auch reingefallen.
Herr Lutz: (die Erzählung bestätigend) Bravo!

Das ließ mich an die traurig-berühmt gewordenen Darstellungen der letzten drei Tage vor Eintreffen der Engländer denken. Aber die Schilderung fast aller Einzelheiten wich so sehr von dem dort gegebenen Schema ab, daß wir den entsprechenden Teil des Interviews sehr ausführlich gehalten haben.
Zunächst ging es darum, die Lage des Massengrabes im Lager zu bestimmen.

Herr Wagner: Was ich gerne wissen möchte, is: wo war diese Kuhle? War die jetzt mang die Baracken, hinter den Baracken, oder war die mitten im Lager, oder wo war die?
Herr Weiß: Das Massengrab war gewesen mitten in Lager, mitten in Lager war das drin gewesen, das Massengrab.
Herr Wagner: Hier war die Lagerstraße, ...
Herr Weiß: Hier war die Lagerstraße, und so'n Stück weiter mitten in Lager gleich, war der Massengrab gewesen.
Herr Wagner: Also nicht mitten auf die Lagerstraße?
Herr Lutz: Doch.
Herr Weiß: Nein. Lagerstation, Lagerstation.
Herr Lutz: Man konnt ja rumgehn.
Herr Weiß: Ringsum war'n ja die ganzen Baracken, und alles. Zwischen den Lagerstationen."

Ich verstehe den Begriff „Lagerstation" so, daß er ein Häftlingsabteil im Hauptlager bezeichnen soll. Unter dieser Annahme decken sich beide Aussagen beinahe vollständig. Die Männer ihres Lagers suchten also die Toten innerhalb und außerhalb der Baracken zusammen. Sie banden ihnen Riemen, Stoffetzen oder was dergleichen mehr zur Hand war, um Hand- und Fußgelenke und schleiften sie zu einem Massengrab. Soweit kannten wir die Details bereits aus Berichten anderer Überlebender, etwa durch Küstermeier. Aber entgegen der Erwartung, einen langen und entsprechend anstrengenden Weg die Hauptlagerstraße herunter zu den gräbern des heutigen Gedenkstätten-Geländes beschrieben zu bekommen, erklärte Herr Lutz mit Bestimmtheit, daß sie die Leichen nur zwischen 30 und 50 Meter weit entfernt von ihren Baracken zu einem einzigen großen Massengrab geschleppt und dort hineingeworfen hätten. Die Leichen hätten dort „wie die Maden" durcheinandergelegen. Zur Veranschaulichung verschränkte er die Finger seiner rechten und linken Hand und verdrehte sie gegeneinander, um das chaotische Ergebnis ihrer Freiwürfe zu veranschaulichen. Aus dem gewählten Bild höre ich heraus, daß die Leichen im Verhältnis zur Grube winzig gewirkt haben müssen — und viele noch nicht tot gewesen sind — so, wie Herr Weiß es beschrieben hat. Auch im vollständigen Text des Interviews von Prölß mit Mohaupt wird das für einen noch früheren Zeitpunkt bestätigt.(38) Weiter berichtete Herr Lutz, am Rand des Massengrabes habe ein Häftling mit einer großen Handspritze gestanden und Löschkalk über die Leichen gestäubt. Auf unsere Rückfrage erklärte Herr Lutz, daß er von Musik bei der Leichenschleiferei nichts wahrgenommen habe.

Herr Wagner: Wie Ihr jetzt die Leichen geschleppt habt, in Lager, war'n da Sinti, die da Musik gemacht haben? Die dabei gespielt haben?
Herr Weiß: (abwehrend) Na, na.
Herr Lutz: Wir haben keine gehört.
Herr Weiß: Da war keine gewesen.
Herr Lutz: Vielleicht im, im ...
Herr Wagner: andern Lager, ...
Herr Lutz: andere Blöcke. Kann möglich sein.
Herr Weiß: Aber da, wo wir drin gewesen waren, da haben wir nichts von gesehen und gehört.
Herr Wagner: Aber Musiker waren auch da?
Herr Lutz: Musiker war'n da, natürlich.
Herr Weiß: Aber wir haben nichts gehört.

Die Engländer hätten nach der Befreiung des Lagers Männer und Frauen der Waffen-SS gezwungen, dieses Massengrab zu öffnen, möglicherweise, um die Toten umzubetten. Die Befreiung selbst schilderten die beiden Sinti folgendermaßen:

Herr Weiß: Nein, ich muß da nebenbei so sagen, nebenbei. Wir haben jeden Tag und jeden Tag und jeden Tag haben wir nur geweint. Und haben immer gehofft, kommen wir noch einmal raus, oder kommen wir nich raus, kommen wir noch einmal oder nich raus, aber wir haben durch diese Rederei von die andere Häftlinge haben wir durch diese Rederei gehört, daß der Engländer bald kommt. Aber wir haben garnichts davon gewußt, ...
Herr Wagner: Woher wußten die Häftlinge das?
Herr Weiß: Ja, das kann ich jetzt, das kann ich auch nich sagen, ...
Herr Lutz: Wer weiß das?
Herr Wagner: Aber es war bekannt?
Herr Weiß: Es wurde so'ne Pappelerei dort gesprochen, nich. Ja, eines schönen Tages ...
Herr Lutz: Panzer durch Tor rein ...
Herr Weiß: war das so gewesen, ...
Herr Lutz: Panzer rein, ...
Herr Weiß: hab ich gesagt: 'Mensch, Lutz, was is denn jetzt los? Jetzt, jetzt, das is unser letzter, jetzt gehen wir alle dot ...
Herr Lutz: (lacht)

25

Herr Weiß: jetzt kommen die Panzer alle rein (ahmt ihr Geräusch nach) Was haben wir gewußt, was da los war? Auf einmal kommen die ganzen Engländer rein mit die Panzers, mit die Panzers, und hinter, hinter die Panzers, da kam extra noch so'n Wagen, da waren so'ne Frauen da gewesen, englische Frauen oder deutsche Frauen, ich kann es jetzt nich sagen, und Ärzte, nich, und die haben alle so Millich ausgeteilt, und Milchsuppe, undsoweiter, ...
Herr Wagner: Also Milchsuppe, gekocht?
Herr Weiß: Ja, und denn war das so, denn haben wir auch soviele Bichsen gekricht, wie der Engländer reinkam, so viele Bichsen, ...
Herr Wagner: Was war da drin?
Herr Weiß: Also, mit den Bichsen, war drinne Corned Beef, Fleisch, Zigaretten, Kakao, Millich, alles so'n Zeug war da drinne. (senkt die Stimme) Und jetzt war das so gewesen: die viele Tausende Menschen, die abgemagert gewesen waren, so wie ich ...
Herr Wagner: Verhungert
Herr Weiß: Vor Hunger. Die haben jetzt natürlich reingehauen, ...
Herr Wagner: Die haben viel gegessen?
Herr Weiß: Da einer umgefallen, da einer umgefallen, ja, nach so und soviel nichts zu fressen, und auf einmal fressen sie alles rein.
Herr Wagner: Also, die waren tot?
Herr Weiß: Die sind umgefallen.
Herr Wagner: Umgefallen, und waren tot?
Herr Weiß: Umgefallen.
Herr Wagner: Die haben pötzlich zu viel gegessen, nach der Hungerzeit? Und die Engländer haben das nicht gewußt?
Beide Sinti: Nein, nein, nein.
Herr Weiß: Ne, die haben da alles so hingegeben.
Herr Wagner: Also, sind noch mal sehr viele Menschen gestorben?
Herr Weiß: Ja, ja.
Herr Wagner: Nach der ersten Verpflegung.

Die Zeit nach der Ankunft englischer Truppen wurde so dargestellt:

Herr Wagner: Habt Ihr auch Passierscheine gekriegt?
Herr Weiß: Nein, das war so — auf die Sachen komm ich jetzt. Und das ist bekannt geworden, daß der Engländer, der Oberst davon, der hat gesprochen, auf Deutsch, auf Englisch, die haben gesprochen amerikanisch, (sehr laut): Kein Mensch ... es darf keiner nich entlassen werden, bevor er gesund ist, und hat ein Entlassungsschein.
Herr Lutz: Noch ein Wort, ...
Herr Weiß: Entlassungsschein.
Herr Lutz: darf ich noch ein Wort dazu sagen?
Herr Weiß: Ja, sag mal.
Herr Lutz: (lansam und betont, fast fehlerlos in hochpolnischer Aussprache) Uwaga, Uwaga! Kannst du dich noch dran erinnern?
Herr Weiß: Ja!
Herr Wagner: Was hat er gesagt?
Herr Lutz: (wiederholt auf gleiche Weise) Uwaga, Uwaga! Das heißt: Achtung, Achtung! Hab ich aber vorher nicht gewußt, was das heißt.
Herr Wagner: Uwagga?
Herr Lutz: (erklärend) Das heißt Achtung.

Herr Weiß: Oh, wacker!
Herr Lutz: Uwaga, Uwaga! Polnisch.
Herr Weiß: Das war polnisch.
Herr Lutz: Und das hab ich aber damals nicht gewußt."
Die Häftlinge wurden aufgefordert, die Leichen aus den Blöcken zum Abtransport herauszulegen und sich weiterhin bei ihren Baracken aufzuhalten.

Herr Weiß: Und jetzt, wie der Englander das gesagt hat, daß keiner türmen soll, und jeder soll in sein Block bleiben, undsoweiter, undsoweiter, nich, aber ich bin doch türmen gegangen. Denn da war hinten gewesen, in Stacheldraht, da war ein großes Loch. Und da sind die Häftlinge durchgegangen. Die konnten doch das nicht mehr aushalten, die wollten doch die Freiheit haben. Und ich hab den Loch gesehen, hab den Loch gesehen. Da hab ich meine Mutti genommen, da konnt ich wieder denn so bißchen laufen, ...
Herr Wagner: So 'n bißchen wieder aufgepäppelt, ...
Herr Weiß: So 'n bißchen wieder aufgepäppelt, und da hab ich den Loch da gesehn, wo die Leute durchgegangen sind, und oben war der Turm gewesen, da waren die, da haben sie die, wie hießen (?)RS, die ungrische Posten, ungarische Posten waren da gewesen, ...
Herr Lutz: (sich auf das Hauptinterview beziehend) Das hab ich schon gesagt.
Herr Weiß: ungarische Posten, ...
Herr Wagner: Ungarische Posten? Hatten die ungarische Uniformen an? Oder hatten die deutsche Uniformen an?
Herr Lutz: (bestimmt) Nein, ungarische.
Herr Weiß: Ungarische. Ungarische. Und jetzt war da so, da hab ich meine Mutter genommen, meine Geschwister genommen, und hab da noch zwei Frauen getroffen, die Name1 und die Name2, und die hab ich auch mit rausgenommen. Denn sind wir (senkt die Stimme ganz ab) durch den (Pause) Stacheldraht durchgegangen.
Herr Wagner: Und der Posten hat nichts gesagt?
Herr Weiß: Nein, paß auf! Und der Posten oben, das konnt ich nicht verstanden, was der gesprochen hat, und hat gesagt: 'Halt, bleib'n Sie stehen!' Und meine Mutter und die haben alle geweint. Ja, was war jetzt los? Ich war der letzte gewesen, der durchgelaufen ist. Und ich mit meiner Jacke blieb stecken, konnt ich meine Jacke nich durchkriegen, und die haben alle geweint ...
Herr Wagner: Blieb im Stacheldraht hängen?
Herr Weiß: Ja. Und hab ich doch mitgeweint. Denk ich jetzt, nich. Und da hat der Posten so gemacht (zeigt Bewegung mit dem langen Arm: Haut ab! Gleichzeitig rufend:) 'Steh! Steh! sonst komm ich dir nach!' Und denn hat er zu uns so gemacht (Zeigt die Armbewegung erneut: Haut ab!)
Herr Wagner: Ihr sollt laufen?
Herr Weiß: Und wir sind gelaufen, und kamen in ein Wald rein, in ein Wald. Und so, wie ich in Wald reinkam, Menschenskind, da hab ich doch soviele Menschen gesehen. 'Ja, wo kommt ihr alle her? Kommt ihr auch aus den Lager?' 'Ja'. Der eine sagt 'Ich, ich will da', 'ich will nach Berlin', der andere sagt, 'ich, ich wohne in Frankfurt,' 'ich wohne da', 'ich wohne da' 'ich wohne da'.
Herr Lutz: Alles Sinti.
Herr Weiß: Na, lauter Sinti, (?)RS. Alles Sinti, alles durcheinander.
Herr Wagner: Die sind alle abgehauen?

Herr Weiß: Alle abgehauen, alle durch den Loch da durch. Durch den Loch da durch.
Herr Wagner: Und habt Ihr da das Gefühl, daß die meisten Sinti da alle weggelaufen sind?
Herr Weiß: (nachdrücklich und schnell) Ja, ja.
Herr Lutz: Die meisten, ja.

Die letzte, einschränkende Bemerkung galt auch für Herrn Lutz selbst, der sie gemacht hat: er selbst konnte nicht weglaufen, weil er gesundheitlich zusammenbrach. Auch von den Flüchtlingen ging es vielen nach der geglückten Flucht nicht anders, Herr Weiß ist keine Ausnahme gewesen:

Um einmal steh ich da so, bumm, lag ich, die Ecke da lag ich auf die Straße.
Herr Wagner: Seid Ihr umgefallen?
Herr Weiß: Bin ich umgefallen. Da hat meine Mutter geweint, meine Geschwister haben geweint, die haben gesagt: 'Ja, der geht jetzt dod. Der geht jetzt dod, ach, ah.' Und die zwei Frauens, die bei uns gewesen waren, die Name1 und die Name2, haben auch geweint. 'Nu, was machen wir jetzt?'
Herr Lutzt: Die Name1 und die Name2 ?
Herr Weiß: Ja. 'Was machen wir jetzt?' Da haben sie ein Wagen von die Bauern, ein Wagen gebettelt, ein Wagen, so 'ne Chaise, und da haben sie ...
Herr Wagner: Was für 'n Wagen?
Herr Weiß: So 'n Kinderwagen. Und da haben sie mich reingelegt, und da haben sie mir gefahren.
Herr Wagner: Haben die Frauen Sie geschoben.
Her Weiß: Und ich wußte nich, was hinten und vorne war, nich.

Nach Feststellung des Arztes, zu dem er schließlich von der Besatzung eines englischen Jeep gefahren wurde, hat Herr Weiß das Lazarett in Bergen-Belsen im allerletzten Augenblick erreicht. Die panische Flucht hätte ihn um ein Haar das Leben gekostet. Herr Lutz erkrankte kurz nach der Befreiung an Typhus. Er selbst erklärte sich das damit, daß die von den englischen Soldaten an sie verteilten Eisernen Rationen, insbesondere das fette Konservenfleisch, für seinen total entwöhnten Magen zuviel gewesen sei. Wahrscheinlicher ist eine Infektion über verunreinigtes Essen in reichsdeutscher Zeit, das nicht aus Konservendosen stammen konnte. Da die Inkubationszeit für Typhus zwischen 1-3 Wochen liegt, wird diese Vermutung erhärtet, denn das genau dürfte seine Aufenthaltszeit in Bergen-Belsen gewesen sein. Denkbar ist allerdings, daß eine Überlastung des Verdauungsweges die allgemeine Abwehrbereitschaft gegen Erkrankungen ungünstig beeinflußt hat. Andere, „genug", wie er sagte, waren weniger glücklich dran: sie starben an dem Essen. Es fällt auf, daß Sington die Folgen dieser unbedachten Massenabfütterung von Halbverhungerten mit Eisernen Rationen in seinem Buch durchgehend verniedlicht: es werden nur solche Häftlinge erwähnt, die unter den Folgen der ersten Mahlzeit zwar gelitten haben, aber nicht an ihr gestorben sind. Herr Lutz jedenfalls hat seinen „Typhus danach" den englischen Soldaten nicht Übel genommen: „Sie haben es doch nur gut gemeint."

2.5. Ein topografischer Versuch und eine Zwischenbilanz

Nachdem ich mit der Auswertung des Interviews fertig war, merkte ich, daß mich die Eingangsbemerkung des alten Mannes immer noch verfolgte. Danach hatte seine Baracke ja etwa dort gestanden, wo sich heute die Gedenkwand für die Opfer Bergen-Belsens befindet. Das paßte einfach nicht zum Rest seiner sehr sorgfältigen und überlegten Aussagen. Wie, wenn er sich nun sehr wohl auf seinen „inneren Weg zur Baracke" begeben hätte, aber unter der unzutreffenden Annahme, daß der äußere einmal dort begonnen habe, wo sich heute der Zugang zur Gedenkstätte befindet? Mir war erinnerlich, daß ich ihn auf diesen Irrtum schon im Vorgespräch aufmerksam gemacht hatte. Die Tragweite meiner Bemerkung war mir aber entgangen.

Ich nahm einen Plan zur Hand, der in zwei Lagen übereinander die Situation von September 1944 und heute darstellt. Darüber legte ich ein Stück Transparentpapier und zeichnete den heutigen Weg zwischen Betreten des Gedenkstättengeländes und der Gedenkwand durch. Das Transparentpapier legte ich anschließend mit dem Anfang des durchgezeichneten Weges auf den historischen Eingang des Lagers als Angelpunkt. Nach einer kleinen Winkeldrehung zeigte sein Ende in die Mitte des mutmaßlichen Lutz-Lagers. Unglaublich.

Die topografische Auswertung des Fotos, auf das Herr Lutz im Dokumentenhaus gezeigt hatte, ließ unterschiedliche Rückschlüsse zu: entweder erinnerte er sich korrekt, dann waren die Skizzen von Sington und Hughes in einem wichtigen Punkt unzuverlässig, oder die Skizzen waren korrekt, dann erinnerte sich Herr Lutz falsch oder ich hatte den Standort seines Lagerteils falsch rekonstruiert.

Für die Zuverlässigkeit des Zeugen sprach der Umstand, daß er einige seiner Angaben nicht einfach von der vordersten Baracke auf dem Foto abgelesen, sondern etwa eine Form des Eingangs benannt hatte, die weniger gut auf dem Foto zu erkennen war. Das fiel umso mehr ins Gewicht, als ich ihm vor der entsprechenden Frage zur optischen Unterstützung seines Gedächtnisses das Bild(39) des Magazins vom Pferdestalltyp gezeigt hatte: und dort stand die zentrale Fronttür weit offen und fiel sofort ins Auge. Auch die Baracken dieses Typs in Birkenau hatten, wenn ich mich recht erinnere, den Eingang vorne gehabt. Einige Einzelheiten wurden durch das Foto nicht bestätigt, so die Angabe, es habe sich um glatten Maschendraht, nicht aber um Stacheldraht gehandelt. Aus einiger Entfernung macht das Foto in der Tat diesen Eindruck, und das mochte beim echten Modell auch so gewesen sein. Im Nachinterview erklärte Herr Lutz, daß er mit dem „Maschendraht" einen Innenzaun gemeint habe, der vor dem eigentlichen Stacheldrahtverhau angebracht war.

Bei Sington waren zwar östlich von Häftlingslager I drei Baracken erkennbar anderen Typs genau an der Stelle eingezeichnet, an der das Lutz-Lager zu vermuten war — aber eben nicht vier. Es fehlte weiter die volle Einzäunung mit Draht, wie bei den übrigen compounds, und daß Sington seine drei Baracken auf dieselbe Frontlinie gesetzt hatte wie die Baracken des Häftlingslager I, widersprach der Auswertung der Flugaufnahme wie der des Bodenfotos: die Flugaufnahme läßt im unscharfen Grenzbereich drei Baracken östlich von Häftlingslager I (Blocks 1-8) erkennen — ohne Sicherheit bei der Bestimmung des Barackentyps zu geben. Nur soviel ist durch die Aufnahme gesichert, daß es nicht der Standardtyp des Männerlagers gewesen ist. Allerdings stehen diese drei Baracken in der Flugaufnahme zurückgesetzt auf einer eigenen Frontlinie — so, wie es das Bodenfoto zeigt. Dadurch war ja der auffällig weite Platz vor den Baracken entstanden. Am wichtigsten vielleicht: es hätte den Raum für eine vierte Baracke an der genannten Stelle gegeben. Und die Baumkulisse im Bildhintergrund war in etwa dort zu sehen, wo sie erscheinen mußte, wenn der Standort des Lagers korrekt erschlossen worden war. Das ergibt in Verbildung mit den übrigen topografischen Details seiner Aussage eine ziemlich hohe Sicherheit für den Standort des Lutz-Lagers.

Um ganz sicher zu gehen, haben wir - es war das erstemal — einen topografischen Versuch gemacht: Herr Wagner fuhr mit Herrn Lutz zum ehemaligen Eingang in das SS-Lager. Im ersten Versuch sollte Herr Lutz bis zur Stelle seines früheren Lagers laufen. Dabei orientierte er sich eindeutig nach links und suchte den Platz eher vor als hinter der vermuteten Stelle.

Im zweiten Versuch forderte Herr Wagner ihn auf, den Weg von seinem Lagerteil zum geräumten Massengrab nachzulaufen. Herr Lutz machte sich ohne Zögern auf den Weg die Lagerstraße herunter. Unter Annahme wechselnder Ausgangspunkte für sein ehemaliges Lager lief er sie immer ziemlich genau dieselbe Wegstrecke hinunter: etwa 150-160 Schritte — Herr Wagner hat mitgezählt. Ob Herr Lutz gezählt hat, wissen wir nicht. Bei der differierenden Schrittzahl ist es die unwahrscheinlichere Annahme. Bei einem eher kleinen Menschen macht die angegebene Schrittzahl eine Distanz von gut 100 Metern aus.

Dieses Ergebnis ist von besonderem Interesse, weil sowohl Herr Lutz wie auch Herr Weiß im Nachinterview angegeben haben, daß die Häftlinge Leichen „von allen Seiten" in das nachträglich wieder aufgelassene Massengrab hatten schleifen müssen. Wiederum in etwas mehr als der angegebenen Distanz liegt aber die Kreuzung der Hauptlagerstraße mit dem Weg Walle-Hörsten: von rechts konnten Leichen aus dem Großen Frauenlager, von links aus dem Häftlingslager II, von vorne aus Häftlingslager I und dem Lutz-Lager selbst, von hinten aus dem Kleinen Frauenlager herangeschleift werden. Weit und breit gibt es im Umkreis der angegebenen Stelle keinen zweiten topografischen Punkt, an dem das möglich gewesen wäre.

Demnach kann mit ziemlicher Sicherheit angenommen werden, daß die Leichengrube rechts der Hauptlagerstraße vor oder hinter der Wegeinmündung Walle-Hörsten in die Hauptlagerstraße gelegen haben muß. Herr Lutz erklärte hartnäkkig, sie habe sich mitten auf der Hauptlagerstraße selbst befunden — Herr Weiß war sich darüber nicht so sicher. Das würde zwar ihre nachträgliche Räumung sehr plausibel machen — auch wenn ich meine Probleme damit habe, eine solche Wahl für ein Massengrab mitten auf dem Hauptverkehrsweg eines riesigen Lagers nachzuvollziehen.

War es aber so, dann ist es heute noch ein Leichtes, dieses leere Massengrab zu finden, weil es unmöglich ist, seine zerstörte Bodenschichtung durch bloßes Zuwerfen wiederherzustellen. Wird es gefunden, gilt umgekehrt: in derselben Distanz mit der Toleranz weniger zehn Meter wird es die Reste der Fundamentierung für vier Baracken bekannten Ausmaßes noch heute geben — wenn die Angaben von Herrn Lutz stimmen. Auch solche Fundamente hinterlassen Spuren im Boden, die auszulöschen große Anstrengung und Fachkenntnisse erfordert. Werden sie gefunden, muß die Skizze sowohl von Sington wie von Glyn Hughes in einem entscheidenden Punkt korrigiert werden. In Bergen-Belsen gibt es noch viel zu tun.

Auf der Grundlage der von beiden Zeugen gemachten Angaben wie der Information über den Anteil von als Zigeunern klassifizierten Häftlingen im KZ Mittelbau-Dora schätze ich die Zahl der im Hauptlager von Bergen-Belsen inhaftierten Sinti und Roma auf 500 Männer. Da sie in der Mehrzahl aus einem einzigen

Transport stammten, der Häftlinge aus Ellrich und Harzungen zusammenfaßte, ergab das ein Potential von zusammen 70 Männern — angenommen, daß die Verluste durch die Mortalität im KZ Mittelbau seit dem 1.11.1944 durch weitere Transporte mit als Zigeunern klassifizierten Häftlingen ersetzt worden sind. Dann wäre die geschätzte Zahl als Untergrenze zu betrachten. Daß es Transporte in der angegebenen Zeit gegeben haben muß — oder die Listen unvollständig sind — ergibt sich schon aus dem einfachen Umstand, daß wir nur einen Teil unserer Zeugen für das Haupt- und Nebenlager in den Lagerlisten für Ellrich und Harzungen wiedergefunden haben.

In jedem Fall geht die für das Hauptlager angenommene Zahl von der Gesamtzahl für Mittelbau-Dora ab. Damit ist gleichzeitig ein erster Fixpunkt für die Zahlenschätzung von Sinti und Roma im Nebenlager gegeben, denn dessen Transporte kamen, soweit bisher bekanntgeworden, fast ausnahmslos aus dem Konzentrationslager Mittelbau-Dora mit seinen Nebenlagern und Außenkommandos.

Verzeichnis der Kapitelnoten
1. a.a.O., Seite 160.
2. a.a.O., Seite 168.
3. Trial of Josef Kramer etc, Seiten 32 und 44.
4. Trial of Josef Kramer etc, Seite 383.
5. a.a.O., Seite 32.
6. Küstermeier in Sington, S. 101.
7. Schreiben von Josef Kramer an seinen Vorgesetzten Glücks vom 1.3.1945, a.a.O.
8. Kolb 1962, Seite 344.
9. Trial of Josef Kramer etc, Seite 200.
10. Als Quelle wurde im Schreiben genannt: Wincenty Hein, die Vernichtung der Häftlinge des Lagers Mittelbau-Dora, aus: Bulletin der Hauptkommission zur Untersuchung von Verbrechen Hitlers in Polen, Bd. XVI, Warszawa, Wydawnictwo Prawnicze, 1967, Beilage 2, S. 140.
11. Dok.-Film A2.
12. Dok.-Film D1.
13. Antwortschreiben Kuhlbrodt vom 31.01.1990.
14. Hauptinterview Lutz.
15. Trial of Josef Kramer etc, Seite 200.
16. a.a.O., Seite 16.
17. Trial of Josef Kramer etc, Seite 63.
18. Sington, Seite 36.
19. a.a.O., Seite 171.
20. a.a.O., Seite 200.
21. Trial of Josef Kramer etc, Seite 168.
22. a.a.O., Seite 97.
23. Arbeitsgemeinschaft Bergen-Belsen, Interview Mohaupt mit Prölß, Seite 1.
24. a.a.O., Seite 32.
25. a.a.O., Seite 31.
26. a.a.O., Seite 42.
27. BU 4251, 4261, 4272.
28. BU 4006.
29. Den Barackentyp gibt BU4274 wieder. Wahrscheinlich zeigt dieses Foto das in der Skizze von Hughes mit „F" gekennzeichnete Brotmagazin. An ihm ist nämlich rechts vom Eingang auf einem kleinen weißen Schild der Buchstabe „F" zu erkennen.
30. Vgl. Simon Heinrich Herrmann, Austauschlager Bergen-Belsen, Die Geschichte eines Austauschtransportes, Tel Aviv 1944.
31. Vgl. Krischan, Chronologie Bergen-Belsen, Blatt 4.
32. a.a.O., Blatt 3.
33. Küstermeier in Sington, Seite 120.
34. a.a.O., Seite 466.
35. a.a.O., Seite 472.
36. Trial of Josef Kramer etc, Seite 720.
37. Eine Übersicht zu den Lagerlaufbahnen der Interviewgruppe insgesamt findet sich im Anhang der Arbeit.
38. Prölß mit Mohaupt, unveröffentlichtes Typoskript, Blatt 20.
39. BU4274.

3.0. Sinti und Roma im Kleinen Frauenlager

Speziell in Bezug auf das Kleine Frauenlager stand ich vor der Frage, wem ich glauben sollte: der Lehrmeinung in der Literatur oder meinen Zeugenaussagen. Entweder täuschte sich ein Drittel von ihnen, dann hatte es im Kleinen Frauenlager niemals Frauen der Sinti und Roma unter den Häftlingen gegeben, oder aber sie erinnerten sich wirklich an Tatsachen, dann war die „herrschende Lehre" zu revidieren. Kurz: es mußte eine Kritik der bisherigen Topografie des Lagers her, um in dieser Frage aus dem bloßen Meinen herauszukommen. Leser, die sich für deren Methode und Resultat interessieren, sind eingeladen, sich zum 1. topografischen Exkurs zu begeben.

3.1. Transporte von Sinti und Roma ins Kleine Frauenlager

Eine historische Analyse des verschwundenen Lagers Bergen-Belsen ergibt, daß Frauen der Sinti und Roma sich als KZ-Häftlinge nur in zwei Teilbereichen des Hauptlagers aufgehalten haben können: dem Großen und dem Kleinen Frauenlager. Unter dem Kleinen Frauenlager verstehe ich nach dem Ergebnis der topografischen Kritik zunächst die Blöcke zwischen den gemauerten Magazinbaracken mit den Nummern 50 im Westen und 42 im Osten ausschließlich. Wo die östliche Grenze des Kleinen Frauenlagers zum Zeitpunkt der Befreiung verlaufen ist, das ist eine Frage für sich. Ich werde darauf zurückkommen. Beide Teillager unterscheiden sich durch fünf Merkmale voneinander:
— das Kleine Frauenlager war vollständig baumlos, die Baracken des Großen Frauenlagers westlich des Weges Walle-Hörsten standen in einem Mischwald
— im Kleinen Frauenlager gab es keine Regenzisterne, das Große Frauenlager (West) hat darüber verfügt
— im Kleinen Frauenlager gab es keine Küche, im Großen Frauenlager hat es eine Doppelküche gegeben
— Im Kleinen Frauenlager gab es nur den Barackentyp mit Türen in einer seitlichen Längswand, im Großen Frauenlager war dieser Typ sehr selten, Standard war die „Giebeltür-Baracke"
— Nur im Kleinen Frauenlager war eine Binnengrenze zu einem Männerlager möglich.

Eins der aufgeführten Kriterien, die Binnengrenze zum Männerlager, ist für sich allein hinreichend, um eine Haft im Kleinen Frauenlager zu erkennen. Frau Franz konnte sich deutlich an folgende Merkmale ihres Teillagers in Bergen-Belsen erinnern:
— Bäume und Wald nur jenseits des Außenzauns
— kein Wasserteich im Lager
— keine Küche im Lager, sondern auf dem Küchenstreifen
— alle Baracken standen mit dem Giebel zur Lagerstraße
— die Wege von Baracke zu Baracke waren nicht geschwungen
— Kontakt zu Männern über einen hohen, engmaschigen Stacheldrahtzaun
— Fenster in beiden Langseiten
— ihre Baracke hatte die Türen in der Längswand

Damit ist nach dem bisherigen topografischen Erkenntnisstand die Haft im Kleinen Frauenlager gesichert. Und da sie nach der Eröffnung des Großen Frauenlagers Bergen-Belsens begonnen und bis zum 15. April 1945 gedauert hat, und weil nach ihr weitere Transporte mit Sinti-Frauen in das Kleine Frauenlager eingeliefert worden sind, hat das Kleine Frauenlager bis zu diesem Zeitpunkt nicht nur bestanden, sondern es ist auch bis ganz zuletzt immer wieder neu belegt worden.

Frau Hasselmann benannte folgende Merkmale:
— Frauenlager auf derselben Seite wie zwei Männerlager
— Kontakt zu Männern über einen hohen, engmaschigen Stacheldrahtzaun
— keine Küche im Lager, sondern auf dem Küchenstreifen
— ihre Baracke hatte eine Tür in der Mitte einer Längswand
— Fenster ohne Scheiben zu beiden Seiten der Baracke

Dagegen war die Angabe von genauen Zahlen problematisch, hier mußte ein methodisch einigermaßen sicheres Schätzverfahren auf der Grundlage von Barackenfläche und Installation mit Kojen entwickelt werden. Dieses Verfahren erreichte dort eine fühlbare Grenze zur Beliebigkeit von Annahmen, wo die Frauen nicht als geschlossene Gruppe in einer ganzen Baracke, sondern zusammen mit anderen Häftlingsfrauen untergebracht worden sind. Und genau dies war die Situation der Sinti- und Roma-Frauen im Kleinen Frauenlager: ihre Zahl war nicht groß genug, um sie in einer einzigen Baracke unterzubringen — dazu wären bis zu 800 Frauen erforderlich gewesen. Damit ist immerhin eine Obergrenze für ihre Anzahl gesetzt. Um einschätzen zu können, mit welchen Zahlen wir zu rechnen haben würden, war es wichtig, für alle interviewten Frauen festzustellen, aus welchem Konzentrationslager sie nach Bergen-Belsen auf Transport geschickt worden waren. Bisher haben wir ein einziges ausgemacht, soweit das Kleine Frauenlager in Frage steht, und das war Ravensbrück. Ließ sich klären, wieviele als Zigeunerinnen klassifizierte Frauen es dort im Frühjahr 1945 noch gegeben hatte, dann ergab sich für beide Frauenlager Bergen-Belsens die Obergrenze — gesetzt den Fall, daß alle oder die Mehrheit dieser Frauen nach Bergen-Belsen transportiert worden sind.

In unserer Interviewgruppe fanden wir drei Frauen, aus deren Aussagen ich auf Haft im Kleinen Frauenlager schließen konnte:
— Frau Franz (Haupt- und Nachinterview)
— Frau Hasselmann (Haupt- und Nachinterview) und
— Frau Horvath (Vorinterview)

Von diesen drei Frauen gehört Frau Franz zu den deutschen Sinti, während Frau Horvath und Frau Hasselmann zu den Burgenländischen Roma gehören — wie auch Frau Stojka, deren Autobiografie ich für die Darstellung des Großen Frauenlagers benutzt habe. Beide Frauen sind die einzigen Roma in unserer Interviewgruppe. Mit Frau Horvath haben wir kein Hauptinterview gemacht, weil ihre Gesundheit dies nicht mehr zuließ.

Wenn das Maximum der im Frauenlager Ravensbrücks inhaftierten europäischen Zigeunerinnen zugrundegelegt wird, müssen größere Zahlen angenommen werden: dorthin waren nicht nur Frauen der Sinti und Roma aus den ersten Verhaftungswellen verbracht worden — Frau Hasselmann am 29. Juni 1939, Frau Franz kurz vor Weihnachten 1940 — sondern auch die Mehrzahl aller Überlebenden der Vergasung des riesigen Zigeunerlagers in Birkenau BIIE im August 1944. Außerdem befanden sich auch ausländische Sinti-Frauen in Ravensbrück. Frau Franz erklärte dazu:

Frau Franz: Nein, bei uns waren keine Kinder. Da waren jahrelang keine Kinder. Bis zuletzt die von Auschwitz gekommen sind. Das war '44 war das so. Ende '44 war das. Da kamen welche von Auschwitz. Die haben Kinder mitgebracht.

Und wenig später:

Herr Günther: Wissen Sie noch, in welchen Blöcken diese Kindertransporte, Frauen mit Kindern aus Auschwitz gelebt haben?
Frau Franz: Da sind zwee Transporte nur gekommen.
Herr Günther: Zwei?
Frau Franz: Zwee. Da waren wir noch in Ravensbrück. Da kam der erste Transport, glaub ich, '44, da wurd ich ... Wir haben ja noch garnich gewußt, ob unsre Kinder tot sind. Wir wußten noch nich, daß se in Auschwitz war'n, wußten wir ooch nich.(1)

Und wieder etwas später:

Frau Franz: Da waren viele. Da war'n viele von Auschwitz, sehr viel, die mitgegangen sind, nach, nach Bergen-Belsen hier.

In einer Ravensbrücker Baracke, dem frühesten Sinti-Block mit der Nummer 10, befanden sich am Anfang ihrer Haftzeit etwa 200 Sinti- Frauen, untergebracht in dreistöckigen Betten, und jede hatte noch ihre eigene Koje mit Bettzeug. Frau Franz konnte uns die Herkunft der Sinti-Frauen genau erklären:

Herr Günther: Wieviele Sinti-Frauen und ihre Kinder sind in Ravensbrück gewesen?
Frau Franz: Wie viele? Oach, da waren viele haben da gewohnt. Da war meist alles tschechische, wißte, von die Tschechei, die da gewohnt haben. Sind auch schon viele tot. Wir waren doch viele schon in Deutschland hier.
Herr Günther: Waren die alle in einer Baracke? Oder auf verschiedene Baracken verstreut?
Frau Franz: Ach, in verschiedene.
Herr Günther: In verschiedenen Baracken.
Frau Franz: Wir sind gekommen extra. Weil mein Mann, der hatte gesagt, der ist Deutscher. War aber doch keener. War doch 'n Sinto. Weil er gearbeitet hat, undsoweiter undsoweiter, da kam ich in Block 8, kam ich.
Herr Günther: In Ravensbrück Block 8.
Frau Franz: Ja. Und Zigeinerblock war Block 10.
Herr Günther: Block 10, ja.
Frau Franz: Block 10, da kamen se alle rein. Und ich war Block 8, das war ein ganz sauberer Block, und war'n nette Uffseher drinne, nich, auch, was da drinne waren, die Blockält'ste undsoweiter.

Noch vor den bei der Besetzung der Tschechoslowakei verhafteten und deportierten Sinti-Frauen befand sich eine andere Gruppe von Sinti-Frauen in Ravensbrück:

Frau Franz: Nachher waren aber noch mehrere Blocks, da waren viel Burgenländer drinne, sehr viel Burgenländer war'n da drinne. Die waren aber schon drinne. Auch von uns Verwandte war'n drinne, die war'n schon vier Monate davor drinne, war'n schon drinne, war'n viele. Die Burgeländer war'n noch länger drinne.
Herr Günther: Waren die aus dem Lager Lackenbach?
Frau Franz: Lackenbach? Nee, war ich nich.
Herr Günther: Nein, nein, die Burgenländer Sinti-Frauen?
Frau Franz: Das kann möglich sein.

Wir wissen aus dem Interview mit den beiden Roma-Frauen aus dem Burgenland, Frau Horvath und Frau Hasselnmann, daß sie zusammen mit Frau Franz in Bergen-Belsen befreit worden sind. Frau Hasselmann war bereits vor Beginn des 2. Weltkriegs verhaftet und kurze Zeit später nach Ravensbrück deportiert worden. Sie ist die einzige Überlebende ihrer Familie. Das sind einmal außer ihr selbst ihre beiden Eltern, 4 Brüder und 5 Schwestern gewesen. Frau Hasselmann war in Ravensbrück im Block 27 untergebracht. Er war ausschließlich mit Frauen der Sinti und Roma belegt worden. Zu Beginn ihrer Haftzeit in Ravensbrück waren die Frauen in dreistöckigen Betten untergebracht, und für jede Frau hatte es eine Koje gegeben, mit blau- weißem Bettzeug — ein unvorstellbarer Luxus für Belsener Verhältnisse. Auch Stojka hat darüber aus ihrer Ravensbrücker Zeit berichtet.
Zu Beginn des Krieges verschlechterten sich die Lebensbedingungen rapide: das Bettzeug wurde zur Ausnahme, jede Koje wurde zunächst mit zwei, gegen Ende ihrer Ravensburger Zeit mit drei Frauen belegt. Da Frau Hasselmann und Frau Franz die Größe ihrer Ravensbrücker Baracke als ähnlich groß wie die Standard-Baracken im Kleinen Frauenlager beschrieben haben, kann man pro Block mit eintausend Frauen rechnen. Frau Hasselmann schätzte die Anzahl der Zigeunerinnen-Baracken auf 4-5; das ließe Zahlen bis zu 5000 Frauen der Sinti und Roma in Ravensbrück erwarten.
Auch Frau Franz mußte sich kurz vor ihrem Abtransport ihre Koje mit drei anderen Sinti-Frauen teilen. Das bestätigt die Annahme von bis zu tausend Frauen pro Block. Wir besitzen Briefe aus dem Frauen-KZ Ravensbrück, deren Absender eine deutsche Sintiza gewesen ist: als Absender des einen Briefes ist Wanda Blum aus Block 22, als Absender des anderen Louise Franz, gleichfalls aus Block 22 angegeben. Frau Louise Franz gehört in unserer Interview-Gruppe zu den Zeuginnen für die Situation im Großen Frauenlager. Sie ist mit ihrem damals vierjährigen Sohn Christian aus Auschwitz-Birkenau nach Ravensbrück transportiert worden. Auch Frau Franz aus dem Kleinen Frauenlager gab Blocknummern im Zwanzigerbereich für die Frauen aus den Auschwitz-Transporten an. Das alles läßt Zahlen im Bereich von bis zu fünftausend für das Lager Ravensbrück, vieler Hundert für das Große und einiger hundert Frauen der Sinti und Roma für das Kleine Frauenlager Bergen-Belsens erwarten.
Mit Blick auf die andere Seite — da, wo die Akten liegen — findet sich eine Bestätigung der Transportangaben für das Konzentrationslager Ravensbrück in Form eines Durchschlags von einem Schreiben des letzten Lagerkommandanten, SS-Hauptsturmführer Josef Kramer, an SS- Obergruppenführer Richard Glücks, Chef der Amtsgruppe D (Konzentrationslager) im SS- Wirtschaftsverwaltungs-Hauptamt, geschrieben am 1. März 1945. Diesen Brief, so sagte Kramer aus, habe er geschrieben, um eine von ihm angeordnete Schließung des Lagers zu rechtfertigen:

The transports coming from the labour camp at Natzweiler brought spottet fever and those coming from Eastern Germany brought typhus. After Dr. Horstman had reportet spotted fever to me I ordered the camp to be closed and reported to Berlin, what I had done. In reply I was told that the camp was to be reopened, that I had to take all the transports that were going to arrive, and that 2500 women were to be taken in from Ravensbrück.(2)

Die Transporte aus dem Arbeitslager Natzweiler brachten Fleckfieber und die aus Ostdeutschland Typhus mit. Nachdem Dr. Horstmann mir Fleckfieber gemeldet hatte, befahl ich, das Lager zu schließen und berichtete darüber nach Berlin. Von dort wurde mir befohlen, das Lager wieder zu öffnen, alle eintreffenden Transporte aufzunehmen und 2500 Frauen aus Ravensbrück unterzubringen.

Kramer behauptete in seinem Lüneburger Prozeß, das Original des Schreibens sei durch

a private courier

einen persönlichen Boten

nach Berlin befördert worden.(3)

In diesem Schreiben heißt es eingangs:

Gruppenführer!
Schon lange hatte ich die Absicht, mich bei Ihnen zum Rapport zu melden, um Ihnen die hiesigen Verhältnisse zu schildern. Da dies zur Zeit aus dienstlichen Gründen nicht möglich ist, möchte ich in einem schriftlichen Bericht auf die unhaltbaren Zustände hinweisen und um Ihre Unterstützung bitten.
Mit Fernschreiben vom 28.2. 1945 teilten Sie mir mit, daß ich als 1. Rate von Ravensbrück 2 500 weibliche Häftlinge aufnehmen muß. Ich habe für diese Zahl die Unterbringung im Lager gesichert. Die Aufnahme weiterer Raten scheitert nicht nur unterkunftsmäßig an Platzmangel, sondern ganz besonders auch an der Verpflegungsfrage.(4)
Da in dem Fernschreiben der Transport erst angekündigt wurde, und unter den damaligen Umständen einige Tage unterwegs sein konnte, ist ein Eingangstermin in der 1. Märzwoche wahrscheinlich. „1.Rate" muß nicht einen, und muß nicht den 1. Transport bedeuten, die „Rate" könnte sich auch aus mehreren Transporten zusammengesetzt haben. Daß die angekündigten Transporte Bergen-Belsen tatsächlich erreicht haben, hat Kramer im Lüneburger Prozeß bestätigt:
but in any case, as they were sent by Ravensbrück, I just had to take them in.(5)
Jedenfalls mußte ich sie aufnehmen, da sie von Ravensbrück geschickt worden sind.'

In dem zitierten Durchschlag des Kramer-Schreibens gibt der Lagerkommandant die Belegungszahl des Gesamtlagers mit 42 000 Häftlingen an und erklärt, das entspreche einer durchschnittlichen Überbelegung von 30%. Da es zum Zeitpunkt des Schreibens etwa 80 Baracken gab, ergibt sich eine durchschnittliche Ist-Belegung am 1.3.1945 mit 525 Häftlingen pro Block. Wird dies zu 130% gesetzt, dann wäre Kramers durchschnittliche Soll-Ziffer bei 400 Personen pro Block zu vermuten. Dabei wird in dem Schreiben eingeräumt, daß dies für zahlreiche Häftlinge Schlaf im Sitzen bedeutet hat. Die Frauen aus dem fraglichen Transport mußten aber einen Tag und eine ganze Nacht lang in der Einweisungsbaracke stehen. Nun können dort, wo einer sitzt, mindestens zwei stehen. Entweder war die Einweisungsbaracke auffällig klein, (möglicherweise einer der verkürzten Blöcke mit der Nummer 39 bzw. 49), oder der Transport war in Wirklichkeit größer, als von Frau Franz erinnert. Das gleiche Ergebnis findet sich, wenn wir unterstellen, Kramer habe mit seinem Schreiben weitere Raten aus Ravensbrück abwehren können: da Frau Franz mit Einschluß ihres eigenen drei Frauen- Transporte aus Ravensbrück erinnert, hätte die Durchschnittsrate rund 800 Häftlinge umfaßt. Ob sich schon vor ihrer Ankunft Sinti-Frauen im Kleinen Frauenlager befunden haben, wußte Frau Franz nicht,

darum haben wir uns doch nicht gekümmert.

Sie weiß aber mit Sicherheit, daß in ihrem Block vor ihr keine Sinti- Frauen gewesen sind, und nach ihr drei weitere Transporte mit Sinti- Frauen in das Kleine Frauenlager eingewiesen wurden.

Davon kamen zwei aus Ravensbrück, den Herkunftsort des 3. Transportes hatte Frau Franz vergessen, sie nannte probehalber Dachau oder Buchenwald.

Wir sind inzwischen in der Lage, auch diese Aussage der alten Frau mit zwei Transportlisten für Sinti-Frauen aus den Beständen der Niedersächsischen Landeszentrale für politische Bildung zu belegen. Beide Transporte kamen aus Außenkommandos von Buchenwald, der eine aus Altenburg (27 Zigeunerinnen am 4.3.1945), der andere vom Kommando Taucha bei Leipzig (67 von insgesamt 325 Zigeunerinnen des Kommandos am 14.3.1945). Traf Frau Franz nach dem Altenburger Transport im Kleinen Frauenlager ein, dann hat sie die wenigen Frauen daraus nicht notwendig wahrnehmen müssen. Damit bestätigen die Listen auch die angenommene Zeitschätzung für ihren eigenen Transport.

Eine Analyse der Transportlisten zeigt, daß keine der Frauen jünger als 20 Jahre gewesen ist. Keine von ihnen hatte ein Kind bei sich. Auf Grund dieser Kriterien dürften sie in das Kleine Frauenlager eingewiesen worden sein. Die Mehrzahl waren, nach ihrem Familiennamen zu schließen, als Reichsdeutsche klassifiziert worden. Einige könnten Ausländerinnen gewesen sein. Der Name Siwak etwa findet sich bei einer polnischen Roma-Familie, deren Mitglieder u.a. in Tarnow, Südpolen, seßhaft sind. Auch im Fall weiterer Transporte also hatte die Zeugin eher einen unteren als einen oberen Wert angenommen.

3.2. Das Einweisungsverfahren in das Kleine Frauenlager

Der erste Schritt bestand also darin, die Transporte von Sinti-Frauen in das Kleine Frauenlager zu klären. Frau Franz kam aus dem Lager Ravensbrück. Weihnachten 1944 hat sie noch dort verbracht, Ostern 1945 befand sie sich bereits in Bergen-Belsen. Ostern 1945, das war der 1. April 1945. Ihre Aufenthaltsdauer in Bergen-Belsen bezeichnete Frau Franz als „nicht allzu lange". Da sie sich in Ravensbrück — mit Unterbrechung durch Zwangsarbeit für die Hasag-Werke in Schlieben und Altenburg — seit Weihnachten 1940 aufhalten mußte, ist „nicht allzu lange" ein zu dieser Vorgeschichte relativer Begriff. Beim Versuch, ihn zu präzisieren, erwies sich eine weitere Zeitschätzung der alten Frau als hilfreich:

Frau Franz: Und dann war's 'ne ganze Zeit, haben wir erst noch a bissel Essen gekricht, immer haben wir a bissel Essen gekricht, Kartoffel, a bissel Gemiese, undsoweiter, und ma 'ne Suppe abends, a Stick Brot, und a bissel Wurscht oder irgendsowas haben ma gekricht, aber dann haben wir garnichts mehr gekricht die letzte Zeit. Die letzte sechs Wochen haben wir kein Brot gehabt, sechs Wochen lang keine Scheibe Brot. Das muß jeder sagen, die drinne waren. Keine Scheibe Brot haben wir gekricht. Dann hat's geheißen — wir war'n nich lange uff das Lager — dann hat's geheißen: 'Wir kriegen Brot!' Äh, wir kriegen Brot. Haben wir uns alle schon so druff gefreut. Und der liebe Gott hat's wohl so gemacht, daß das später kam. Die Engländer kamen ehrer, wißte. Da haben se gleich die Kieche gesperrt.(6)

Das Walten des lieben Gottes erblickte Frau Franz darin, daß er sie vor dem Versuch der Waffen-SS bewahrt hätte, alle Häftlinge im letzten Moment vor der Befreiung noch mit vergifteten Lebensmitteln — in ihrer Variante Brot — zu ermorden. Das haben uns in vielfachen Abwandlungen alle Männer und Frauen der Sinti und Roma erzählt, die Bergen-Belsen überstanden haben. Wir sind bisher außerstande, eine solche Absicht der Lagerleitung zu bestätigen oder zu widerlegen.

Die letzten sechs Wochen also habe sie kein Brot mehr erhalten. Wenn man das vom Zeitpunkt der Befreiung zurückrechnet, kommt man bei Anfang März an. Demnach mußte der Transport irgendwann spät im Februar oder Anfang März aus Ravensbrück abgegangen sein.

Der Zeitpunkt „Befreiung" ist allerdings wieder so ein täuschendes Etikett, ähnlich „Kleines Frauenlager" oder „Großes Frauenlager". Es fällt bei systematischer Auswertung aller zu diesem Zeitpunkt gemachten Angaben auf, daß fast die Hälfte der Befragten den Zeitpunkt der Befreiung in den Monat Mai hinein verlegt hat, aber keiner datiert ihn auf den März oder gar Februar vor. Befreiung, das war eben nicht nur die Ankunft der Briten, sondern auch das Verlassenkönnen des Lagers. Und das war zu irgendeinem Zeitpunkt später.

Frau Hasselmann gab in ihrem Interview an, daß ihr Transport aus Ravensbrück im Februar gegangen ist. Sie erinnerte sich daran, daß Schnee gelegen und es „etwas gefroren" hatte.

Aus allem läßt sich mit einiger Wahrscheinlichkeit schließen, daß Frau Franz und Frau Hasselmann, wie auch Frau Horvath, zur 1. Rate gehört haben. Mehr Klarheit in dieser Frage bringt vielleicht eine Analyse der Wetterdaten für den fraglichen Zeitraum. Möglicherweise sind beide Frauen — die einander nicht kennen — darüber hinaus mit deren ersten Transporten gekommen. Damit wären sie unter den ersten Sinti-und Roma- Frauen im Kleinen Frauenlager überhaupt. Über ihren Transport machte Frau Franz folgende Angaben: der Transport bestand aus etwa 200-300 Frauen,
Nicht-Zigeuner auch, *aber meist unsere Sinti, was drinne waren.*

Frau Hasselmann gab die Stärke ihres Transportes mit „einige Tausend" an. Das ist in der Tat eine zu große Differenz, um umstandslos auf identische Transporte zu schließen.

Über ihre Ankunft in den frühen Morgenstunden auf der Rampe Bergen-Belsens berichtete Frau Franz im Nachinterview:

Herr Günther: Und welche Tageszeit ist das gewesen?
Frau Franz: Das war früh, ...
Herr Günther: früh, ...
Frau Franz: war noch früh, ...
Herr Günther: ganz früh?
Frau Franz: war noch früh. so um achte, neune war'ma vielleicht da.

Frau Hasselmanns Transport dagegen erreichte die Rampe Belsens in den späten Abendstunden.
Zu den näheren Umständen der Ankunft erklärte Frau Franz im Nachinterview:
Herr Günther: Sie sind mit einem offenen Güterwaggon, ein offener Wagen ...
Frau Franz: Wagen, ja. Aber wo die Kinder hutten, die hutten ein zunen Wagen gehat, wißte? Ja, und wir sind mit so'n offnen Wagen dahingekommen. Wir waren halb verfroren. Und wie wir sind ausgestiegen da, vorne, ich kann mich heut noch entsinnen, da haben sie die Kinder alle so uff die Erde gelegt. Aber ich hab da nich gedacht, daß sie tot sein, ich hab gedacht, die wer'n gezählt, ja? Die wern gezählt,

die Babies. Die haben doch Babies gehabt, die Weiber, die von Auschwitz kamen. Da hab ich mich dicht bei, hab ich geseh'n, daß se schon blau war'n, de Beene war'n blau, de Hände war'n blau, die Kinder.
Herr Wagner: Waren da viele Kinder?
Frau Franz: (in Gedanken wohl bei ihren eigenen fünf toten Kindern in Auschwitz) Da hab ich gesehn, daß se tot waren.
Herr Wagner: (lauter) war'n da viele Kinder?
Frau Franz: (aufschreckend) Ha?
Herr Wagner: Waren da viele Kinder?
Frau Franz: Viele. Das waren jetzt 14, 15 Stick, war'ns, gloob ich, die da jetzt gelegen haben".

Auch Kramer hat in seinem Brief vom 1.3.1945 angegeben, daß die Häftlinge aus Richtung Osten

teilweise in offenen Loren gefahren wurden.

Der weitere Verlauf wurde im Nachinterview von Frau Franz folgendermaßen geschildert:

Herr Günther: Und dann sind Sie zu Fuß in's Lager marschiert?
Frau Franz: Und dann sind wir marschiert. Es war ein ganzes Stück zu laufen, bis ma hinkamen.
Herr Wagner: Wieviel Leute war'n denn da, wieviel Sinti war'n denn da, wieviel Frauen war'n denn da?
Frau Franz: Ach, es waren viele, wie ma da kamen.
Herr Wagner: Was meint Ihr denn, wieviele es waren?
Frau Franz: Nu, zweihundert Stick war'n's bestimmt.
Herr Wagner: So. Frauen auch und Kinder auch?
Frau Franz: Ja. Kinder waren da auch bei.
Herr Wagner: Männer waren aber nich dabei?
Frau Franz: Nee. Männer waren nich bei. Männer nich, bloß Frauen.
Herr Wagner: Und da seid Ihr jetzt ins Lager gekommen?
Frau Franz: Ja.
Herr Wagner: Und da kamt Ihr alle in eine Baracke?
Frau Franz: In eine Baracke rein.
Herr Wagner: Auch die Nichtzigeunerinnen?
Frau Franz: Ja.
Herr Wagner: (übersetzend) Die Deutschen auch.
Frau Franz: Alle rein in eine Baracke. Wir wär'n bald erstickt.
Herr Wagner: Was war das für eine Baracke?
Frau Franz: Ah?
Herr Wagner: (lauter) Was war das für eine Baracke?
Frau Franz: 'ne Baracke?
Herr Wagner: Was war das jetzt für eine Baracke? Hat die 'ne Nummer gehabt, oder hat die 'ne Bezeichnung gehabt?
Frau Franz: Ane leere Baracke war's.
Herr Wagner: Eine leere Baracke.
Frau Franz: Leer.
Herr Wagner: Wo stand die denn?
Frau Franz: Die stand och da drinne, wo die andren Baracken waren. Kamen wir erst mal alle da rein und mußten ...

Herr Wagner: Tante, ... mußtet Ihr, um nach diese Baracke zu kommen, mußtet Ihr erst die Lagerstraße durchlaufen bis nach Ende, ...
Herr Günther: oder war die ganz vorn?
Herr Wagner: oder war die ganz vorne bei die SS?
Frau Franz: Das müßte ich dich liegen, die haben alle so nebeneinander gestanden. Die haben uns erstmal reingetan in die eine Baracke, und wer reingang, der gang rein, ne. Wir konnten uns nich setzen, wir haben gestanden.
Herr Günther: Zu voll.
Frau Franz: Voll. Wir konnten uns nich hinsetzen. Garnich. Da haben wir halt die ganze Nacht haben ma gestanden, und wer nu umgefallen is, is umgefallen. Waren och viele Leute wieder tot, ne, die vielleicht krank waren, ne.
Herr Günther: War diese Baracke größer oder kleiner als die in Ravensbrück? Oder genau so groß?
Frau Franz: So groß war die nich. So groß war'n die nich. Nachher sind wir ja verteilt geworden in andere Baracken ...
Herr Wagner: Aber erst andern Morgen seid Ihr verteilt worden.
Frau Franz: Ja, nachher sind wir verteilt durch die Blocks, verteilt geworden, ...

Es war weder im Haupt- noch im Nachinterview mit Frau Franz zu klären, ob die Einweisungsbaracke bereits im Kleinen Frauenlager gestanden hat. Anzunehmen ist es. Zahlenangaben in solchen Berichten sind schwer zu beurteilen. Durchgängig fällt bei der Zeugin auf, daß sie eher unter- als überschätzt. Das könnte auch für die Transportgröße gelten.

Frau Hasselmann beschrieb die Einweisungsprozedur ganz anders, und das stützt die Annahme unterschiedlicher Transporte weiter:

Frau Hasselmann: Ja, wir sind so reingekommen, sind wir rein, zu Fuß, nich, reinmarschiert ...
Herr Wagner: Wie weit seid Ihr gelaufen?
Frau Hasselmann: (von der Frage unbeirrt) und denn von Lager vorne, wenn de reinkamst, die Wache, na, wir sind gut 20 Minuten gelaufen. Ganz hinten durch.
Herr Wagner: Ganz hinten ...
Frau Franz: Ganz hinten rein. In den großen Lager. Das war der größte Lager.
Herr Wagner: Und dann rechts oder links?
Frau Hasselmann: Links."

Sie beschrieb sehr genau, was dabei zu sehen war:

Frau Hasselmann: Paß auf. Ich kann dich das am besten deuten, wenn ich dir sag, wir sind so in Lager reingekommen: zuerst kamen wa, da kam Soldaten ihre, zuerst kam der große Tor, nich, wo die Wache drinne war, da sind wir durchgegangen, auf die Seite (zeigt rechts), da war'n die Blocken, da war die Kiche, da war noch so 'n Waschraum, alles sowas, nich, wo die Leute ..., da waren auch Häftlinge drinne. Und wie wir noch 'n Stück weitergingen, dann kam da gleich ungefähr, na, so fünfhundert Meter weiter auf 'e linke Seite, wo die Häuser zuende waren, wo die Bewachung drinne war, da kam der Männerlager, der große Männerlager, und denn lagen da die Toten draußen alle, die waren alle aufge..., wie wenn sie Holz aufgefahr'n ha...
Herr Wagner: Wenn Ihr jetzt die Lagerstraße durchgegangen seid, ...
Frau Hasselmann: Durch, wie wir durch ...
Herr Wagner: und auf welcher Seite war jetzt das Männerlager?
Frau Hasselmann: Auf 'er, auch auf 'er linen Seite ...

Herr Wagner: Und das konntet Ihr dann sehen, daß da die Toten ...
Frau Hasselmann: und da lagen die Toten.
Herr Wagner: Und denn seid Ihr da vorbeigegangen.
Frau Haselmann: Und an die mußten wir vorbei.
Im Nachinterview habe ich Frau Hasselmann gefragt, wie hoch der Leichenstapel war. Sie konnte noch eben drüberweg sehen.

Herr Wagner: Und denn seid Ihr am Ende vom Männerlager ...
Frau Hasselmann: Ja, da sind wir erscht in unsern Block reingekommen, im Frauenlager.
Herr Wagner: Auf welche Seite jetzt?
Frau Hasselmann: (überlegt) Es war ganze Ecke unten weiter. Das waren zwei Männer..., war'n da zwei Männerlager war'n da, 'n großer und 'n kleiner war auch, nich, 'n großer war vorne mehr, und dahinter war 'n kleiner. Das weiß ich, weil die Männer uns immer 'n bißchen Brot riebergeschmissen hatten.

Es folgte im Interview die Stelle mit dem Resultat des Verwirrspiels, das die jetzige Gestaltung des Gedenkstellen- Geländes bei den Überlebenden anzurichten pflegt. Dann ging es nach einer Pause, in der das damit verursachte vertrackte Rechts- Links-Problem geklärt wurde, weiter in der Erzählung:

Frau Hasselmann: Vorne, erscht, wo die Küche war, die Verpflegungsküche war, da war ma noch 'ne ganze Ecke durch, auf 'e linke Seite, in den Lager war'n wa da hinten. Wir war'n da an de Kiche vorbei.

Nach einer erneuten Rekapitulation des durch die Gestaltung des Gedenkstellen- Geländes verkürzten Lagerareals:

Frau Hasselmann: Und dahinter, wo wir waren, dann kam die Kieche auf 'e rechte Seite, und dahinten kam 'ne große, 'n großer Block war da, da war 'n großer Block, da war so, so Kerzen, oder was sie da drinne hatten, und Schuhcreme, und sowas, und dann gleich ...
Herr Wagner: So 'n Werkstatt-Block?
Frau Hasselmann: Ja, ja. Und da gleich hinter, da war der große Krematorium. Die große Kuhle, wo sie die Leute reingeschmissen hatten, weißte. Da hab ich sogar noch welche hingebracht, hab ich hingebracht. Du mußtest die Toten mußten wir doch aufräumen, aus die Blocken rausnehmen, weil sie überall gelegen haben auf de Erde, und dann mußten wir sie an die Dings bringen, so'ne große Kuhle haben se ausgegraben, und da unten brannte, ... Und da waren so Stufen gemacht, da hoch, und von da oben mußten wir die Toten reinschmeißen.

Ihre Baracke im Kleinen Frauenlager beschrieb Frau Franz folgendermaßen:

Herr Günther: Versuchen Sie doch mal, die Baracke, wo sie dringewesen sind im Lager, in Bergen-Belsen, zu beschreiben: war das ein großer Raum, oder war das unterteilt, oder ...
Frau Franz: Ach, nein, das war ein großer, langer Raum gewesen, mit Bettstellen.
Herr Günther: Mit Bettstellen?
Frau Franz: Ja, ja, mit Bettstellen.
Herr Günther: Und wieviel übereinander?
Frau Franz: So zweie, dreie waren da immer. War 'n ganzes Teil, da waren viele.
Herr Wagner: Waren denn Fenster in der Baracke?
Frau Franz: Ja. Waren Fenster drin.
Herr Günther: Auf beiden Seiten?

Herr Wagner: beiden Seiten?
Herr Günther: Links und rechts?
Frau Franz: waren Fenster, natierlich, waren drinne.
Herr Günther: Ja, ... Und es war keine Wand, die so lang (zeigt eine Längswand in der Luft an) durchgegangen wäre ...?
Frau Franz: Nä, nee.

Ganz anders hat Frau Hasselmann ihre Baracke im Kleinen Frauenlager beschrieben:

Frau Hasselmann: Und dann hat sie (ihre Cousine, Frau Horwath) ein bissel Kronsbeerenkraut und Heidekraut mitgebracht, und dann hatten wir uns das, und da drauf haben wir gelegen.
Herr Wagner: Und da haben Sie drauf geschlafen?
Frau Hasselmann: Ja, weil's doch keine Betten gab, in ganzen Block waren doch keine Betten, in den ganzen Block nich.

Aus dem Vorinterview mit Frau Hasselmann wissen wir weiterhin, daß sich im Kleinen Frauenlager nur solche Frauen befunden haben, die ohne Kinder in das Lager eingeliefert worden sind, während Frauen mit Kindern dem Großen Frauenlager zugewiesen wurden. Dagegen läßt die Darstellung von Frau Franz offen, ob sich nicht auch im Kleinen Frauenlager Frauen mit Kindern befunden haben. Sie kann nur mit Sicherheit ausschließen, daß es Kinder in ihrer eigenen Baracke oder in deren Nähe gegeben hat. Insgesamt vermittelte die alte Frau im Nachinterview den Eindruck, die anderen Sinti-Frauen mit Kindern seien „da hinten" in einer eigenen Baracke bis zur Befreiung gewesen. Das kann einen Block mit 40er Nummer im Kleinen Frauenlager bedeutet haben, oder aber es meint — wahrscheinlicher — eine Baracke des Großen Frauenlagers. Frau Hasselmann erinnerte sich mit Bestimmtheit daran, daß sie Frauen mit Kindern erst nach der Befreiung kennengelernt hat. Auch hier nannte sie uns Namen und Adressen, da sie mit einer dieser Frauen in Kontakt steht. Auch diese Frau schaffte es irgendwie, ihren fünfjährigen Sohn Johnny lebend wieder aus dem Lager herauszubringen.

Beim Versuch, aus der Verteilung unserer Interviewgruppe auf beide Lager einen Grund zu finden, die eine oder andere Vermutung zu bevorzugen, ergibt sich folgende Datenlage:
— alle Frauen im GFL waren oder hatten Kinder
— keine Frau im KFL war oder hatte ein Kind

Für das Kleine Frauenlager läßt sich aus den genannten Gründen aus vier Transporten, davon drei aus Ravensbrück, die Haft von bis zu einigen Hundert Sinti-Frauen nachweisen. Sie waren über mehrere Baracken, vermutlich in Gruppen, verstreut. Das bedeutete fast zwangsläufig an der Grenze zu den anderen Frauen zusätzliche Konflikte in der Baracke, und die haben ihre Spuren hinterlassen. So heißt es im Bericht einer Polin, die das Kleine Frauenlager überlebt hat, zunächst ganz allgemein unter Datum des 24. März 1945, dem Tag ihrer Einweisung in das Kleine Frauenlager, zur Kennzeichnung der neuen Situation:

In diesem lebenden Grab Bergen-Belsen sind tausende von Frauen aller Nationalitäten, sogar Zigeunerinnen; auf ihren Lumpen, die sie tragen, sind hinten weiße, lange Buchstaben gedruckt: KZ — Konzentrationslager. (7)

Zwei Tage später trug sie ein:

Bergen-Belsen, Montag, der 26. März.

Einen Tropfen Wasser zu bekommen, verschafft uns immer noch Probleme. Im ganzen Lager gibt es nur einen Brunnen. Man muß sich einige Stunden nach Wasser anstellen. Es gibt Schlägereien um ein bißchen Wasser. Die Zigeunerinnen kneifen. Und wer hat schon die Kraft, heranzukommen? (8)

Da die Polin topografisch so präzise berichtet hat, daß sogar ihr Einweisungsblock identifiziert werden kann — der gemauerte Block 50 im äußersten Westteil des Kleinen Frauenlagers — kann geschlossen werden, daß es in ihm zu diesem Zeitpunkt keine Sinti- oder Roma-Frauen gegeben hat. Denn der berichtete Streit um das Wasser spielte sich ja am einzigen „Brunnen" des Kleinen Frauenlagers ab, was immer darunter zu verstehen sein mag.

Das änderte sich aber, als die polnische Zeugin innerhalb des Kleinen Frauenlagers verlegt wurde. Leider war sie zu diesem Zeitpunkt erkrankt und hat den Umzug nicht bei vollem Bewußtsein mitbekommen. Deshalb gibt sie keine Beschreibung des Umzugs, aus der möglicherweise der Standort ihrer neuen Baracke festgestellt werden könnte. In dieser Baracke, aus Holz, etwa 30 Meter lang und sehr schmal, traf sie auf eine Gruppe von Zigeunerinnen. Es heißt unter Datum des 10. April:

Für die Blockführerinnen wurde am Ende der Baracke aus Brettern eine Erhöhung gemacht. Die Blockführerin verteilt das Essen von ihrem Podium aus. Die Neusalzer Mädchen (ihr eigener Transport. W.G.) liegen auf der anderen Barackenseite und müssen ungefähr 30 Meter gehen, um das Essen zu holen.
Und wenn Frymkas zitternde Hände die Schüssel mit etwas warmer Mahlzeit halten, nehmen ihr die Zigeunerinnen mit den Händen alles das heraus, was ein bißchen dicker ist. Frymka kehrt auf ihren Platz zurück — nichts ist ihr von dem ganzen Mittagessen geblieben, und man muß wieder einen Tag abwarten. Heute ist Frymka klüger als gestern: sie trinkt das Essen gleich aus, auf der Stelle.(9)

Da alle Frauen in den beiden, von der polnischen Zeitzeugin geschilderten Baracken des Kleinen Frauenlagers auf dem Fußboden liegen mußten, die Baracke von Frau Franz aber mit Kojen ausgestattet war, während die Baracke von Frau Hasselmann wiederum ohne jedes Bett gewesen ist, hat es sich in jedem Fall um einen andereren Block gehandelt. Frau Hasselmann erklärte zur Belegung ihrer Baracke:

Herr Wagner: In dieser Baracke waren nur Sinti und Roma drin?
Frau Hasselmann: Juden waren auch drin.

Im Nachinterview schätzte Frau Hasselmann die Stärke der Barackenbelegung auf etwa 1000 Frauen. Davon sollen 500-600 zu den Sinti und Roma gehört haben. Unter Berücksichtigung der Barackengrundfläche und des Umstands, daß es keine Betten im Block gegeben hat, nehme ich eine Obergrenze von 800 Frauen insgesamt, und 400-500 Frauen der Sinti und Roma an. Möglicherweise ist die reine Tatsache, daß in der Baracke von Frau Franz Kojen vorhanden waren, ein starkes Indiz für eine Lage im ehemaligen Sternlager: dort gab es Kojen, im Kernbereich des Kleinen Frauenlagers hatten selbst Blockführerinnen, wie zu hören war, nur ein hölzernes Podest. Die Baracken waren alle hoffnungslos überbelegt. Frau Franz hat in ihrer mit zwei- bis dreistöckigen Kojen installierten Baracke auf dem Fußboden schlafen müssen. Das läßt eine Belegungsziffer in der Nähe von 1000 Häftlingen — darunter auch eine Gruppe deutscher Sinti-Frauen — erwarten. Die meisten der als Zigeunerinnen klassifizierten Frauen im Kleinen Frauenlager gehörten zur Gruppe der deutschen Sinti oder burgenländischen Roma. Aus ihrer Zeit nach der Befreiung — Frau Hasselmann lebte bis 1946 im DP-Camp in den ehemaligen Wehrmachtskasernen — erinnerte sie sich gleichfalls noch an zahlreiche polnische Roma unter den Lagerbewohnern.

Diese Angaben müssen in Verbindung mit einer Aussage von Frau Franz gebracht werden: danach hat sie nach der 1. Einweisung in ein Teillager von Bergen-Belsen nicht mehr die Baracke wechseln müssen. Und diese Baracke stand an einem Drahtzaun, über den hinweg sie mit Männern gesprochen und getauscht hat. Darunter waren auch Sinti. Um zu klären, ob Männer- und Frauenlager durch die Hauptlagerstraße getrennt waren, stellte Herr Wagner die einschlägigen Fragen:

Herr Wagner: Und da war ein Weg dazwischen, oder garnichts?
Frau Franz: Garnichts. Das war so (zeigt in der kleinen Stube von ihrem Stuhl über den Tisch zur Wand), von dem Block, von unse Block.
Hedwig Franz: Von das Lager auf das.
Frau Franz: (bestätigend) Waren das. Da waren die Männer. Da haben se gesehen, wie wir das erstemal rausgekommen sind, haben das gesehen. Haben wir gesagt: 'Hier kommen wir nicht mehr raus, hier kommen wir nicht mehr raus, das ist Endstation'.
Herr Wagner: Da habt Ihr in das Männerlager reingucken können?
Frau Franz: Ja, wir haben doch die Männer gesehen.
Herr Wagner: Und da waren auch Sinti bei, bei die Männer?
Frau Franz: Viele, wir haben doch gesprochen mit se. Sinti- Männer waren dort drin. Dann haben wir gesagt: 'Hier kommen wir nicht mehr raus. Hier kommen wir nicht mehr raus!

Im Nachinterview beschrieb Frau Franz auf unsere weiteren Fragen die Lage ihrer Baracke noch genauer:

Frau Franz: ... und vor unsre Baracke, also vorne, uff die Seite, da war a großer Draht, die andre Seite war'n die Männer. Wie wir da früh sin rausgekommen, ...
Herr Wagner: War das 'n Doppeldraht, oder war das ein einfacher Draht?
Frau Franz: So'n richtiger, langer Draht, großer Draht, so'n doppelter Draht muß das gewesen sein, ...
Herr Wagner: Hier is jetzt 'n Draht, Tante, hier is 'n Draht, das is der einfache Draht. Doppeldraht is, wenn hier hinter (auf dem Tischtuch zeigend) nochmal 'n Draht gespannt is ...
Frau Franz: Na ja, war'n doppelter, daß de nich durch kunnst, verstehste? War'n Männer drin, haben wir geheert.
Herr Wagner: War'n Männer drin.
Frau Franz: Ja. Da haben wir gesehen, da war'n die Kapos, die haben die arme Männer, da waren jetzt Nichtzigeuner *mang, die haben sie gehauen mit die Stekker, mit die Gummiknüppel. Die haben auf ihre Brust vorne schon ihr Urteil druffstehen gehat, die Nummer ...*
Herr Günther: ja, ...
Frau Franz: groß druffgeschrieben war das vorne. Haben wir gesagt 'hier gehen wir tot, hier gehen wir ein. Hier kommen wir nich mehr raus.'
Herr Wagner: Konntet ihr mit die Männer noch sprechen, was?
Frau Franz: Sprechen konnten wir mit se. Die haben auch Zigaretten rübergeschmissen. Weil, die haben doch keine gehabt, die Weiber. (?)RS, die Weiber haben

auch Geld rübergeschmissen, (?), was ihre Männer waren.
Herr Wagner: So. Haben sie da welche wiedergefunden?
Frau Franz: Ja. haben se. Und da ...
Herr Günther: Da waren auch Sinti-Männer?
Frau Franz: Na ja, Sinti-Männer waren da auch drinne. Waren da die Weiber von Auschwitz ihre Männer waren da auch drinne. Und dann, haben wir gesagt, 'hier kommen wir nich mehr raus'. Na ja, was sollste machen? Da waren wir da drinne, wir konnten nich raus, nich rein, kein Mensch hat sich doch nich mehr gekümmert."

Aus der letzten Passage kann mit einiger Wahrscheinlichkeit auf eine nicht allzu kleine Gruppe von Sinti-Männern im Häftlingslager II geschlossen werden. Denn daß mehrere Sinti- Frauen ihre Ehemänner an dieser Grenze wiedergefunden haben, von denen sie seit Ende Juli 1944 getrennt worden waren, ist ein so unwahrscheinliches Ereignis, daß zu seinem gehäuften Auftreten größere Zahlen vorausgesetzt werden müssen. Damit wird die Angabe von Herrn Lutz über die Größe seines Transportes (ca. 500 Sinti) erhärtet. Und die waren in der Mehrzahl in Steinblocks (Nummern 9-11) gebracht worden. Alle drei gehörten zum Häftlingslager II.

Auf die Vorlage des britischen Fotos (10) aus dem Bereich des Männerlagers, das einen Ausschnitt des Innenzauns zur Lagerstraße zeigte, konnte Frau Franz die Machart des Zaunes zwischen dem Kleinen Frauenlager und Häftlingslager II genauer charakterisieren:

Frau Franz: Es war Stacheldraht, ja, ja, aber (mit Bezug auf die Maschenweite des abgebildeten Zauns) so groß war es nich. Das war kleiner.
Herr Günther: Noch enger?
Frau Franz: (lacht auf) Enger, viel enger war das.
Herr Günther: Ah, ja.
Frau Franz: Ich weiß das, die Männer haben denn oben drieber geschmissen, wißte, oben drieber geschmissen, wenn se Zigaretten oder ...
Herr Wagner: Weil er zu eng war.
Frau Franz: Ja, das war eng war er.
Herr Günther: Das ist also die Aufnahme (BU) 4006. Das sag ich nur für das Tonband, damit wir wissen, ...
Frau Franz: Nu ja, ...
Herr Günther: worauf hin Sie das gesagt haben."

Der Stacheldrahtzaun war so kleinkariert gearbeitet worden, daß die Tauschobjekte nicht hindurchgesteckt, sondern nur hinübergeworfen werden konnten. Möglicherweise ist sie also in einer der drei Baracken 23, 24 oder 28 gewesen, denn nur die standen am Drahtzaun der letzten Ostgrenze des Kleinen Frauenlagers — wenn sich Mohaupt richtig erinnert. Die genaue Erinnerung an den Appellplatz macht es allerdings wahrscheinlicher, daß die Grenze eher hart östlich der Doppelbaracke 26/27 und der Einzelbaracke 28 verlaufen ist. Dort fehlte nach Osten eine Barackenreihe, sodaß sich ein hinreichend großer Appellplatz für das Häftlingslager II ergeben mochte. Auch Frau Hasselmann hat die Lage ihrer Baracke sehr ähnlich beschrieben:

Frau Hasselmann: Es waren zwei, da waren zwei Männerlager waren da, ein großer und ein kleiner, war auch, 'n großer, nich, 'n großer war vorne mehr, und hinter

war 'n kleiner, das weiß ich, weil die Männer uns immer 'n bißchen Brot rüber geschmissen haben.
Herr Wagner: Über den Draht?
Frau Hasselmann: Hm, hatten uns bißchen Brot ...
Herr Wgner: Wieso, wart Ihr denn zusammen, ...?
Frau Hasselmann: Da war doch nur so 'n Maschendraht war da nur, da war keine Mauer oder was an die Männer..., nur so 'n Maschendraht.
Herr Wagner: Und das war Maschendraht, oder Stacheldraht?
Frau Hasselmann: Nein, Maschendraht. Und oben war 'n bissel so Stacheldraht.
Herr Wagner: Und da konntet Ihr so was durch ...?
Frau Hasselmann: Nein, die Männer (?) hat ein bißchen Stickel Brot mal durchgeschmissen.
Herr Wagner: Rübergeschmissen?
Frau Hasselmann: Ja, ja.
Herr Wagner: Oder durch den Draht durchgesteckt?
Frau Hasselmann: Ja, auch mal durch den Draht. Mußten aufpassen, weil da manchmal welche gingen. Und die Kapo, keine, sag ma, nich so die SS, die waren nich so böse wie die Häftlinge selber, das sag ich dich. Die waren die Schlimmsten, die Kapo.

An diesem Binnenzaun zum Männerlager — möglicherweise dem compound No. 3 von Glyn Hughes — lag die Baracke von Frau Hasselmann. Es war aber nicht dieselbe Baracke wie der Block von Frau Franz. Haben sie nebeneinandergelegen? Im Unterschied zu Frau Franz gab Frau Hasselmann nicht nur an, daß unter den Männern hinter der gemeinsamen Grenze zahlreiche Sinti und Roma gewesen sind, sondern sie nannte Namen ihr bekannter Männer, alles Roma aus dem Burgenland:

Herr Wagner: Habt Ihr da welche gekannt, oder ...?
Frau Hasselmann: Gekannt hatten wir auch, weil von uns zu Hause auch welche waren, von da auch. Der Name1 war da, von hier, die Familie, ...
Herr Wagner: Wie hieß der?
Frau Hasselmann: (Wiederholt den Namen des Mannes).
Herrr Wagner: Und wie hieß der mit deutsch..., auf Deutsch?
Frau Hasselmann: Auch Horvath. War auch aus dem Burgenland. Und ich glaube, der Name2 war da auch, der Name2, (nach einer Weile) viele war'n da. (müde) Da war'n so viele.
Herr Wagner: Und Ihr wart, Euere Baracke, die Ihr wart, Euer Block, stand der jetzt direkt am Draht?
Frau Hasselmann: Nee, nich ganz so am Draht, 'n Stick war noch frei.
Herr Wagner: Und da war Euer Block. Aber dazwischen war kein Block mehr?
Frau Hasselmann: Nein, nein .... Der war der letzte, wo wir waren.

3.3. Der Kampf um das Essen in der letzten Woche

Eine andere Beobachtung von Frau Franz erwies sich als weiterführend für die Bestimmung ihrer Baracke: als wir ihr ein Foto der Küche „B" zeigten,(11) erwähnte sie, daß schräg rechts gegenüber ihrer Barackenreihe eine Küche gewesen ist. Das trifft am besten auf die Reihe 34-35 zu. Sie könnte demnach die letzte Grenze zwischen Häftlingslager II — oder Hughes' compound No. 3 — und dem

Kleinem Frauenlager gebildet haben. Bei Sington ist dort eine – nicht spezifizierte – Innengrenze eingezeichnet. Eine weitere Erhärtung dafür erhielten wir, als ich der alten Frau ein Foto einer leeren Miete (12) auf dem Küchenstreifen zeigte. Sie konnte zunächst damit nichts anfangen, vermutlich, weil sie sie von ihrem Lager aus niemals unter dem Blickwinkel des Fotografen hatte wahrnehmen können. Die meisten Aufnahmen der britischen Armee-Fotografen zeigen das Lager von Standpunkten aus, zu denen viele Häftlinge niemals hingekommen sind: sie fotografierten häufig von außen nach innen, in die Käfige hinein. Frau Franz verband mit dieser Miete eine sehr dramatische Erinnerung:

Frau Franz: Haben se ein Mädel totgeschossen neben die Baracke bei uns, (?)RS, da war'n so'ne Mieten da, haben se Kartoffeln genommen und haben sich in ein Eimer Kartoffeln gekocht. Da hutten se ein Eimer gehabt, da war, hatten se Holz reingelegt, und da haben se die Kartoffeln oben gekocht drüber. Und da war so 'n großer Turm, wo die Ausländer da druff waren, da waren so 'ne ausländische Soldaten da oben druff, ...
Herr Wagner: Was für 'ne Ausländer?
Frau Franz: Ausländer. Wiß nich, was das für welche waren. Jugoslawien, oder von wo die waren. Die hat auf den Haufen geschossen, und hat ein Mädel getroffen, direkt hier her (hebt ihren linken Arm und zeigt unter ihre linke Achsel)
Herr Wagner: Aber das war doch schon nach der Befreiung!
Frau Franz: Vorher. Vorher!
Herr Wagner: Vorher.
Herr Günther: War das eine Sinti ...
Frau Franz: Eine Sintiza. Die war hier von Hamburg war die. Von Hamburg war se. Ihre Leute leben ooch noch. Von hier her haben se getroffen (deutet den Weg der Kugel durch ihren Körper an).

Im Nachinterview erfuhren wir auch den Familiennamen der ermordeten jungen Frau:
Sie war von die Brauns.
Herr Günther: Und sie war gleich tot?
Frau Franz: Die war garnich gleich tot. Die haben wir weggenommen, und haben se ins Revier gebracht. Die war unters Herz, haben se die getroffen. Aber se is gestorben, ja. Die is ganz grün und gelb geworden ins Maul, wir haben sie gesehen, ja. Ihre Mutter hat daneben gestanden, ihre Mutter. Mädel von fuffzehn Jahr (schlägt die Hände zusammen). Kannst Dir vorstellen, da hat sich keener mehr rausgetraut. Eene haben se angeschossen uff'n Weg, in die Hacke, hinten rein, (?)RS, hat sich doch keiner mehr rausgetraut. Das war vorher.
Herr Wagner: Von die ausländische Bewachung.
Frau Franz: Ja. Das war vorher.
Herr Wagner: Ausländische Bewachung. Das war'n die Ungarn.
Frau Franz: (seufzend) Mei Liaber ...
Herr Günther: Und das Mädchen, das in die Hacke getroffen wurde, war auch eine Sintiza?
Frau Franz: Na ja! Waren alles Sinti.

Im weiteren Verlauf des Nachinterviews versuchten wir in mehreren Anläufen, den genauen Ort für die Mieten herauszubekommen, weil es nach Ausweis des Luftbildes vom 17. September 1944 zwei davon auf dem Küchenstreifen gab.

Herr Günther: So, jetzt, das geht ein bißchen hin und her, macht aber nichts. Also, nocheinmal: (auf dem Küchenstreifen nördlich der Haupt- Lagerstraße des Sington-Plans im Westen beginnend) das ist z.B ein Turm, hier stand ein zweiter, der ist nicht eingezeichnet, und hier stand ein dritter. Drei Stück. (auf dem Plan unbestimmt zwischen Kleinem Frauenlager alt und Sternlager zeigend) Hier ungefähr ist Ihre Baracke gewesen, und die Mieten, die waren hier und da, zwischen den Küchen.
Frau Franz: Die Küche hat so drüben gelegen bei uns, wir waren hier, und die Küche hat so drüben gelegen. Man kunnt sie sehen, von unsern Lager.
Herr Wagner: Nach rechts hin?
Frau Franz: Ja. Ja, rechts, auf die Seite hat se gestanden.

Damit hatten wir eine erste Visierlinie. Sie konnte aber immer noch auf zwei Küchen weisen: die reichsdeutsch als H und britisch überhaupt nicht etikettierte Küche einer- und die Küche A bzw. das Cookhouse 2 andererseits. Aber Küche H ist vermutlich schon vor der Befreiung nicht in Funktion gewesen; das würde ihre Übergehung in der britischen Küchenbezifferung von 1-4 erklären. Auch gibt es Hinweise darauf, daß die hintere Miete in der Nähe von Küche H nicht Kartoffeln, sondern Futterrüben enthalten hat. Damit wird Küche A oder britisch Cookhouse 2 der wahrscheinlichere Block. Jetzt fehlte uns noch eine zweite Visierlinie — die Navigation in einem Schwarzen Loch folgt ähnlichen Gesetzmäßigkeiten wie die Küstennavigation.

Herr Günther: Und waren die Kartoffeln vor der Küche, oder ...
Frau Franz: Nee, hinter die Küche. Das war hinter die Küche hat das gelegen, also auf die Seite (links zeigend). Oben, wo die Küche gestanden hat, dieselbe Seite, aber a Stickel hinter, da war denn dahinten a Wachturm, und da war'n die Mieten, war'n so die Mieten war'n das, wo se zugedeckt haben.
Herr Wagner: Kommt ...
Frau Franz: Stimmt, ich weiß es.
Herr Wagner: Kommt ..., paßt genau!
Frau Franz: Ja. Ich weiß es! Ich war ja drin. Ich hab's ja gesehn!
Herr Wagner: (klatscht Beifall) Euer Gedächtnis möcht ich haben noch mit meine fuffzich Jahren! Euer Gedächtnis.
Herr Günther: Ja, ...
Herr Wagner: Unwahrscheinlich, unwahrscheinlich! Das Ihr das noch so alles wißt!
Frau Franz: Ja, das haben schon viele (lacht) gesagt.

Damit war eine Konstellation beschrieben, die es nur einmal im ganzen Lager gab: das Ensemble von Küche A mit Miete und dahinter in der Mitte zwischen beiden liegend einem Wachturm. Durch die Möglichkeit eines Appellplatzes für die Männer aus Häftlingslager II ist die Zahl der in Frage kommenden Reihen weiter eingeengt. Wenn man es für hinreichend wahrscheinlich hält, daß Frauen beim Versuch, an die im Schußfeld von drei Wachtürmen liegenden Kartoffelmieten heranzukommen, keine sehr langen Wege auf der Hauptlagerstraße zurücklegen wollten und konnten, dann müssen sie sich möglichst unmittelbar gegenüber der Miete unter dem Innenzaun hindurchgewühlt haben. Daß eine von ihnen dabei angeschossen wurde, markiert die Kartoffelpreise der letzten Lagerwoche. Das nächste Mal schon hat eine Sinti-Frau mit dem Leben bezahlt. Der Schuß ist mit an Sicherheit grenzender Wahrscheinlichkeit von einem ungarischen Soldaten, und mit etwas geringerer Wahrscheinlichkeit vom mittleren Wachturm abgefeuert worden. Dafür sprechen folgende Umstände: die Sinti-Frau wurde nicht auf der Lagerstraße erschossen, sondern im Lager und neben ihrer Baracke, als sie mit anderen Sinti-Frauen damit beschäftigt war, die Kartoffeln über einem, wenn auch abgeschirmten, offenen Feuer zuzubereiten. Das waren zwei streng verbotene Tätigkeiten auf einmal. Wenn ich nicht bodenlosen Leichtsinn dabei unterstelle, werden sich die Frauen dazu soweit von der Haupt-Lagerstraße zurückgezogen haben, wie es irgend ging. Dabei mußten sie aber nicht nur ihr Risiko von den Türmen her, sondern auch das aus den beständig drohenden Überfällen von Mithäftlingsfrauen oder durch weibliche Häftlinge mit Disziplinargewalt in ihre Risikoabwägung einstellen. Die lebenswichtigen Kartoffeln konnten sie nur mit Aussicht auf Erfolg in der Nähe der eigenen Baracke zubereiten. Auch Häftlinge im Konzentrationslager waren territorial: im fremden Revier waren die Kartoffeln schon so gut wie verloren. Das alles spricht für eine Position an der Längswand einer der Baracken, soweit an ihr zurückverlegt, wie es irgend ging. Gegen die Überfälle durch andere Frauen hatten sie einen Abwehrkreis um den Gluteimer gebildet. Dorthin aber konnten die Schützen der beiden Ecktürme nicht feuern, weil sie den dafür benötigten freien Schußwinkel nicht hatten. Der Mittelturm dagegen stand exakt auf der Achse der verbundenen Blöcke 31-32. Von dort hatte ein Schütze nur zwei freie Schußlinien tief zwischen die Baracken hinein: östlich und westlich des genannten Doppelblocks. Nur auf einer dieser Linien, östlich von Block 34-35, ist bei Sington eine Binnengrenze eingetragen. Und wieder östlich davon, im Häftlingslager II, gab es im hinteren Bereich genug freie Fläche für einen Appellplatz. Auch die Einordnung der Revierbaracke, wohin die sterbende junge Frau von ihren Verwandten getragen wurde, macht keine großen Schwierigkeiten: in den letzten Monaten des Lagers waren die längs zum Außenzaun im Süden stehenden Blöcke fast durchgängig zu Krankenblocks gemacht worden, weil die vielen darmkranken Häftlinge es von dort nicht allzuweit zu den Latrinen hatten — soweit die noch funktionierten. Eine solche querstehende Baracke gab es in dem letzten westlichen compound bei Sington: die Binnengrenze schwenkt extra nach Osten aus, um sie noch in das Abteil einzuschließen. Schließlich bestätigt die Aussage, die Küche habe schräg rechts von ihnen gelegen, meine Annahmen über die letzte Grenze des Kleinen Frauenlagers zum Häftlingslager II.

Kartoffeln zu organisieren, wenn auch unter Gefahr für Leib und Leben, war das eine, sie unter die Organisationsmitglieder zu verteilen, ein anderes Problem. Im Regelfall erfolgte die Teilung bei den Sinti und Roma entlang der Linien eines sozialen Netzes, das unter den Bedingungen der KZ-Haft kein anderes war, als in den Zeiten davor oder danach: dem der Familie. In guten Zeiten mochte das Netz großzügiger ausgespannt werden und auch solchen Frauen — oder ihren Kindern — Unterstützung gewähren, die nicht zur Familie, oder allenfalls zu ihrem sehr entfernten Umfeld gehörten. Wurden die Bedingungen schlechter, dann zog es sich auf die Kernfamilie zusammen. Und unter noch schlechteren Bedingungen konnte es punktuell oder vollständig zusammenbrechen. Die damit unter Extrembedingungen gesetzten Konflikte haben unter den Überlebenden bis weit über die Haftzeit hinausgewirkt. Das war nicht nur bei den Sinti so.

Frau Franz hatte während der Haftzeit in Ravensbrück, möglicherweise unter dem Eindruck der Nachricht, daß ihre gesamte Familie, insgesamt zwanzig Menschen, die bis auf eine einzige Schwägerin in Auschwitz-Birkenau umgebracht worden war, einen engen Kontakt zu einer anderen, älteren Sinti-Frau aufgebaut,

Kohlegemälde Otto Pankok
„Ringela" 1933
149 X 99 cm

die Birkenau überlebt hatte und nach Ravensbrück transportiert worden war. Möglicherweise hatte ihr diese Frau die ersten Nachrichten über den Tod ihres Mannes und ihrer fünf Kinder überbracht. Sington nannte ein solches Paar nicht-verwandter Frauen Lagerschwestern. Es gab sie unter allen Gruppen und in allen Frauenlagern.

Während ihrer Ravensbrücker Zeit hatte Frau Franz in einem Kartoffelkommando gearbeitet und ihre Lagerschwester mit Kartoffeln, wie sie es im Nachinterview ausdrückte, „über Wasser gehalten". In Bergen-Belsen erwies sich das in der letzten Phase als unmöglich. Wir hatten die alte Frau gefragt, wie die Baracken in Bezug auf die Hauptlagerstraße gestanden hatten. Frau Franz aber antwortete so, als ob sie etwas ganz anderes gefragt worden wäre. In ihren eigenen Worten:

Herr Wagner: Aber alle mit dem Kopf nach der Straße?
Frau Franz: Ja, alle nach die Straße zu. Da haben wir doch immer, wir haben sie doch mal besucht, die da von Auschwitz gekommen sind. Da hab ich immer besucht, wen hab ich denn besucht, Name1 *hat se geheeßen, die war bei mich in Ravensbrück auf een Block. Ihre Tochter, die sind mit'm zweeten Transport gekommen, wir mit dem ersten. Die andern mit dem zweeten, und da hab ich sie besucht. Da kam die Frau von dem zweeten Transport, die hat nach mich gefragt. Ich habe immer Kartoffeln organisiert, und ich hab die Frau immer gegeben, damit die Frau nich soll eingehen. Und die hat nach mich gefragt. Die wollt haben 'ne Kartoffel, a Stickel Brot. Wir haben schon sechs Wochen keens mehr gekricht da drin. Wollt a Stickel Brot haben und eine Kartoffel wollte sie haben. Da bin ich gelaufen, hab ich dich erzählt, bei die* Name2, *das war meine Nichte. Ich wollt Kartoffeln besorgen. Habe nicht bekommen. Deshalb kann ich die nich leiden. Die Frau ist gestorben. Die wollt von mich 'ne Kartoffel haben. Da gab's keine mehr, wir haben da 6 Wochen kein Brot gekricht hier drin. Sechs Wochen nicht.*

Das Brot befand sich etwa 5 Kilometer nördlich vom Hauptlager unter Wehrmachtkontrolle in einem Magazin der Kasernenanlage. Dort stand auch eine Bäckerei mit einer Tagesleistung von 60000 Laiben Kommißbrot. Davon erhielt Kramer nach dem Zusammenbruch seiner zivilen Lieferungen für mehr als 40000 Häftlinge 10000 Laibe — in der Woche. Und zuletzt nicht einmal die. Wenige Tage nach der geschilderten Tragödie fanden die britischen Truppen in dem Lebensmittelmagazin der Wehrmacht 600 Tonnen Kartoffeln, von feineren Dingen wie Dosenfleisch (120 Tonnen), Kondensmilch (20 Tonnen) oder Zucker (30 Tonnen) ganz zu schweigen. Dazu Kakao, Getreide, Weizen. Die Wehrmachtführung war über die Situation der Häftlinge im Hauptlager zu jedem Zeitpunkt gut informiert. Keiner der Herren hat dafür je vor einem Kriegsgericht gestanden.

3.4 Zwischenbilanz für das Kleine Frauenlager

Die Zahl der lebend in das Kleine Frauenlager eingewiesenen Sinti-Frauen ist auf der Basis unserer bisherigen Daten sehr schwer zu schätzen, weil die Frauen zwar in Gruppen, aber auf eine Vielzahl von Baracken verteilt worden sind. Das läßt den Schluß zu, ihre Anzahl habe weniger als eine Barackevoll betragen, diese bis zu etwa 800 Frauen gerechnet. Die überschlägige Schätzung der Transportkapazitäten sagt wenig über die Verteilung auf beide Frauenlager aus. Die angenommen Zahlen müssen in jedem Fall um die Transportmortalität vermindert werden.

Nach Angabe des Lagerarztes Dr. Leo lag sie für die Monate Februar/März zwischen einem Fünftel und einem Drittel der Transportstärken. Der Vertreter der Verteidigung im Lüneburger Belsen-Prozeß faßte die Aussagen der Lagerärzte folgendermaßen zusammen:

According to the Affidavit of Wiesner, of the prisoners arriving in the last three months, about half were dead in the trucks that brought them. According to the Prosecution witness, Dr. Leo, as early as the beginning of February about one fifth of the prisoners were dead on arrival, whilst the remainder were in a weak condition. (13)

Nach dem Affidavit von Wiesner waren in den letzten drei Monaten etwa die Hälfte aller Gefangenen in den Waggons tot. Nach dem Zeugen der Anklage, Dr. Leo, kamen seit Anfang Februar etwa ein Fünftel der Gefangenen tot an, während die Überlebenden geschwächt waren.

Häufigste Todesursache dürfte Tod durch Erfrieren gewesen sein. Dieser Prozentsatz ging mit den ansteigenden Temperaturen der letzten Märztage und in der ersten Hälfte des April zurück, ohne daß wir genauere Angaben darüber besitzen. Da wir aber zwei Transporte aus Altenburg und Taucha listenmäßig nachweisen konnten und über die weiteren drei aus Ravensbrück durch die Aussagen von Frau Franz, Frau Horvath und Frau Hasselmann wie anderer Zeuginnen aus dem Großen Frauenlager gut informiert sind, würde selbst bei zurückhaltender Schätzung eine Zahl von vierhundert Frauen der Sinti und Roma eher die Untergrenze der lebend in das Kleine Frauenlager eingewiesenen Frauen kennzeichnen. Dazu muß man es nur für hinreichend wahrscheinlich halten, daß mit jedem der fünf Transporte im Schnitt 80 Sinti-Frauen in Bergen-Belsens Kleines Frauenlager eingewiesen worden sind. Die Hälfte dieser Zahl aber ergibt sich schon fast aus den beiden kleinen Transporten unbedeutender Nebenlager. Die Obergrenze liegt irgendwo unterhalb einer Barackevoll, diese zu etwa 800 Personen angenommen. Die Schätzungen für die Zahlen des Kleinen Frauenlagers und Großen Frauenlagers stehen in Referenz zueinander: da beide Teillager aus denselben Transporten heraus belegt worden sind, bedeutet jede Senkung der Schätzungen im einen eine Erhöhung im anderen Lagerteil. Dadurch ist eine genauere Eingrenzung der Annahmen auch für das Kleine Frauenlager möglich — falls für das Große Frauenlager enge Toleranzen des Schätzverfahrens möglich werden. Sollten die betreffenden Daten des KZ Ravensbrück erhalten sein, würde sich eine weitere Präzisierung des quantitativen Aspektes ergeben.

Verzeichnis der Kapitelnoten

1. a.a.O.
2. a.a.O., Seite 163.
3. a.a.O., Seite 63.
4. zitiert nach dem Wortlaut des „Besucherdienst für die Gedenkstätte Bergen-Belsen, o.O., o.J., Dokument Nr. 16.
5. a.a.O., Seite 162.
6. a.a.O.
7. aus dem Polnischen Original auf Seite 72 übersetzt von Katarzyna Preuss-Beranek, unveröffentlichtes Typoskript, Hannover 1989, Blatt 4.
8. a.a.O., Seite 4.
9. a.a.O., Seite 77 des Originals, Blatt 8 der Übersetzung.
10. BU 4006.
11. BU4242.
12. BU 4005.
13. a.a.O, Seite 567.

4.0. Kurze Geschichte des Großen Frauenlagers

Das Große Frauenlager begann etwa 1936 als Unterkunftslager formell freier Bauarbeiter für die Belsener Kasernen. Es wurde nach deren Fertigstellung zur Lagerung von Waffen und Gerät der Wehrmacht benutzt. Im Herbst 1940 verwandelte die Wehrmachtsverwaltung es in ein Kriegsgefangenenlager für belgische oder französiche Soldaten, und ab Sommer 1941 wurde es unter erheblicher Erweiterung seiner Fläche nach Süden Teil des StaLag 311 für sowjetische Kriegsgefangene. In ihm brachte die Wehrmacht mit den Methoden des Verkommenlassens bis zu 30 000 Menschen um. Hunger in unvorstellbarem Grad und ein doppelter Seuchenzug von Typhus und Fleckfieber — die Kriegsgefangenen sind nicht entlaust worden — waren die häufigsten Todesursachen. Ihre Leichen wurden durch eine eigene Westpforte über den kleinen Fluß Meiße auf den „Russenfriedhof" bei Hörsten geschafft und anonym in Massengräbern beerdigt. Da die Wehrmacht in dieser Art einer primitiven biologischen Kriegführung keine Erfahrung besaß, bezahlten auch ein gutes Dutzend ihrer Wachsoldaten den induzierten Seuchenzug mit dem Leben.

Einige Jahre später kopierte die Waffen-SS das bewährte Verfahren der Wehrmacht für die Lösung des selbsterzeugten Raumproblems im vollausgebauten KZ Bergen-Belsen — mithin auf exakt demselben Teil der Erdoberfläche wie die Wehrmacht. Daß sie dabei auf deren Erfahrungen zurückgegriffen hat, zeigt sich subjektiv in der das Pathologische streifenden Mikrobenangst von Frauen und Männern der Waffen-SS wie objektiv in ihren deutlich geringeren Verlusten beim zweiten Seuchenzug von Typhus und Fleckfieber durch alle Teillager Bergen-Belsens. Erst als der zurückgebliebene Teil des Kommandanturpersonals der Waffen-SS nach der Befreiung von britischen Soldaten genötigt wurde, sich beim Massenbegräbnis hautnah mit den Folgen ihres Tuns und Unterlassens abzugeben, erlitten sie Verluste in ähnlicher Höhe wie seinerzeit die Wachsoldaten der Wehrmacht im StaLag 311.

In den dazwischenliegenden mittleren Kriegsjahren stieg mit dem Scheitern des Blitzkriegkonzepts im Winter 1941 der Wert auch sowjetischer Arbeitskräfte wieder steil an — und das umso mehr, als der Massenmord nicht nur in diesem StaLag das Angebot künstlich verknappt hatte. Es wurde daher für die medizinische Versorgung von Kriegsgefangenen umgebaut. In Baracken, die mit bis zu 1000 Menschen überpfercht worden waren, sah das Planungskonzept für das Lazarettlager die Unterbringung von 50 Patienten vor.

Ab Jahresanfang 1945 wurde dieses Kriegsgefangenen-Lazarettlager als das Große Frauenlager Teil des KZ Bergen-Belsen. Als britische Armeefotografen Teilbilder auch dieses Lagers fixierten, hatte sein Barackenbestand bereits 10 Jahre Benutzung auf dem Buckel und war zweimal das Werkzeug eines Massenmordes gewesen — dementsprechend sah er zum Schluß auch aus. Alle Phasen seiner Geschichte haben Verwaltungsspuren auf den Baracken hinterlassen: einzelne Bauten trugen nicht weniger als fünf unterschiedliche Nummern auf sich. Wie sollte sich da ein Mensch zwischen zurechtfinden? Alle Baracken und Nebengebäude auch des Großen Frauenlagers wurden 1945 niedergebrannt, der unterirdische Teil des Lagers ruht heute noch unter dem Heidesand.

Die kurze Geschichte des Großen Frauenlagers zeigt: seine drei Dutzend schwarz-braunen Baracken spiegeln alle Phasen der Lagergeschichte — und alle Phasen der Geschichte des 3. Reiches wieder.

4.1. Frauen und Kinder im Großen Frauenlager

Ich verstehe im nachfolgenden Untersuchungsteil unter dem Großen Frauenlager alle Teillager für weibliche Häftlinge, die nördlich der Hauptlagerstraße gelegen haben. Das sind nach dem Ergebnis des topografischen Exkurses zum Großen Frauenlager im wesentlichen die beiden Teillager westlich und östlich der ehemaligen Straße von Walle nach Hörsten. Das westliche Lagergelände war mit Mischwald aus Kiefer, Fichte und Birke bestanden, das östliche kahl bis auf einen Rest von bodennaher Vegetation.

Für die Darstellung der Geschichte von Frauen der Sinti und Roma stütze ich mich für die Teilgruppe der Sinti neben den im Exkurs zum Großen Frauenlager genannten topografischen Quellen auf folgende Interviews:

- Frau Laubinger
- Frau Mechler
- Frau Peter
- Frau Brüggemann
- Frau Winterstein
- Frau Pranden
- Frau Schmidt
- Frau Freiermuth
- Frau Spak
- Frau L. Franz, sowie
- das autobiographische Typoskript von Frau Freiermuth

Bei allen interviewten Sinti-Frauen konnte Haft im Westteil des Großen Frauenlagers nachgewiesen werden, dagegen haben wir bisher keine einzige, im Ostteil des Großen Frauenlagers gefangengesetzte Sintiza sprechen können. Für die Darstellung der Verhältnisse im östlichen Teillager habe ich folgende Quellen ausgewertet:

- C. Stoika, „Wir lebten im Verborgenen"
- die Aufzeichnung einer ungarischen Zigeunerin (Nemeth oder Horvath)
- Haupt- und Nachinterview mit Herrn Lutz
- Hauptinterview mit Herrn Weiß

Bei Stojka ist sicher, daß sie im Ostteil des Großen Frauenlagers gewesen ist, während sich der Bericht der ungarischen Roma-Frau topografisch keinem der beiden Teillager zuordnen läßt. Daß ich ihn in das östliche Teillager gesetzt habe, beruht auf einem — sehr wackligen — Analogieschluß.

4.2. Die Transporte von Sinti und Roma in das Große Frauenlager

Alle von uns interviewten Frauen kamen aus zwei Konzentrationslagern: Ravensbrück und Mauthausen. Aus Ravensbrück war auch Frau Stojka gekommen, und auch die Mauthausener Gruppe kam letztlich aus Ravensbrück, denn von dort waren sie für sehr kurze Zeit nach Mauthausen transportiert worden. Alle waren oder hatten Kinder. Für den Zeitpunkt ihres Transportes gilt, was bereits für die Gruppe ohne Kinder im Kleinen Frauenlager festgestellt worden ist: sie kamen ab der ersten Märzwoche, wahrscheinlich in mehreren Transporten.

Wenigstens für Frau Franz und ihren damals etwa 5jährigen Sohn Christian konnte der genaue Transportzeitpunkt geklärt werden: nach Feststellung des Suchdienstes des IRK in Arolsen traf sie am 7.3.1945 in Mauthausen ein und verließ das Lager bereits am 17.3.1945. (1) Möglicherweise belegt dieser Transport, daß Kramer zunächst weitere Raten aus Ravensbrück hat abwehren können, die ihm dann nach einem mörderisch langen Umweg wieder vor die Lagertür gestellt worden sind. Leider ist die Dauer dieses Transportes von Ravensbrück nach Mauthausen nicht bekannt. Auch aus Mauthausen könnte mehr als ein Transport Bergen-Belsen erreicht haben, die Interviews ergeben einen solchen Eindruck, ohne daß wir bisher imstande wären, eine genauere zeitliche Auflösung zu garantieren. Dafür ist die durchschnittliche Aufenthaltszeit in Mauthausen zu kurz gewesen.

Nur eine ungarische Romni mit ihren Kindern fügt sich nicht in dieses allgemeine Bild: sie war nach eigenen Angaben aus Dachau eingeliefert und zwei bis drei Monate lang in Bergen-Belsen gefangen gehalten worden. Auch das stützt die Annahme einer Haft im Ostteil des Großen Frauenlagers.

4.3. Die Sinti-Baracken im Großen Frauenlager

Für sechs der acht Interviews ergab die Auswertung der topografischen Daten Haft im Großen Frauenlager. Die Frauen dieser Interview-Gruppe kamen alle aus dem Konzentrationslager Mauthausen. Es scheint, daß es sich bei ihnen um solche Frauen gehandelt hat, die kleine Kinder versorgen mußten. In einem Fall hing die Zuordnung an einer einzigen Angabe. Danach erinnerte sich Frau Laubinger, in einem selbstgebauten Zelt „am Waldrand" gesessen zu haben. Das war eigentlich nur im Westteil des Großen Frauenlagers möglich. Bleibt ein – mit Rücksicht auf die Gesundheit der interviewten drei Schwestern abgebrochenes – Interview übrig, das topografisch noch nicht zugeordnet werden kann. (Mechler, Peter, Brüggemann)

Die ausschließlich von deutschen Sinti-Frauen und ihren Kindern belegte Barakke wird fast in übereinstimmenden Angaben folgendermaßen beschrieben:
- sie war sehr groß
- sie wurde von einer Giebelseite aus betreten
- sie hatte an beiden Seiten Fenster
- sie hatte keine Oberlichter (wie der Pferdestall-Typ)
- im Inneren gab es einen einzigen, großen Raum
- in ihm gab es weder Bett, Strohsack, Tisch noch Stuhl
- Frauen und Kinder hockten gedrängt auf dem Fußboden
- Frauen und Kinder benutzten Heidekraut als Schlafunterlage
- gleich in Eingangsnähe war ein kleiner Raum abgeteilt
- in dem abgeteilten Raum waren Wasserhähne

Die Beschreibung hörte sich in einem Interview so an:

Herr Günther: War das eine richtige, normale, hölzerne Baracke, oder kleiner als die anderen?
Frau Pranden: Lange Baracke.
Herr Günther: Eine lange ...
Frau Pranden: wo man auf dem Fußboden haben gelegen.

Über die Belegungsdichte sagte die Zeugin:

Herr Günther: Ja, war denn da zwischen den Menschen, die da so gelegen oder gehockt haben, noch Platz frei, oder ...
Frau Pranden: Gottes Willen, alles dicht nebeneinander.
Herr Günther: Alles dicht an dicht?
Frau Pranden: (lacht) Wir haben uns ja gewärmt dadurch.

Die Lage des Eingangs in die Baracke wurde so erfragt:

Herr Günther: Was für eine Art von Baracke ist das gewesen: ging man da von vorne in die Bracke rein oder von der Seite?
Frau Pranden: Vorne. Vorne.
Herr Günther: Von Vorne. Es gab keine Seiteneingänge?
Frau Pranden: Nein, nein, von vorne sind wir reingekommen.
Herr Günther: Ja. Und ging da so ein Gang durch die ganze Baracke durch, oder ist das ein einziger, riesiger, großer Saal gewesen?
Frau Pranden: Nee, vorne war noch mal so'n klein (sucht das passende Wort) Abteil. Der ging da ganz durch, großer Saal, links und rechts die Scheiben gewesen."

Dadurch war die Baracke ihrem Typ nach identifiziert: das im Großen Frauenlager vorherrschende Modell aus der ersten Realisierungsphase des Heeres-Neubau- Material- und Arbeiterlagers. Das erwähnte Abteil scheint einmal soetwas wie eine Teeküche gewesen zu sein: in anderen Interviews wurde beschrieben, daß sich Wasserhähne und Ablaufstein darin befunden haben. Diese Beschreibung stellte uns vor eine doppelte Aufgabe: um die Zahl der im Großen Frauenlager (West) inhaftierten Sinti-Frauen und ihrer Kinder schätzen zu können, mußten wir erstens zu erfahren versuchen, wieviele Menschen in eine solche Baracke hinzupressen waren, und zweitens für jedes einzelne Interview herausfinden, wo genau im Teillager der Standort dieser Baracke gewesen war. Denn davon hing ab, mit welchem Faktor ich die „Barackevoll" zu multiplizieren hatte, um auf die Gesamtzahl des Teillagers West zu kommen.

Der beschriebene Block war für maximale Massenunterbringung wahrscheinlich durch die Entfernung des Mittelflures modifiziert worden. Das ergab den einen, riesig großen Raum. Seine Grundfläche berechnet sich auf der Basis einer Blaupausen-Kopie im Maßstab 1:1000 auf 40 mal 10 Meter = 400 Quadratmeter.(2) Im etwas keineren Standardtyp des KFL, 35 mal 10 Meter, hatte die Waffen-SS das Kunststück fertiggebracht, 680 Frauen ohne jedes Bett unterzubringen. (3) Das hieß für unseren Fall eine obere Grenze bei etwa gut 750 Personen pro Betten-Stockwerk des etwas größeren Blocks im Großen Frauenlager. Da alle uns beschriebenen Baracken ohne jedes Bett waren und den Menschen nachts der Platz gefehlt hatte, um sich ausgestreckt hinzulegen, konnte ich bei der gemessenen Grundfläche von etwa 500-750 Personen pro Baracke ausgehen; bei dreistöckigen Kojen hätten es leicht mehr als tausend sein können. Mit Hilfe dieser Angaben konnten wir eine obere und eine untere Grenze für die Zahl aller Frauen und Kinder in diesem Teillager für das Schätzmaß „Barackevoll" feststellen. Und wenn es gelang, herauszufinden, ob sich die Beschreibungen auf ein- und dieselbe, oder aber auf mehrere Baracken bezog, war der Rest eine einfache Multiplkationsaufgabe. Daß unser Schätzmaß der Größenordnung einigermaßen realistisch war, erfuhren wir aus dem Interview mit Frau Louise Franz:

Herr Wagner: Und wieviel Sinti waren da, waren nur Sinti?
Frau Franz: Alles nur Sinti.
Herr Wagner: Voll?
Frau Franz: Voll. Da gab's auch noch weniger zu essen. Da haben wir zu Ostern gekriegt, das war '45 — siehste, Ostern waren wir da - für 400, (überlegt) 500 Mann war in unsere Baracke '45 ...
Herr Wagner: Wißt Ihr das auch genau, daß das 500 waren?
Frau Franz: Genau. Kann ich auch vielleicht auf ein oder zwei weniger, aber für diese Personen haben wir 45 Kilo Steckrüben gekriegt.
Herr Wagner: Für 500 Personen, das ist eine ganz wichtige Aussage.
Frau Franz: Eine Scheibe, so groß wie die Hand.

Ein Versuch, die Angabe der Belegungsstärke über die Osterration zu prüfen, brachte als Ergebnis, daß eine handtellergroße und daumendicke Scheibe aus einer Futterrübe zwischen 80 und 100 Gramm wiegt. Aus der Angabe über die Belegungsziffer für die Baracke und das Gewicht der Tagesration dieser Baracke errechnet sich das durchschnittliche Gewicht einer Einzelportion auf 90 Gramm.

Nun mußten wir nur noch ausschließen, daß sich die Schilderungen der Überlebenden auf mehr als eine volle Baracke bezogen. Nur, wenn sich die topografischen Angaben zur Lage der Baracke nicht in allen Interviews auf einen Standort bringen ließen, konnten wir mit einiger Wahrscheinlichkeit von mehr als einer Baracke mit Frauen und Kindern der Sinti ausgehen. Wie wichtig dieser Schritt war, ergibt sich aus einer überschlägigen Rechnung: handelte es sich in allen Schilderungen um ein- und dieselbe Baracke, dann waren Zahlen von etwa 500-750 Frauen und Kindern zu erwarten; bei sechs Baracken wären es etwa 3000-4500 Personen gewesen.

In Bezug auf den oder die Standorte in diesem Teillager kann ich bisher nur mit begründeten Vermutungen dienen. Für die Einschätzung der Antworten in den Interviews ist wichtig, daß keiner der interviewten Frauen eine Aufnahme aus dem Lager vorgelegen hat: ihnen war im Gespräch nur die Sington-Skizze gezeigt und erläutert worden.

4.4. Die Sinti-Baracken im Großen Frauenlager West

Durch die sehr genaue Beschreibung des Barackentyps in unseren Interviews schieden die Baracken mit der Nummer 214, 215 und 217 aus dem Suchunternehmen aus. (4) Im Spiel waren noch 14 der insgesamt 17 Baracken, die bis auf die Nummer 213 (ex W.B.5) alle vom gleichen Typ und scheinbar regellos auf ein komplexes Wegesystem verteilt worden waren. 213 schied aus, weil sie nach den Feststellungen im Belsen-Prozeß als allgemeine Isolationsbaracke für typhuskranke Frauen gedient hat. (5) Mit 13 möglichen Blocks immer noch eine gottvolle Ausgangslage.

Leider verpaßten wir im Interview mit Frau Franz unsere erste Chance. Zu diesem Zeitpunkt war meine Kritik der Topografie des Großen Frauenlagers noch sehr rudimentär: ich wußte nicht, wo die Küche des Großen Frauenlagers gestanden hatte, und tippte abwechselnd auf eines der beiden möglichen Gebäude des Mittelstreifens im Männerlager. (Bei Sington -deutsch- A oder H genannt)

Herr Wagner: Tante, wißt Ihr denn die Barackennummer, die Blocknummer wißt Ihr nicht mehr?
Frau Franz: Nee, nee.
Herr Wagner: Wißt Ihr ungefähr, wo der Block stand?
Frau Franz: Es war garnicht weit von die Küche weg. Wo de jetzt in Bergen-Belsen reinkam, war doch der Eingang da, davor ein Stück runter, dann waren rechts die Baracken, und bißchen weiter runter, da war die Küche.

Wer mit Singtons Skizze im Kopf operiert, für den ist die Sache klar: das konnte nur Küche A sein, (englisch Cookhouse No 1), allenfalls Küchenhaus H (in den englischen Plänen ohne Nummer). Und nachdem ich die Lagergeschichte einigermaßen begriffen hatte, Monate später, war klar: es konnte mit fast gleicher Wahrscheinlichkeit exW.B.3 oder exW.B.4 sein, und auch die ehemalige W.B.5, spätere 213, konnte bei dem spärlichen Kenntnisstand nicht ganz ausgeschlossen werden. Eine einzige Zusatzfrage, „weiter runter, links oder rechts?" und der Fall wäre klar gewesen. Immerhin: die Baracke mit den Frauen und Kindern der Sinti lag in der Nähe der Küche. Erst zu einem viel späteren Zeitpunkt entdeckte ich zufällig, daß die in der Veröffentlichung von Teilen der Protokolle des Lüneburger Kriegsverbrecherprozesses abgedruckte englische Version der Sington-Skizze die Frage der Küchen des Großen Frauenlagers eindeutig klärt: dort war nämlich exW.B.3 und exW.B.4 als „Cookhouse 3" klassifiziert. Dabei weisen zwei Pfeile in der Skizze auf die beiden fraglichen Gebäude. Das wird durch die Skizze von Glyn Hughes bestätigt. Allerdings nur für exW.B.3. ExW.B.4 ist dort ohne jede Bezeichnung. Die Eintragung der Küche im Norden von Cookhouse 3 in der Skizze des Großen Frauenlagers (West) bei Kolb '62,(6) ist also falsch. Auch in den Prozeßprotokollen wird mehrfach auf den Charakter einer Doppelküche im Großen Frauenlagers hingewiesen.(7) Kramer hatte die Doppel-Küche von beiden Teilen des Großen Frauenlagers durch Stacheldraht absperren lassen. Nach seiner Erklärung kochte exW.B.3 für den östlichen und exW.B.4 für den westlichen Teil des Großen Frauenlager. Das hieß für uns: suchen nach einer Sintiza, die dort gearbeitet hat. Zum Beispiel Frau Schmidt:

Frau Schmidt: In Bergen-Belsen, ein Unterscharführer Wolf, der war ganz neu reingekommen, sonst wär'n wir alle nicht auf Transport gekommen. Der hat uns nicht gekannt, und da konnten wir sagen, da ist meine Tante(8) mitgekommen, meine Cousine mitgekommen, alle auf den Namen Fischer, und der hat uns in Belsen die verschafft, daß wir in die Küche mußten arbeiten, weil wir deutschsprachig waren. (Mit hörbarem Stolz) Wir waren schriftgelehrt. Hat er uns den Posten in die Küche (gegeben). Das waren meine Schwester, und Marianne, meine zwei Nichten und ich. Das andere waren auch Häftlinge, aber auch von uns Verwandte, die haben bei uns gleich in die Küche eingestellt, daß wir arbeiten da. Und da haben wir müssen kochen, alles in einen großen Waschtopf.

Man sieht: auch in diesem Fall funktionierte das Netz ausgezeichnet. Anwesenheit und Dienstgrad des in ihrer Aussage erwähnten SS-Mannes, Unterscharführer Wolf, ist durch eine Zeugenaussage im Lüneburger Kriegsverbrecherprozeß belegt. (9)

Frau Schmidt benutzte für die Bestimmung der Lage ihrer Küche einen bemerkenswerten topografischen Anker: das Wasserbassin des Großen Frauenlagers. Das gab es aber nur im westlichen, nicht im östlichen Teil des Großen Frauenlagers. Damit ist klargestellt, daß es sich bei der Küche tatsächlich um exW.B.4

gehandelt haben muß. Herr Wagner und ich hatten das Wasserbecken kurz vorher auf einem der britischen Fotos aus dem Bestand der Landeszentrale für politische Bildung gesehen, besaßen aber für das Interview keinen Abzug davon. In der Gesprächspassage hieß es:

Herr Günther: (Mit Bezug auf das erwähnte Foto) Haben wir alles gesehen.
Herr Wagner: Auch dies Becken da, dies Wasserbecken, wo sich die Frauen gewaschen haben.
Frau Schmidt: Ja, das muß wie in 'ne Badeanstalt gewesen sein, so ist das richtig gewesen.
Herr Wagner: (testend) Oder Löschteich ...?
Frau Schmidt: Nein, wie im Bad.
Herr Günther: Das ist einfach ein Arbeitslager gewesen, wo früher die Arbeiter gewohnt haben, die die Kasernen gebaut haben.
Herr Schmidt: Bestimmt Arbeitsdienst, und so was.
Herr Seeger: Richtig. Genau so.
Frau Schmidt: Richtig. Ober... war auch (?), oben rüber waren Fliesen, 'ne richtige Treppe reingelaufen.
Herr Günther: Ja, wenn hier die Küche war, wo war jetzt die Treppe, um in das Wasser reinzugehen? Können sie das mal zeigen? (Hält ihr den Sington-Plan hin)
Frau Schmidt: Wo ist die Küche? Hier war die Küche doch nicht... Wo das Wasser, wo dieses Bad, wo ist das Bad hier?
Herr Günther: Hier, dieser (zeigt auf der Skizze das Wasserbecken im Großen Frauenlager) Ja, wo war da die Treppe?
Frau Schmidt: Die war auf die Seite hier, auf die Seite da. (Zeigt auf der Skizze die Beckenseite zur Badebaracke hin)
Herr Günther: Gut. Genau so. Das Foto haben wir.
Herr Schmidt: (verwundert) Hör mal, wie die das weiß!
Frau Schmidt: (selbstbewußt zu ihrem Mann) Ich war oft da gestanden, mein lieber Junge.
Herr Wagner: Wir haben, wir haben die Fotos ...
Herr Schmidt: (lachend, schraubt seine Frau weiter) Wie 'ne SS-Frau, was die alles so genau weiß.

Das Detail der Treppe ins Wasserbecken trägt die Beweislast: denn Wasserbecken gab es ja auch neben den übrigen Küchen des Gesamtlagers, und es ist nicht gesagt, daß eine Frau nur in der Küche „ihres" Teillagers eingesetzt sein konnte. Aber nur das Wasserbecken im westlichen Teil des Großen Frauenlagers zeigte die erwähnte Treppe. Von diesem Anker ausgehend bestimmte Frau Schmidt mit Hilfe der Sington-Skizze zunächst Block 222, dann 220 als Block, in dem die Sinti-Frauen untergebracht waren. Da ich leider zu dem Zeitpunkt keine Ahnung von der wirklichen Lage der Küche hatte, wählte Frau Schmidt die Badebaracke gegenüber 222 als zweiten Anker. Das ist eine logische Wahl, weil beide Baracken durch einen dazwischen verlaufenden Weg voneinander getrennt wurden — wie die beiden Baracken von Cookhouse 3 auch. Geht man also von der tatsächlichen Lage dieser Küche aus, dann ist 222 der ziemlich sichere Block. Denn der lag wenige 10 Meter davor im Westen. Das war immerhin eine Konstellation aus mehreren bedeutungsvollen Objekten: Doppel-Küche, Wasserbecken und Unterkunftsbaracke. Zweideutig war nur noch die Geschichte mit der Variante 220 versus 222: Frau Schmidt rotierte offenkundig in Gedanken um den einzig sicheren Anker des Wasserbeckens als Mittelpunkt. Damit hatten zwei Frauen unabhängig voneinander die Lage ihrer Baracke entweder übereinstimmend oder so dicht zueinnder beschrieben, daß sie unbedingt von einer zweiten Baracke mit Sinti-Frauen hätten Kenntnis haben müssen. Und das war nicht der Fall.

Nächster Versuch: Frau Schmidt — aber auch Frau Spak und Frau Freiermuth — erzählte, daß hinter ihrer Baracke ein riesiges Massengrab von Frauen ausgehoben werden mußte. Sie wollte sogar nächtens von ihrem Barackenfenster aus ein Gespräch zwischen einer SS-Aufseherin — die sie für Ilse Koch hielt — und Kramer gehört haben, die sich darüber unterhielten, ob auch alle Frauen da reinpassen würden. Ich hatte bei diesem Teil ihrer Erzählung so meine platonischen Gefühle in Bezug auf die Wahrheit der Dichter: Frau Schmidt erzählte nicht nur in Partien sehr genau, sondern in anderen auch mit viel Phantasie. Nicht so sehr wegen der Namensverwechslung; sie unterlief mehreren unserer Zeuginen: Mengele wurde in Ravensbrück beim Sterilisieren von Frauen beobachtet und auch nach Bergen-Belsen versetzt, obgleich die Beschreibung für den Ravensbrücker Arzt eher auf Dr. Clauberg hinwies ('So 'n Stämmiger'). Aber es gab auch solche Aussagen, wo eine von Clauberg sterilisierte Sintiza nicht nur den Namen erinnerte, sondern auch seine landsmannschaftliche Zugehörigkeit korrekt angab: 'So'n Ostpreuße. Aber was für einer!' (10) Aber Kramer in Person, der in Begleitung einer einzigen SS-Aufseherin ein Massengrab nächtlicherweise inspiziert?

Als ich mich in den Fotos aus dem IWM besser auskannte, fiel mir das mit der Nummer BU4245 auf. Ich hatte es zunächst fälschlicherweise in das Kleinen Frauenlager verlegt. Dann merkte ich: es paßte wieder mal topografisch nicht. Hinter der abgebildeten, zum Massengrab querstehenden Baracke war auf ganzer Länge Wald zu erkennen. Eine solche Konstellation gab es im Kleinen Frauenlager nicht, denn dort standen die Baracken — wie auch in den Männerlagern — mit dem Giebel zur Waldkulisse um das Lager herum. Und der Barackentyp paßte eh nicht zu einem Standort im Kleinen Frauenlager. Das Luftbild machte die Sache unter dem Spiegelstereoskop klar: im Großen Frauenlager gab es nur eine Stelle, wo vor einer Baracke ein Massengrab ohne Bäumefällen angelegt werden konnte und das war vor Block 211. Vor Block 211 ist bei Sington in der Tat ein Massengrab eingezeichnet, die Nummer 8. Nach seiner Angabe mit 200 Leichen belegt. Als ich mir daraufhin BU 4245 nocheinmal genauer ansah und es mit den übrigen Aufnahmen von Massengräbern im Bereich des Frauen-Zeltlagers verglich, sah ich plötzlich, daß die Ränder der Nummer 8 bereits weitgehend erodiert waren; also mußten Sonne und Wind im Verein die Grubenränder bereits so nachhaltig ausgetrocknet haben, daß Sand in großer Masse in die Grube stürzen konnte, obwohl sie noch nicht einmal in der Grundschicht mit Leichen belegt war. Offenkundig war das Massengrab lange vor den übrigen Gruben ausgehoben, aber erst nach der Befreiung des Lagers mit Leichen belegt worden. Also konnte die Geschichte in ihrem Kern doch stimmen, vor allem, weil die von Frau Schmidt genannte Baracke 220 unmittelbar in der Nähe des Massengrabes Nummer 8 liegt.

Es gibt aber eine wahrscheinlichere Deutung: bei dem „Massengrab" hat es sich möglicherweise um Latrinengräben gehandelt, die jeweils hinter einer Baracke auf Befehl Kramers hatten ausgehoben werden müssen. Auch Stojka berichtet, daß die Frauen ihres Lagerteils solche Gräben quer durch das Lagergelände hatten ausheben müssen, die sie, angeblich von den Engländern darin bestärkt, für ihre eigenen Massengräber gehalten haben. Sollte diese Deutung stimmen, muß sich noch heute hinter dem Standort von Baracke 222 eine auffällige Vegetation nachweisen lassen: Brennnesseln. Diese Pflanze gehört zu den intensiven Stickstoffzehrern. Normalerweise findet sie auf eiszeitlichem Heidesand keinen Standort.

Hätte ich zum Zeitpunkt des Interviews, bzw. seiner ersten Auswertung, die Lage der Küche im Großen Frauenlager schon gekannt, wäre mir eine Aussage von Frau Schmidt gleich zu Beginn des Gespräches glasklar vorgekommen:

Herr Günther: Hier war die Küche. Jetzt versuchen Sie mal, von da aus zu sagen: in welchem Block haben Sie gelebt?
Frau Schmidt: Passen Sie mal auf. Wenn hier die Küche ist, nich, dann war hier der Draht, von die Küche nach Frauenlager war der Draht. Hier über, hinter dem Draht, gleich hier, in diese beide Blöcke muß ich gewesen sein. (zeigt auf Block 222 mit westlich davorliegender Bade-oder Toilettenbaracke)

Leider versuchte ich ihr zu erklären, daß genau darin möglicherweise die Küche untergebracht war. Und damit wich Frau Schmidt auf Block 220 aus.

Nächstes Interview, nächster Versuch: Eine Sintiza, Frau Winterstein, glaubte sich an ihre Barackennummer erinnern zu können:

Herr Wagner: Könnt Ihr mir sagen, in welcher Baracke Ihr wart?
Frau Winterstein: Tja, ...
Herr Wagner: Welche Nummer hatte die Baracke?
Frau Winterstein: Ja, welche Nummer, das weiß ich nicht mehr. Das war ganz beim Wald, beim Wald, das war Nummer 24 oder so.
Herr Wagner: Die hatten alle Zweihundert und soundsoviel, hatten die alle. 224. Das ist aber hier vorne.

Die letzte Bemerkung von Herrn Wagner beweist, daß er zunächst garnicht an diese Lage der Baracke gedacht, sondern auf das Stichwort „ganz beim Wald" eine Lage im Norden, in der Nähe des Außenzauns, angenommen hatte. Aber da der vermutete Block nach der stereoskopischen Bildauswertung zu dem Typ gehört, der auch in diesem Interview an anderer Stelle mit seinen Merkmalen sehr genau beschrieben wurde, sprach zunächst einiges dafür, 224 als mit Sicherheit identifizierte „Zigeunerbaracke" zu betrachten. Damals wußte ich aber noch nicht, daß vor der Nummerierung für das Große Frauenlager ein vollständig anderes Nummernsystem benutzt worden war, dessen Reste sich an einigen Baracken erhalten hatten. Unterstellt, daß dies nicht nur bei der Nummer 22 der Fall gewesen war, dann wies die Nummer 24 aus der Lazarettlagerzeit aber auf den Block 210 hin. Leider sind die Antworten von Frau Winterstein durch die vorschnelle Deutung mit „224" belastet: sie glaubte von da an, daß der Interviewer „schon alles wußte", und hat ihre weiteren Antworten unter diesem Eindruck gegeben. Gleichwohl werden dabei einige Elemente sichtbar, die weiterhelfen können:

Herr Wagner: Ihr glaubt, daß Ihr in 224 wart?
Frau Winterstein: Ich weiß nicht mehr; und das ...
Herr Wagner: Da gingen doch die Wege so rund, da waren doch überall Baracken?
Frau Winterstein: Ja, hier waren alles Baracken. Wir waren hier auf der rechten Seite. Auf der rechten Seite.
Herr Wagner: Und da waren alles lauter Sinti?
Frau Winterstein: Sinti; hier, ... Unser Lager war ja im Wald.
Herr Wagner: Im Wald?
Frau Winterstein: Im Wald, und ringsum lauter Tannen, lauter Wald, lauter Wald, das war wie ein Tannenwald, Wald.

Herr Wagner: Und da lagen die Baracken drinne?
Frau Winterstein: Ja, ja, ja, *und Birke,* weißt du, hier, da waren so Birken zwischen.
Herr Wagner: Zwischen die Baracken war Heide und Birke?
Frau Winterstein: Ja, ja, dahinten waren Birken, ungefähr dahinten, wo das Krematorium war, dahinten dort, wir waren richtig im Wald. Von außen hast du kein Konzentrationslager gesehen.

In der Passage sind zwei mögliche Deutungsansätze enthalten: unterstellt, daß sich Frau Winterstein mit ihrer Bemerkung, sie seien „auf der rechten Seite" gewesen, auf die ihr vorliegende Sington-Skizze bezog, dann würde das die Position von Baracke 222 stärken. Sie konnte aber auch einfach sagen wollen, daß ihr Teillager rechts des Hauptweges gelegen hatte. Nimmt man dagegen an, daß Frau Winterstein in der Hauptpassage ihrer Aussage nicht die allgemeine Topographie des Lagers beschrieben hat, sondern eher den Anblick, den es von ihrer Baracke aus bot, dann gibt es eine einzige Visierlinie, auf der die Sequenz von „Tanne", „Heide" und „Birke" anzutreffen war: die verband ungefähr den Ort der Bracke 210 mit dem Krematorium. Diese Sehlinie lief im Wesentlichen entlang der Westgrenze des Großen Frauenlagers: in der nordwestlichen Ecke standen im dichten Verband die höchsten Bäume des ganzen Lagers, und es handelte sich in jedem Fall um Nadelbäume. Möglicherweise Fichten, dies aus der wesentlich dichteren Anordnung im Verhältnis zu dem eher schütteren Bestand von hohen Kiefern in den Partien des Lagerinneren bis an die südliche Grenze. Zwischen dem mittleren Abschnitt der Westgrenze und den angrenzenden Baracken aber lagen größere Partien hoher Heide, so wie von Frau Winterstein beschrieben, und soweit das — nicht den ganzen Lagerumfang abdeckende — Luftbild von September 1944 erkennen läßt, gab es nur hier größere Partien von Heide. In ihnen sind an zwei Stellen „Glatzen" zu erkennen, die von vollständiger Entnahme der Heide durch die Gefangenen schon des Kriegsgefangenen-Lazarettlagers oder des davorliegenden Stalag herrühren können. Zu beiden Kahlstellen führten intensiv begangene Trampelpfade auf das formelle Wegesystem des Großen Frauenlagers. Auch sie müssen heute noch durch trittfeste Pflanzengesellschaften auf dem ehemaligen Lagergelände markiert sein.

Damit steht der äußerste Nordwesten des Lagers in Standortkonkurrenz zum äußersten Südosten. Gibt es für die Entscheidung ein rationales Kriterium? Einmal hätte die Zigeunerinnenbaracke hart an einem Außenzaun, das anderemal an einem Innenzaun gelegen. Möglicherweise waren es aber auch zwei verschiedene Baracken. Gab es dafür oder dagegen Aussagen in den Interviews?

Wieder wird in der Auswertung deutlich: was die Feststellung der Lage dieser Baracke behindert, ist nicht sosehr die ungenaue Erinnerung der Überlebenden, als vielmehr das ungenügende Wissen dessen, der die Fragen stellt. Aber auch unter diesen Bedingungen ist immerhin soviel klargeworden: die ausschließlich mit Sinti-Frauen und ihren Kindern belegte Baracke war mit einiger Wahrscheinlichkeit entweder 210 oder 222. Die erste Kandidatin lag im Nordwesten unmittelbar an einem der beiden Außenzäune des Großen Frauenlagers. Mehrere Frauen haben übereinstimmend ausgesagt, daß ihre Baracke dicht an einem Stacheldraht gelegen hat. Und ich hatte in der ersten Auswertung daraus wieder mal was anderes gemacht, diesmal einen Außenzaun. Aber auch hier bringen Details der Berichte eher eine weitere Schwierigkeit ins Spiel, als daß sie die Frage endgültig entscheiden könnten. So heißt es im Interview mit den Schwestern Freiermuth und Spak, nachdem auch sie von einem Massengrab „hinter unsere Stube" —

vermutlich also ein weiterer oder derselbe Latrinengraben — berichtet hatten:
Frau Freiermuth: Am Stacheldraht lang. Denn unsere Baracke war ja dicht am Stacheldraht, also ...
Herr Wagner: Von Eurer Baracke aus konntet Ihr einen Wachturm sehen?
Frau Freiermuth: Ja, ja.
Herr Wagner: Zur Ecke hin, oder nach vorne hin?
Frau Freiermuth: Nein, das, dieses, also hier war, ein Beispiel ...
Herr Wagner: Wenn Ihr jetzt vorm Draht, Baracke gestanden, oder hat zum Draht gestanden ...
Frau Freiermuth: Ja, dann konnten wir den Wachposten sehen.
Herr Wagner: Von ihren Wachposten auf den Turm ...
Frau Freiermuth: Ja, natürlich, auf den Turm.
Herr Wagner: War der rechts von Euch oder links von Euch?
Frau Freiermuth: Rechts.
Herr Wagner: Rechts von Euch. Dann muß das dieser gewesen sein. War der weit weg?
Frau Freiermuth: (zu ihrer Schwester gewendet) So weit weg war der nicht, ne?
Frau Spak: Nee, man kann das gut sehen, also, das lag, stand ja auch nicht direkt am Zaun, der Zaun war unten. Und dann waren die Wachtürme waren mehrere, da ging das so hier, wollen mal sagen, hier ist jetzt die Baracke ...
Herr Wagner: Darum die Frage, ich wollte die Baracke ermitteln. War der rechte Wachturm, konntet Ihr den besser sehen als den linken Wachturm hier?
Frau Freiermuth: Ja. Nach meine Meinung, ja. Weißte, wodurch ich mich entsinnen kann? Wie wir uns rausgeschlichen haben mit ein paar Frauen, da hat man doch hinter uns hergeschossen. Das war ein Ungar. Wir haben uns nachher rausgeschlichen.

Auch diese Aussage fügt sich problemlos in die bisherige Gruppe der Interviews Franz, Schmidt und Pranden ein: lag die Baracke mit den Frauen und Kindern der Sinti unmittelbar am internen Draht, der Küche und Unterkunftslager voneinander trennte, etwa Block 222 oder einer der nördlich davon liegenden Baracken 206 oder 207, dann mußte der Wachturm rechter Hand deutlich näher stehen als der zur linken. Über den Zweck der Flucht aus dem Großen Frauenlager nach der Befreiung erklärten die Schwestern etwas später:

Frau Freiermuth: und denn haben wir uns, dadurch weiß ich, daß der Posten so dicht da war, da gingen wir zwischen dem Draht durch, wollten uns von dem Bauern was holen, und da hat der Wachposten auf uns geschossen.

Damit schien vollkommen klargestellt, daß die gesuchte Baracke in der Nähe einer der beiden in Frage kommenden Außenzäune gestanden haben muß. Niemand, der „zum Bauern" will, und schon garnicht Sinti-Frauen, die auf dem flachen Land groß geworden sind, würde zu diesem Zweck durch einen Innenzaun steigen. Und mehr noch: da sie aus Erfahrung alle wußten, daß man nur entlang eines Weges „zum Bauern" finden kann, läßt sich sogar der ungefähre Ort des Durchbruchs vermuten. Aus dem Lager führten zwei Wege heraus. Der eine ging ab der nördlichen Außengrenze des Großen Frauenlagers nach Hörsten, und damit „zum Bauern", der andere auf der Westgrenze zum Russenfriedhof und weiter in Verlängerung auf den Truppenübungsplatz; dort gab es auf Stundenweite keine Dörfer oder Höfe mehr. Dort krähte kein Hahn, bellte nächtlicherweise kein Hofhund. Eine Baracke aus der nordöstlichen Lagerhälfte, etwa 206 bis 208, würden in diese Beschreibung passen. Die Nummer 208 war mal die U.B.27 gewesen. Hatte Frau Winterstein die '4' mit der '7' verwechselt? Hatten die beiden Schwestern ihre Position zu den beiden Wachtürmen garnicht von der Baracke, sondern von der Durchbruchstelle am Draht aus bestimmt? Oder meinten sie, da ja der dem Grundriss nach nächste Turm zu ihrer Linken durch die hohen Nadelbäume vollständig verdeckt war, den nächsten sichtbaren Turm zur Linken? Der wäre in der Tat sehr viel weiter weg gewesen: auf der Ecke zum Krematorium. Angenommen, sie wollten auf dem Weg nach Hörsten ihr Glück versuchen, dann würde alles klar sein. Angenommen. Und angenommen, die beiden Schwestern hatten mit dem Draht hinter ihrer Baracke keinen Außenzaun, sondern den Draht gemeint, der zwischen 222 und exW.B.4 zur Verteidigung der Küche gegen die verhungernden Häftlinge gespannt worden war, und standen in ihrer Erinnerung vor diesem Draht mit Blick zur Küche, so also, wie sie unendlich oft in Wirklichkeit gestanden und geguckt haben müssen, denn dort war das Essen und das Leben: dann gab es in der Tat rechter Hand einen Wachturm zu sehen, nämlich dort, wo der ehemalige Weg von Walle nach Hörsten, exW.B.3 und 4 voneinander trennend, in die Nebenlagerstraße einmündete. Möglicherweise hatte auf ihm der Schütze seinen Stand gehabt,

dem sein Hobby war gewesen zu schießen die Kinder in die Beine".(11)

Und dieser Turm hatte den Vorzug, umstandslos näher dran zu sein als der nächste Wachturm linker Hand. Und auch die Geschichte mit dem Gang zum Bauern ließe sich unter dieser Annahme leichter unterbringen. Linkerhand lief der — gesperrte — Weg nach Hörsten. Allerdings war der Turm im Zusammenhang mit dem Ausbruch aus dem Lager erwähnt worden, und damit mußte es sich eigentlich um einen Wachturm des Außenzauns handeln. Wieder dieselben Mehrdeutigkeiten.

Schließlich schien sich eine weitere Möglichkeit zu eröffnen: Nach einer Mitteilung von Herrn Rahe von der Niedersächsischen Landeszentrale für politische Bildung befindet sich im Bild- Archiv der „Stiftung Preußischer Kulturbesitz" in Berlin ein Abzug von BU 3805. Abweichend von der Originalunterschrift des Imperial War Museums (IWM) in London kennzeichnete der Berliner Bildtext die Aufnahme als Darstellung des Inneren einer Zigeunerinnenbaracke in Bergen-Belsen. Weiter läßt sich über die Identität eines Teils der abgebildeten Frauen sicherstellen, daß auch die Aufnahmen BU 4861, 4862 und 4863 in derselben Baracke und mit denselben Personen aufgenommen worden sein müssen. Leider konnte das Archiv die Herkunft der abweichenden Bildunterschrift nicht zurückverfolgen. Vielleicht ließ sich den Aufnahmen irgendein verwertbarer Hinweis auf den Standort der Baracke entnehmen?

Die Bildauswertung von BU 3805 zeigt nun eindeutig, daß die Baracke in keinem der abgebildeten Merkmale dem von der Mehrzahl der Zeitzeugen beschriebenen Typ im Großen Frauenlager entspricht. Daher gibt es einige Zweifel an der Authentizität des Textes zu diesem Bild, wenn ich annehme, daß es sich um die Baracke aus dem Großen Frauenlager gehandelt hat: wie man unschwer erkennen kann, zeigt die Aufnahme nur auf der linken Barackenwand die zu erwartenden Fenster, während die rechte Wand eindeutig zu einem senkrecht verbretterten hölzernen Flur gehört; es ist sogar die zum Flur hinausführende Tür zu erkennen. Auch die linke Wand ist senkrecht verbrettert, nicht, wie bei dem zu erwartenden Typ, waagerecht. Das widerspricht der übereinstimmend abgegebenen Beschreibung aller Interviewten aus dem Großen Frauenlager, wonach sie sich in einem einzigen, großen Raum mit Fenstern zu beiden Seiten befunden hätten, und es außer ihnen und ihren Kindern keine weiteren Frauen in der Baracke gegeben habe. Wenn sich mehr als eine Frau sogar an den winzigen Raum mit den Wasserhähnen erinnert(12), hätte ein so dramatisches Verkehrshindernis wie ein — vermutlich permanent durch die Überzahl von Häftlingsfrauen verstopfter — Flur mit an Sicherheit grenzender Wahrscheinlichkeit sich der Erinnerung schmerzhaft eingeprägt. (13) Es ist aber durchaus möglich, daß sich die gezeigte Baracke im Kleinen Frauenlager befunden hat. Darauf läßt die senkrechte Verbretterung schließen. Oder um eine der vier abweichenden Baracken des Großen Frauenlagers. (213, 214, 215 und 217)

Aus dem Vorinterview Hasselmann wie auch aus allen übrigen Interviews mit Frauen aus dem Großen Frauenlager wissen wir zudem, daß in der Zigeunerinnenbaracke sich in größerer Zahl solche Frauen aufgehalten haben müssen, die kleinere Kinder bis 14 Jahren bei sich hatten, sei es als Söhne oder Töchter, seien es jüngere Brüder oder Schwestern, seien es als sonstige Verwandte; gelegentlich, so auch im Fall der Familie Schmidt, sorgten Sinti-Frauen für Kinder, mit denen sie nicht oder nur sehr entfernt verwandt gewesen sind. Auf BU 3805 sind aber ausschließlich Frauen ohne Kinder zu erkennen. Und endlich: kein Sinto, keine Sintiza, der wir das Bild gezeigt haben, hat auch nur eine der abgebildeten Frauen für eine Sintiza gehalten. Da sie in der Regel die Zughörigkeit einer Person zu ihren Leuten nach deren Körpersprache sehr gut einschätzen können, ist das ein beachtliches Argument. Sie werden auch dann nicht irre, wenn eine Sintiza unter Frauen aus Süd- und Osteuropa herauszufinden ist.

Aus den genannten Umständen dürfte das Foto eher den Charakter eines Demonstrationsbildes denn den eines historischen Dokumentes beanspruchen — das gilt nicht nur für dieses Foto aus der Serie des IWM. Allenfalls könnte das Foto eine Baracke des Kleinen Frauenlagers wiedergeben. Dagegen spricht, daß bisher keine deutsche Sintiza gesagt hat, es habe im Kleinen Frauenlager eine nur von ihren Leuten vollgestopfte Baracke gegeben.

Nach den Aussagen von Häftlingsärzten im Lüneburger Prozeß gegen Kramer und andere konnte ein nicht allzu geschwächter Häftling die Belsener Verhältnisse etwa eine Woche ertragen, ehe er selbst in Gefahr für Gesundheit, Leib oder Leben geriet. Die Frauen und Kinder im Großen Frauenlager waren diesen Verhältnissen aber deutlich länger ausgesetzt. Dementsprechend gab es zahlreiche Tote auch in der Baracke mit den Frauen und Kindern der Sinti:

Frau Winterstein: Die Baracke war strickenhagelvoll, war die Baracke. Also, da lagen so, so, so, überall also nebeneinander lagen die.
Herr Wagner: Ganz eng?
Frau Winterstein: Ganz eng. Und denn, wenn jemand gestorben ist, neben mir lag 'ne Frau mit die Mutter, war ein Mädchen von zwölf Jahren. Lag neben mir. Und auf einmal schreit die Mutter: 'Meine Tochter ist tot'! Nachts. Und da haben sie gesagt: 'Ja, lassen sie sie liegen, bis morgen früh!' Da lag das Mädchen tot neben mir, und morgens früh haben sie einfach vorn die Beine, und haben sie das Kind einfach rausgeschliffen.

Quantifizierende Angaben über die Sterblichkeit waren nach so langer Zeit nicht mehr zu erwarten, aber es ist immer noch deutlich, daß es viele gewesen sein müssen:

Herr Wagner: Wieviel lagen da raus vor jede?
Frau Winterstein: Ach, jeden Morgen 30, 40 Menschen, Kinder. Und wir sind so über die Toten gelaufen. Also, wir haben ja auch nicht mehr gedacht, daß wir rauskommen. Wir haben nur gewünscht, daß 'ne Bombe reinko..., fällt, daß wir erlöst sind, vor Hunger, vor, vor, vor ...

Aber es gab auch eine Geburt in der Baracke mit den deutschen Sinti-Frauen - das Kind hat die Verhältnisse seines Geburtsortes überlebt:

Herr Günther: Ja, und Sie haben ja im Vorgespräch erwähnt, daß hier in dieser Baracke sogar ein Kind geboren worden ist. Können Sie das einfach nochmal erzählen?
Frau Pranden: Das war ja das Kind. Das war ja Alarma.
Herr Günther: (verwundert) Alarma?
Frau Pranden: Die lebt aber, die ist hier!
Herr Günther: Oh ja. Das ist ein etwas seltsamer Name, Alarma.
Frau Pranden: Die ist beim Alarm geboren, und deshalb ist gesagt worden: 'Du heißt Alarma'. Und denn muß man denken, keine Windel, nichts, und denn mit Papier haben wir geleuchtet. Ich war doch dabei. Mit Papier angesteckt, mit Papier. Hat se so gebittet: 'Ich bin 'ne deutsche Frau'! hat se gesprochen, nich. Die wußte jetzt ja nich, was se sagt. Wegen ihre Tochter.
Herr Günther: Und wann ist diese Geburt gewesen?
Frau Pranden: Am 31. März gegen Abend, also, nachts. Also, vom 30. bis zum 31. ist sie nachts geboren.

Die Verhältnisse, unter denen Frauen und Kinder in der letzten Phase des Großen Frauenlagers leben und sterben mußten, kommen mit ihren einzelnen Elementen, wie Mangel an Wasser und Brot, den täglichen Schikanen, Mißhandlungen, Demütigungen, der Lebensgefahr, aber auch dem Einfallsreichtum, Mut und Unternehmungsgeist von Häftlingen in einer Schilderung von Frau Winterstein besonders anschaulich zusammen:

Herr Wagner: Warum haben sie Euch kein Wasser gegeben?
Frau Winterstein: Haben sie drei Tage Wasser abgesperrt, haben sie angeblich gesagt, der Wasser wär versucht durch Typhus. Aber die Küche, die SS-Männer, die hatten Wasser, ...
Herr Wagner: die hatten Wasser, ...
Frau Winterstein: die hatten Wasser, und meine Mutter, die ist krank geworden, hatte Typhus bekommen. Und wenn man Typhus hat, dann hat man nur immer Durst, Durst. Und gab kein Medikamente, gab nix, und denn hat meine Mutter, 'nur ein Tropfen Wasser'. Jetzt ging ich zu de Küche, und war da 'ne SS-Frau, die hat aufgepaßt, damit nur keine, - die haben so Tonnen gehabt mit Wasser -, damit nur keiner an die Tonne geht, und kein Wasser nehmen soll. Und ging ich bei ihr, hab gesagt, sie soll nur mir ein Tropfen Wasser geben, meine Mutter wäre schwerkrank und hat Typhus. Und hat sie gesagt zu mir, wenn ich nicht schnell genug weg bin, hat sie gesagt, dann läßt sie mich auspeitschen, die SS- Frau. Dann bin ich weggegangen, paar Schritten weiter, und dann bin ich stehengeblieben, und dann waren so viele Russenfrauen, Juden, also waren ein ganzer Haufen Mischlinge, (sich verbessernd) ganzer Haufen Häftlinge da, und wir standen alle, wo der Wasser denn rauskam mit die Tonne. Na ja, und die SS-Frau ging gerade rein, und dann sind wir alle über den Wasser her, und ich hab ein bißchen Wasser denn aufgenommen und ich konnte, weil kam der SS-Mann und hat geschossen.
Herr Wagner: hat geschossen?

Frau Winterstein: ja, hat geschossen ...
Herr Wagner: Hat in die Luft geschossen?
Frau Winterstein: J.., nee!
Herr Wagner: In die Menschen geschossen?
Frau Winterstein: Ja. Und da lag, hat er eine Polin getroffen, und eine Jüdin getroffen ...
Herr Wagner: Tot.
Frau Winterstein: Tot, neben der Wasser. Und ich konnte nicht weiter laufen; vielleicht, acht, zehn Schritte, ist mir, ist mir, ...
Herr Wagner: In die Knie ...
Frau Winterstein: ich dachte schon, ich hätte den Schuß ...
Herr Wagner: vor Angst, ...
Frau Winterstein: vor Angst, vor Angst in die Knie ...
Herr Wagner: haben die Knie geschlottert.
Frau Winterstein: Ich konnte nicht mehr laufen, ja. Und denn hab ich erst gewartet, weil ich erst mich erholt habe. Das Wasser hab ich versteckt, und bis er wieder reingegangen ist. Und dann kam ein anderer SS-Mann wieder raus, hat da wieder aufgepaßt und dann konnt ich erst laufen. Und dann haben die Frauen das gesehen, die Häftlinge, und haben sie mir *eine große Kette gebildet, verstehst Du. Wollten sie alle Wasser haben von mir, nur ein Tropfen für die Lippen.* 'Lieber Mann, *wenn de mich de ganze Welt gegeben hättest, wenn du mir noch so viel Brillanten, Diamanten gegeben hättest',* hätte ich gesagt, *'und wenn de mich alles gibst, ich gib kein Wasser her'! Weil bin ich bei meine Mutter gegangen, hab ihr das bißchen Wasser gegeben, hat sie nur die Lippen immer naß gemacht, meine Mutter, weil drei Tage kein Wasser da war. Die Menschen, die sind verbrannt innerlich, durch 'e Typhus, Fieber, alle lagen sie da, tot. War der Lager verseucht, unsere. Vor Hunger bin ich hingegangen,* (weinend) *hab ich meine Schwester gesagt: 'Komm, Schwester, nutzt uns nix, wir gehen Block vor Block',* hab ich gesagt, *'da sind so viele Juden, und so viele, wo nicht essen mehr können, sind typhuskrank, komm, ich singe, du tust tanzen'. Das Mädchen hat getanzt, mit ihrem Herzen hat sie gesagt, hat sie ..., 'Ach, liebe Schwester, ich kann nicht mehr tanzen, die Beine tun weh'! Und dann sind wir Block für Block gegangen und dann haben wir gesagt: 'Gibst uns bißchen Essen, denn ich singe, meine Schwester tanzt'. Und haben gesagt: 'Ja', weil sie nicht essen konnten, weil die typhuskrank waren. Da haben sie uns ein bißchen Essen gegeben. Ach. Und damit haben wir uns ernährt, weil gab es nix mehr, ahh.*
Und dann kam die SS-Frau und Sinti haben mich verraten, *und dann haben sie gesagt. 'Ja', kam sie rein, hat sie 'Aha' gesagt. 'Ja, ich habe gehört, hier sind zwei Zigeunerkinder, einer tanzt, einer singt, die sollen vortreten'. Und wie ich ihr gesehen hab, da war ich schon am Weinen.* Das war die ganz schlechte, die hat die Menschen schon vorher töten lassen, mit dem Mengele.
Herr Wagner: Wie hieß die?
Frau Winterstein: So eine Blonde, warte mal, wie heißt sie noch? *Mit so 'ne Innenrolle ...*
Herr Wagner: Irma Grese, ...
Frau Winterstein: So 'ne Weißhaarige, wie war immer bei Mengele, Dr. Mengele. *Und wie ich sie gesehen hab, da war ich schon am Weinen, und hab gedacht, jetzt ist das Letzte, weil das war ein Teufel in Gestalt, die hat überhaupt kein Herz gehabt, diese Frau, die ging über Leichen.*
Herr Wagner: Die hat geschlagen, die Frau?

Frau Winterstein: Wenn se, ging sie über den Lagerplatz, da hat sie so 'n Ochseziemer gehabt, ah. Und wenn sie dich gesehen hat von weitem, und wenn du da nicht still gestanden hast, und sie hat das gesehen, da kam sie, dann hat sie geschlagen mit der Ochseziemer, hat sie so geschlagen, im Gesicht, ist egal, wo sie kam, hat sie geschlagen. Und wenn das nicht war, dann hat sie zwei Kapos genommen, und hat sie gesagt, 'Unter de Stuhl durch'! Und dann, sie stand dabei, und dann mußten die mit dem Ochseziemer die Frauen schlagen, und dann immer über die Nieren, 25, mußten noch bei zählen, und wenn de, wenn de dich verzählt hast, mußt du wieder von vorne anfangen, ah, und da war keiner am Leben, da blieb keiner am Leben, da waren die Nieren durchblutet.
Herr Wagner: Abgestorben.
Frau Winterstein: Ah, Je. Und dann ja, dann hat sie uns genommen, und dann ging sie mit uns in so große Block rein, da war 'ne Jüdin gewesen, und da hat sie zu mir gesagt, ich soll singen, meine Schwester soll tanzen, und sie hat se sich die Jüdin geschnappt, und hat se mit getanzt. Je, ach! Mußte ich ganze Stunde zu ihr singen, (stöhnend) und sie hat getanzt. Und denn kam der SS-Mann, hat ihr rausgerufen, und dann hat die Jüdin gesagt: 'Geht, geht, geht ...' Und so kamen wir weg von ihr, so kamen wir weg.

Kramer hat in seinem Lüneburger Prozeß das Verdursten vieler Häftlinge — möglicherweise die häufigste einzelne Todesursache in der letzten Woche — mit dem Ausfall der Wasserpumpen in der Panzergrenadierschule der Wehrmacht zu rechtfertigen versucht. Die Distanz zwischen der Westgrenze des Großen Frauenlagers und dem kleinen Heidefluß Meiße betrug keine 500 Meter. Davon kann sich jeder Besucher der Gedenkstätte unschwer überzeugen. Der Sohn von Frau Winterstein, Titi, hat mit seinen Musikern im Leichenzug für Heinrich Böll entsprechend dem letzten Wunsch des Toten die Trauermusik gespielt.

Wenn in einer Zwischenbilanz die einzelnen Gruppen des Großen Frauenlagers(West) aufgelistet werden, ergeben sich folgende Schätzansätze:

Das Küchenpersonal des großen Frauenlagers bestand seit Anfang März 1945 zu einem nennenswerten Teil aus deutschen Zigeunerinnen. Genannt wurden 40 Personen.

Die eine Unterkunftsbaracke, möglicherweise 222, empfing noch am 1.4.1945 für ca. 500 Personen Essens-Rationen. Weitere Zigeunerinnen, unklar, ob deutsch oder ausländisch, waren in einer oder mehreren Baracken mit ausländischen Häftlingsfrauen, so auch Polinnen, untergebracht. Ich nehme eine Zahl von 100 an und gestehe, daß ich dafür keine überzeugenden Anhaltspunkte habe. Ich muß es nur für wahrscheinlich halten, daß in jeder der 16 Baracken sich im Schnitt 6 Zigeunerinnen aufgehalten haben. Möglicherweise waren einige Sinti-Frauen mit Kindern unter 15 Jahren notdürftig in selbstgebauten Zelten untergekommen. Für diese Teilgruppe eine Zahl zu schätzen, ist fast unmöglich. In dem einen, uns von Frau Laubinger berichteten Fall hat es sich um eine Gruppe von etwa 5 Personen gehandelt.

Die Untergrenze für dieses Teillager liegt bei etwa 700 Personen, Obergrenze bei 1200 Personen, berechnet als lebend in das Großen Frauenlagers (West) eingewiesen. Der obere Wert gilt dann, wenn es zukünftig möglich sein sollte, eine zweite, vollbelegte Baracke mit Standort im Großen Frauenlager (West) nachzuweisen. Die Schätzung der lebend befreiten Frauen und ihrer Kinder durch eine deutsche Sintiza: etwa 30 Teil-Familien. (14) Den Mengenaspekt für den Begriff „Familie" bei Sinti habe ich bereits für das Lutz-Interview erörtert. Gleichwohl dürfte diese Schätzung eher eine Untergrenze darstellen. Sie ist zudem durch den Umstand belastet, daß wir für Frau Laubinger die Haft im Großen Frauenlager (West) nur über das Merkmal „Zelt am Waldrand" annehmen können. Da ihre ältere Schwester aber auf Außenkommandos gearbeitet hat und durch Organisieren von Kartoffeln die jüngere Schwester über Wasser gehalten hat, ist gleichwahrscheinlich von einem Zeltstandort im Ostteil des Großen Frauenlagers auszugehen. Dort waren die arbeitsfähigen Frauen untergebracht.

4.5. Waisen der Sinti und Roma im Kinderlager

Innerhalb des Großen Frauenlagers gab es ein kleines Abteil, in dem ausschließlich Kinder untergebracht waren, die alle Angehörigen verloren hatten. Über seine Lage gibt es recht genaue Angaben in der Zeugenaussage von Glyn Hughes. Sie lassen es aussichtsreich erscheinen, die Lage dieses Abteils zu rekonstruieren. Hughes beschrieb zunächst eine besonders üble Baracke, die Nummer 208, im Großen Frauenlager (West). In ihrer Nähe, erklärte er dem Gericht, habe der auffällig große Stapel weiblicher Leichen gelegen. In der Aussage erklärte Hughes auf die Frage, ob es auch Kinder im oder nahe beim Großen Frauenlager gegeben habe:

There was a small compound of children who were in fairly good condition, and obviously the women internees had sacrificed themselves to look after them. The hospital compound in that area was very well run by the internee doctors — very well run."/(15)

Da war ein kleines Abteil mit Kindern, die in ziemlich guter Verfassung waren, und offensichtlich hatten sich die weiblichen Häftlinge in ihrer Pflege aufgeopfert. Die Krankenbaracke in dem Gebiet wurde von den Häftlingsärzten in sehr gutem Zustand gehalten — in sehr gutem Zustand.

Die Kinder, erklärte Hugehes weiter, hätten auf den erwähnten riesigen Leichenstapel in der Nähe der Baracke 208 freien Blick gehabt. Aus der Serie des IWM gibt es ein Bild, das wahrscheinlich Kinder dieses Lagerteils zeigt.(16)
Der irische Kinderarzt Robert Collis bringt im Anhang seines Buches ein Bild von drei Kindern; das mittlere von ihnen ist nach seiner Bildunterschrift ein Zigeunerkind aus dem Kinderhospital in Bergen-Belsen.(17) Danach wäre dieses Bild bisher das einzige, das mit Sicherheit ein Mitglied der Minderheit in Bergen-Belsen zeigt. Alle anderen Bilder sind zweifelhaft oder nachweislich falsch zugeschrieben. Das gilt namentlich für das weltberühmt gewordene Bild aus der BU-Serie, von dem der Begleittext (Sinti und Roma im ehemaligen KZ Bergen-Belsen am 27. Oktober 1979, Göttingen 1980, Seite 123) behauptet, es zeige einen befreiten Sinto. Herr Wagner und ich haben den jungen Mann gesucht, der laut genannter Veröffentlichung ausgesagt haben soll, das Bild stelle einen seiner Verwandten dar. Was der junge Mann dem Fotografen wirklich erklärt hat, dieser aber nicht hören wollte, war sinngemäß: 'Ich kenne das Bild' — also nicht: den Mann darauf. Und weiter: 'Mein Großvater hat es in seinem Wagen gefahren und uns immer erklärt: so haben wir bei der Befreiung ausgesehen.' Auf die Fragwürdigkeit einer anderen Zuschreibung bin ich bereits im Kontext mit der Frauenbaracke im Westteil des Großen Frauenlagers eingegangen. Neben den Kindern sind auf dem Bild BU 4233 Frauen zu sehen, möglicherweise solche, die sich in besonderer Weise um sie gekümmert haben. Weiter ist neben einer Baracke vom Giebeltür-Typ, wie er

generell im Großen Frauenlager verwendet wurde, deutlich der Wald zu erkennen, in dem sie gestanden hat, und die Stacheldrahtgrenze, die zwischen dem Frauen- und Kinderlager gezogen war; die Bäume sind so groß, daß sie vermutlich zum nördlichen Gebiet des Großen Frauenlagers gehört haben. Entweder war das Kinderlager also in einem einzigen, abgetrennten Block des Großen Frauenlagers (West) selbst, oder aber in den Blöcken 1-3 nordöstlich davon untergebracht, um die in der Skizze Singtons ein Viereck gezogen ist: seine Legende für ein compound. Die Lage des Leichenstapels wäre dann im Kernschußbereich eines Wachtturms der Nordgrenze zu vermuten, eventuell, um Häftlinge vom Essen des Leichenfleisches abzuschrecken.

Leider hat Hughes keine Zahlenangaben für das Kinderlager gemacht. Sie finden sich dagegen bei Collis. Der irische Kinderarzt nennt in seinem Buch (18) die Zahl von etwa fünfhundert Kindern. Sie stammten aus 9 verschiedenen Ländern und sprachen ebensoviele Sprachen. Das Alter der Kinder variierte von wenigen Tagen bis zu 16 Jahren. Ihre Zusammensetzung gab Collis auf folgende Weise an: zunächst teilte er die Gesamtheit in zwei Klassen, jüdische und nicht-jüdische Kinder. Unter den nicht- jüdischen Kindern, erklärte Collis,

the Russians and the gypsies formed the largest.(19)

stellten die Russen und die Zigeuner die Mehrheit.

Während Collis als Beispiele für die Gruppe der jüdischen Kinder nur zwei Untergruppen aufführt, die holländische und die italienische, nennt er bei den Zigeunerkindern 4 nationale Untergruppen: die rumänische, ungarische, tschechische und deutsche. Damit waren von den 9 verschiedenen Sprachen bereits sechs vergeben. Eine siebte und achte läßt sich aus dem Kontext des Buches erschließen, es war russisch und Slowakisch, letztere die Sprache der beiden von ihm adoptierten Geschwister, Eva und Laszlo Rainer, zwischen denen das erwähnte Zigeunerkind abgebildet ist. Die neunte Sprache war jiddisch. Vermutlich bildete die Untergruppe der holländischen Juden die größte in ihrer Klasse, und deshalb hat Collis sie angeführt. Sie umfaßte 65 Kinder. Bei sehr zurückhaltender Schätzung nehme ich die Zahl der Zigeunerkinder zwischen 50 und 100 an. Dazu muß ich nur für wahrscheinlich halten, daß in jeder der vier zigeunerischen Unterklassen sich 12 bis 25 Kinder befunden haben. Das ist umso wahrscheinlicher, als von den vier Unterklassen sich mit Ausnahme einer, der deutschen Sintikinder, die übrigen drei aus Kindern der Roma zusammengesetzt haben, die zahlenmäßig den weitaus größten Teil der europäischen Zigeuner stellen. Das Verhältnis zwischen beiden dürfte kleiner als eins zu zehn sein. Vermutlich ist die Anzahl der Zigeunerkinder in dem kleinen Lager tatsächlich noch höher gewesen als von mir geschätzt.

Collis hatte den Eindruck, daß die Zigeunerkinder weniger stark unter den Bedingungen der Konzentrationslagerhaft gelitten hatten, als die Kinder aller anderen Gruppen.

The gipsy children were different from all the others. The hardship, through which they had passed, seemed, as far as we could see, to have left their minds completely undisturbed. (20)

Die Zigeunerkinder waren anders als alle anderen. Die Entbehrungen, die sie erlitten hatten, schienen, soweit wir sehen konnten, ihr Gemüt vollkommen unberührt gelassen zu haben.

Weiter beobachtete er,

The gipsy children liked being fed, played with, petted, but they remained unattached and emotionally free. (21)

Die Zigeunerkinder liebten es, wenn wir sie fütterten, mit ihnen spielten oder sie liebkosten, aber sie blieben unabhängig und in ihren Gefühlen frei.

Sein Text macht deutlich, daß er das für ihn unerklärliche Verhalten der Zigeunerkinder immer wieder in Gedanken umkreist haben muß. So vermutete er,

... it seemed, as if their bodies were inhabited by elemental spirits related to those of the trees and the streams and the animal world, and that in consequence their minds were little troubled by ordinary human violence and brutality. (22)

... es schien, als ob ihre Leiber von Elementargeistern bewohnt seien, verwandt mit denen der Bäume und Flüsse und Tiere, und daß als Folge davon ihr Gemüt von der gewöhnlichen menschlichen Gewalt und Brutalität nur wenig belastet war.

Als Erklärung für den geringeren Grad der Wahrnehmung des Leidensdrucks nahm er an:

Perhaps it was that to the Gypsy world there was nothing particularly unusual in the Hitler order, that they were to be eliminated. Again and again in history states have attempted either to bring the gypsies in or to push them out; but the edicts were never successful, for some gypsies always escaped.(23)

Vielleicht, weil in der Zigeunerwelt der Befehl Hitlers, sie auszurotten, nichts besonders bemerkenswertes gewesen ist. Wieder und wieder in der Geschichte hatten Staaten versucht, die Zigeuner entweder ein- oder auszusperren; aber die Gesetze waren niemals erfolgreich, weil einige Zigeuner immer entkommen sind.

Man sieht, Collis stand noch voll im Bann des romantischen Zigeunerbildes. Eine, wie ich empfinde, nach Bergen-Belsen unmöglich gewordene Betrachtungsweise. Es spricht für Collis, daß er seine Vermutungen immer wieder als solche gekennzeichnet, und damit in ihrer Reichweite eingeschränkt hat. Wie zwei Frauen der Sinti das Große Frauenlager in Erinnerung haben, aus dem sie als Kinder von 11 und 13 Jahren befreit wurden, liest sich doch etwas anders:

Wir waren gedehmütigte Wesen, die stunden lang gerade stehen musten und sich alles gefallen lassen mussten, mit Angst im ganzen Körper. Ich schmiegte mich an meine Tante, um gegen Kälte und Schrecken Schutz zu suchen, da kam die SS und prügelte uns auseinander ... Als ich an der Küche herumkam, sah ich einen SS-Mann, wie er mit dem Gewehr Kolben auf eine Frau einschlug, bis sie sich nicht mehr rührte. Es lief ihr Blut aus dem Munde. Es war so schrecklich, das das Bild werde ich nie vergessen. An einem anderen Tage sah ich, das ein SS Mann auf ein kleines Mädchen schoss, weil sie eine Rübe genommen hat. Das Kind fiel auf die Straße und blutete. Dann kam die Mutter und holte das Kind in den Block, wo es dann starb. Die Mutter weinte und sagte: 'Lieber Gott, wenn du allmächtig bist, dann helfe uns und lasse das nicht zu. Die Mutter und das Kind lagen in unserer Baracke. Der Name von dem Kind war Morgenstern.(24)

Und ihre Schwester erklärte Herrn Wagner ihre Verfassung im Interview mit folgenden Worten:

Ja, ich meine, ich mach' das wegen Euch, weil Ihr ein Sinto seid, und ich weiß, das ist für 'ne gute Sache. Aber gerne tu ich's nicht. (Mit Blick auf ihre Schwester, deren Augen in Tränen standen) Sie ist auch ein bißchen denn, ne. Das ist so, da kann man nichts machen, und weil Ihr es seid, können wir uns so aufrechthalten. Bei Nichtzigeunern wär' ich schon auf achtzig, und denn (mit einer überdrehenden Bewegung an ihrem Kopf) 'Klick, Klick ...'(25)

Wie in jeder Verallgemeinerung ist auch in der von Collis ein Körnchen Wahrheit: soweit ich es beurteilen kann, liegt die Selbstmordrate bei Überlebenden der Sinti und Roma deutlich unter der aller anderen, bisher untersuchten Gruppen. Aber das hat weder etwas mit ihrer „Rasse" — Collis hat auch diesen fatalen Begriff in seinen Erklärungen bemüht — noch mit ihrem „heiteren Gemüt" als „Naturkindern" zu tun, sondern ist eine Leistung ihrer Familienverbände: wenn ein Mitglied in eine der häufigen seelischen Krisen gerät, in der die Überlebenden aus anderen Gruppen so häufig zugrunde gegangen sind, dann strömen bei den Sinti alle Familienmitglieder herbei und umringen das seelisch erkrankte Mitglied solange mit zusätzlicher Liebe, Zuwendung und Aufmerksamkeit, bis die Krise wieder einmal vorbei ist. Um mit Collis' Buchtitel zu reden: die Sinti und Roma folgen einem anderen „Ultimate Value" (Höchsten Wert) in ihrem Leben: dem der Solidarität ihres Familienverbandes. Und mit einer diesbezüglichen Feststellung von Collis möchte ich das Kinderlager verlassen:

They all seemed to have relations and friends both inside and outside the camp, and in the end not one of them remained in our hands. (26)

Sie alle schienen Verwandte und Freunde in- und außerhalb des Lagers zu haben, und zuletzt blieb nicht eines von ihnen in unserer Hand.

4.6. Frauen und Kinder im Großen Frauenlager Ost

In unserer bisherigen Interviewgruppe haben wir keine einzige überlebende Frau gefunden, von der ich mit Sicherheit sagen könnte, daß sie im östlichen Teil des Großen Frauenlagers inhaftiert gewesen ist.

Durch die von meinem englischen Kollegen David Smith vermittelte Aufzeichnung des ungarischen Sanskrit- und Romanesspezialisten Joszef Vekkerdi kann wenigstens für eine Teilfamilie ungarischer Roma (Horvath oder Nemeth) die Lagerhaft nachgewiesen werden. Der Bericht ist leider ohne jedes topografische Detail erzählt. Unmöglich zu sagen, in welchem Teillager sich die beschriebenen Ereignisse zugetragen haben mögen. Aber beide Familiennamen befinden sich auf der ungarischen Totenliste, die nach der Befreiung des Lagers durch die britischen Streitkräfte geführt worden ist. Und da auch C. Stojka wenigstens eine ungarische Zigeunerin in ihrem Abteil des Großen Frauenlagers erwähnt, und die ungarische Zigeunerin Kinder bei sich hatte, soll dieser kurze Bericht hier seine Stelle finden. Er hat in seinem auf Bergen-Belsen bezogenen Teil in meiner Übersetzung aus dem Englischen folgenden Wortlaut:

Von Dachau deportierten sie uns nach Bergen-Belsen. Dort gaben sie uns nichts zu essen, wir starben vor Hunger, wir aßen Brennnesseln. Sie schlugen uns. Wir blieben zwei Monate lang in diesem Folter-Lager. Sie gaben uns Steckrüben, für vier Personen ein Stück Steckrübe. Um drei Uhr nachts weckten sie uns, der verdammte Deutsche ließ uns auf der nackten Erde schlafen. Die ganze Nacht konnten wir nicht schlafen. Wenn eine von uns im großen Typhus starb, legten sie die Leiche drei Tage neben uns; wir mußten dort schlafen, wo unsere Tote gelegen hat. Drei Monate lang gaben sie uns kein Brot. Sie badeten uns und die kleinen Kinder in kaltem Wasser, im Winter, in kaltem Wasser. Zwei meiner Kinder sind dort gestorben.

Da war ein ungarischer Offizier. Er errettete uns vor dem Todeslager. Er fuhr mit dem Fahrrad den Engländern entgegen und forderte sie auf, unser Leben zu ret-

ten, denn unser Essen war vergiftet. Der Mann, der uns verbrannte, der uns tötete, kam am Sonnabend — nein, in der Nacht zum Sonntag und erzählte uns, er würde uns viel zu essen geben in der letzten Zeit: *"Kinder, Kinder, essen Fleisch, Milch!" (27)* Aber der ungarische Offizier rettete uns das Leben, er riet uns nicht zu essen. Als die Engländer ankamen, waren die Wege bedeckt mit Massen von Konserven, Brotlaiben, Keksen.
Sie legten Feuer an das Lager, an das Typhuslager.(28)
Der Name Horvath taucht auch in der Totenliste für die „Nation Gypsi" auf, dort wohl nach Gehör als „Chowat" geschrieben, mit dem Vorsatz „Baby". Auch in den beiden bei der Darstellung der Verhältnisse im Kleinen Frauenlager erwähnten Transportlisten kommt der Name Horwath oder Horvath mehrmals vor. Er scheint im Ungarischen so häufig zu sein wie Schulze, Meier oder Schmidt im Deutschen. Möglicherweise wurde auch Stojka selbst unter Horvath registriert, da ihr Vater diesen Namen trug. Ihr Bericht hat mir das größte Kopfzerbrechen gemacht. Wegen der mehrfachen, in ihrer Erzählung bedeutungsvollen Erwähnung eines Laubbaumes, ihres „Lebensspenders", hatte ich diesen umstandslos in eine Birke verwandelt, sie selbst nach erster Lektüre summarisch der Frauengruppe im westlichen Teil des Großen Frauenlagers zugeordnet, zumal sie auch durch das weitere Merkmal „Kind" bzw. „mit Kindern" in das Raster hineinzupassen schien. Der östliche Teil lag noch in tiefem Datennebel verborgen. Auch die von ihr erzählte „Vorgeschichte" zu Bergen-Belsen paßte widerspruchslos in den Rahmen der übrigen Erzählungen hinein: frühzeitige Verhaftung des Vaters und dessen Einweisung nach Dachau. Transport der restlichen Familie nach Auschwitz-Birkenau, nach der Vergasung der Mehrheit des Zigeunerlagers Trennung von den beiden Brüdern — seitdem betete die Mutter jeden Abend für ihre fernen Söhne — Einweisung in das Frauenlager Ravensbrück, dort durch eine Kette glücklicher Zufälle knapp der Sterilisation entkommen und anschließend irgendwann nach Weihnachten 1944, noch im tiefen Winter, Transport nach Bergen-Belsen. Erst bei der erneuten Prüfung aller Merkmale für die Niederschrift wurde mir klar, daß ab Einweisung Bergen-Belsen irgendetwas nicht stimmen konnte: keine der anderen Frauen hatte das Große Frauenlager (West) auch nur mit entfernter Ähnlichkeit so beschrieben, nichts paßte wirklich. Dagegen erschien das Lager in ihrer Beschreibung als

— entwaldet bis auf einen einzigen Laubbaum
— von viereckigem Grundriss
— vier Wachtürme in Sicht von jedem Standpunkt im Lagerteil
— keine Latrine im Lager
— keine Waschmöglichkeit im Lager
— mit nur wenigen Baracken bestanden
— keine Erwähnung einer Küche im Lagerteil
— keine Erwähnung eines Wasserreservoirs
— keine Fenster in der Baracke
— Kantine der Waffen-SS in Hörweite vom Lager
— nur wenige Sinti-Frauen mit ihren Kindern
— darunter eine ungarische Roma
— kein Kontakt zu Männern in einem benachbarten Teillager

Da sie zum Zeitpunkt der Befreiung bereits 12 Jahre alt gewesen war, konnte ich das nicht mit ihrem geringen Lebensalter erklären. Erneut stand ich vor dem Verdikt Platons: alle Dichter lügen. Denn daß der Text von Stojka es auch literarisch in sich hat, war offenkundig. Und schließlich: erwähnte Stojka nicht selbst ihre hochverehrte Frau Großmutter als Meisterin im Erzählen hochspannender Phantasiegeschichten?

Meine Großmutter war eine große Romantikerin, sie hat wunderbar Geschichten erzählen können. Aber sie hat halt solche Geschichten erzählt, die meistens nicht wahr waren. Das weiß ich heute. Früher, wie ich ein Kind war, hab ich geglaubt, das stimmt alles so. Später erst bin ich draufgekommen, wie uns die Großmutter damit richtig in Schwung gehalten hat. (29)

Auch bei mir fiel der Groschen sehr spät: dieses Mädchen war mit seiner Mutter nicht, wie alle übrigen Frauen und Kinder bisher, westlich der Straße Hörsten-Walle gefangen gewesen, sondern im östlichen Lagerteil: ein Blick auf Singtons Skizze zeigt, daß alle von Stojka angegebenen topografischen Merkmale dort auf den Barackenkomplex 196 – 205 genauso zutreffen, wie sie im Westteil unzutreffend waren. Und um eben diesen Komplex hatte Singtom einen geschlossenen Strich in Form eines fast reinen Vierecks gezogen: das hieß Teillager, oder in den englischen Texten: compound. Als Form aktiver Wiedergutmachung werde ich diesen Lagerteil (Barackenkomplex 196-205) im folgenden das Stojka-Lager nennen. Nur ein einziges Element konnte ich zunächst nicht interpretieren: Stojka gab an, ihre Baracke habe keine Fenster besessen. Erst durch das Interview mit Frau Hasselmann, wie Stojka selbst auch eine Frau der Roma aus dem Burgenland, wurde der Sinn klar: die Fenster in den Baracken beider Frauen besaßen keine Fensterscheiben mehr. Da die eine Frau im Kleinen, und die andere im Großen Frauenlager inhaftiert war, wirft diese Nebenbemerkung in ihren Aussagen ein bezeichnendes Licht auf den allgemeinen Zustand des Hauptlagers in allen seinen Teilen. In Stojkas Bericht beginnt die Abweichung vom Normalfall bereits beim Transport aus Ravensbrück: alle übrigen Frauen und Kinder wurden mit der Reichsbahn transportiert, die Teilfamilie Stojkas kam auf zwei Lastwagen nach Bergen-Belsen, und zwar illegal, auf Initiative ihrer Blockältesten, einer als kriminell klassifizierten Deutschen, der „Tante Ria". Sie hatte verfolgt, wie die Mutter Stojkas mit einer SS-Aufseherin, der Oberscharführerin Rabl, während eines Appells im tiefen Winter in Konflikt geraten war:

Die Oberscharführerin Rabl ging gerade an uns vorbei und zählte uns immer. Als sie wieder zurückkam, sagte Mama zu ihr: 'Bitte, das Kind hat keine Schuhe an.' Doch sie kam nicht weiter zu Wort, die SS-Frau Rabl packte meine Mutter an den Haaren. Doch meine Mutter packte sie an ihrem Gürtel, ihre Mütze flog auf und davon. Die Frau Rabl notierte sich Mamas Nummer. Tante Ria kam so schnell sie konnte und brachte mir eine alte Decke unter meine Füße. Mama lachte und sagte: "Es ist ja schon alles ganz egal, ob heute oder morgen. (30)

Die Situation ist mit großer Feinheit erzählt: die Mutter spricht Deutsch, nicht, wie in der Binnenkommunikation gewohnt, Romanes. Außerhalb ihres Berichts, in einem angefügten Interview mit Karin Berger, hat Stojka erklärt, wann in ihrer Familie eine der beiden Sprachen benutzt wurde:

Bin ich sehr gut gelaunt zu Hause und verspür ein gutes Gefühl der Familie gegenüber, dann geb ich ihnen lieb das Romanes, und sie empfangen es und geben es lieb wieder zurück. Bin ich böse, wird natürlich Deutsch gesprochen. Also: 'Du bist mir eine! Oder: 'War das Notwendig!' Aber es wird genauso verwendet wie Romanes, wir lassen keine verkümmern, weder die eine noch die andere (31)

Für jeden Alt-Konzentrationär — und damit auch für ihre Nenn- Tante Ria, war klar: die Mutter — und damit ihre Kinder — hatten in Ravensbrück eine zuverlässige und mächtige Todfeindin gefunden.

Es vergingen ein paar Tage. Tante Ria brachte mir eine Rechenaufgabe und eine Schreibaufgabe, denn sie wußte, daß ich nicht lesen und schreiben konnte. (Aber ich konnte nicht mehr lernen, ich mußte immer an die SS-Frau Rabl denken, die so böse war.) Kurz darauf geschah etwas eigenartiges: Sehr früh am Morgen kam Tante Ria und sagte zu uns: 'Kinder, es sind zwei Lastautos in unserem Lager. Sie stehen ganz vorne und suchen Arbeitskräfte für ein anderes Lager. Das ist eure letzte Chance. Die SS-Frauen sind gerade nicht da, nun lauft um euer Leben. (32)

Das haben sie denn auch getan. Die Gruppe, drei Frauen und ihre 5 Kinder, wurde mit den übrigen Häftlingen, etwa 100 Personen, nach einer langen Fahrt auf einem Waldweg ausgeladen und mußte den Rest des Weges zu Fuß marschieren.

Wir kamen in das Lager Bergen-Belsen, es lag mitten in einem großen Wald. Wir marschierten durch ein Gittertor. Der erste Anblick war erschütternd. Gleich hinter dem Tor lagen ein paar Tote, der Brustkorb war ihnen aufgeschlitzt, Herz und Leber fehlten ihnen. Mama sagte: 'Na da ra, murie scheej! Keine Angst, mein Kind! (33)

Die ersten Fälle von Kannibalismus in den Männerlagern Bergen- Belsens sind laut „Lagerchronik" für den 6.4.1945 bezeugt; dem Lagerbüro wurden an diesem Tag 14 Fälle gemeldet. Das ist ein viel zu später Zeitpunkt. Bei Küstermeier heißt es dazu:

Ich entsinne mich noch gut eines Tages gegen Ende Februar 1945, als ich zum ersten Male von Leuten hörte, die Leichenfleisch gegessen hatten. Einigen Leichen fehlten Lungen, Herz und Leber. (34)

Frühestens für diesen Zeitpunkt und unter diesen Vorzeichen ist die Ankunft von Stojka in Bergen-Belsen anzunehmen. Bei wiederholter Durchsicht der übrigen Interviews fand ich eine Bestätigung bei einer anderen Sintiza. Sie beschreibt in der folgenden Passage den Einmarsch ihres Transportes aus Mauthausen in das Lager:

Frau Schmidt: Hör mal, ich möcht mal eins wissen, Bernhard, wie wir jetzt reinmarschiert sind, nich, so sind wir reinmarschiert, (sie macht es vor), jetzt war rechts ein Lager, das wußte ich, aber hoch der Draht. Der war nicht elektrisch.
Herr Schmidt: (im Spaß) Da waren wir drin.
Frau Schmidt: Paß auf, da steht am Draht die Name1 und die Name2 ihre Mutter, und da ruft die Name2 ihre Mutter auf meine Mutter: Name1! Weißt du nicht, wo die Name2 ist?' Hat meine Mutter gesagt: 'Nein, die ist nicht bei uns!' Andern Tag, waren die alle beide tot.
Herr Schmidt: Die Name2? Ach, ihre Mutter, die Name3, nich?
Frau Schmidt: Aber kerngesund am Draht gestanden. Haben die vielleicht gedacht, die haben uns was rübergerufen, oder was. Haben sie alle beide (totgemacht?).

Mit Singstons Skizze in der Hand ist klar, daß hier nur das Stojka-Lager in Betracht kommen kann. Allenfalls wäre noch an den eingezäunten Komplex östlich davon, mit den Baracken 308-312 zu denken. Dagegen spricht, daß dieser compound zu weit zurückgesetzt war, um in der erforderlichen Nähe von einmar-

75

schierenden Häftlingen berührt zu werden. Selbst wenn man unterstellt, es habe nur ein einziges, mit Stacheldraht bespanntes Eingangstor in den Häftlingsteil des Lagers gegeben — wie von Sington angegeben — mußte ein solcher Transport spätestens an der Kreuzung zum ehemaligen Weg nach Hörsten rechts abbiegen, und sah dann, wieder rechter Hand, das Stojka-Lager liegen. Allerdings in einer solchen Entfernung, daß sich die beschriebene Szene nur dann abgespielt haben könnte, wenn Singtons Grenzziehung für den Westteil des Stojka-Lagers falsch wäre; aber die Beschreibung von Stojka bestätigt sie bisher in allen Punkten. Viel wahrscheinlicher ist daher die Annahme, daß zur Zeit der großen Transporte — und in der spielt die beschriebene Szene — auch Nebentore, etwa am Ende des nördlich parallel zur Hauptlagerstraße verlaufenden Weges südlich des Großen Frauenlagers benutzt worden sind. Frau Schmidt etwa hat erst viel später erfahren, daß es im Gesamtlager außer Frauen und Kindern auch Männer gegeben hat.

Herr Schmidt: Wir haben überhaupt keine Frau und keine Kinder zu sehen gekriegt. (Sie waren ja auch im Kasernenlager)
Herr Seeger: Wir nicht. Waren da überhaupt Kinder?
Frau Schmidt: Ja, natürlich waren da Kinder. Wir haben ja auch keine Männer zu sehen gekriegt. Wer der erste Mann bei uns ins Lager war, das war der Geigenspieler, wie heißt der?
Herr Schmidt: (ratend) Der Name1.
Frau Schmidt: (abwehrend) Och! Name2.

Unwahrscheinlich, wenn ihr Transport auf der Hauptlagerstraße, und damit über 100 Meter am Innenzaun des HLI und des HLII vorbeigeführt worden wäre. Auch die Eintragungen im Tagebuch von Levy-Haas erwähnen keine Transporte von Frauen mit Kindern auf der Hauptlagerstraße. Eine Szene in der Erzählung von Stojka spricht für die wenigstens gelegentliche Benutzung solcher Nebentore — was ihre Existenz voraussetzt:

Wir waren alle vor der Baracke, und es war ein hungriger Tag. Plötzlich sah man, daß zwischen den Totenhaufen von vielen Menschen ein großer Leiterwagen mit Rüben gezogen wurde. Die SS-Soldaten gingen nebenher und paßten auf, daß die Rüben an Ort und Stelle gebracht wurden. Es war schon ziemlich dunkel. Mama sagte zu mir: 'Geh zu Tante Chiwe und komme mir ja nicht nach. Und komme sofort wieder.' Sie sagte der Chiwe was ins Ohr, packte ihre Decke und warf sie sich über den Kopf. Sie schliff die Decke auf dem Fußboden, ich konnte ihre Füße nicht sehen. Dann war sie weg. Ich hatte sehr große Angst um meine Mama. Es war alles ganz dunkel. Man hörte nur die SS schreien. Es ging alles sehr rasch. Meine Mama packte eine große Steckrübe, aber ein SS-Mann hatte sie gesehen und schlug ihr auf die Hand. Aber sie ließ die Rübe nicht fallen. Beim Zurücklaufen hatte sie die Decke an den Brustkorb gepreßt. Sie sagte: 'Keine Angst, mein Kind, es war nicht umsonst, ich habe sie.' Ich sah die Hand meiner Mutter, sie war ganz blutunterlaufen. (35)

Das ist nicht nur gut erzählt, sondern auch präzise beschrieben: durch das Stojka-Lager führte ein Weg, und er verlief parallel zur Nebenlagerstraße. An beiden Enden dieses Weges lagen Küchengebäude: Cookhouse 3 am westlichen, und Cookhouse 4 am östlichen Ende. Da die Rübenvorräte aber wahrscheinlich über die Straße Winsen-Belsen herangeführt wurden, ging der Transport vermutlich von Osten nach Westen durch das Stojka-Lager, und da die Küche — entweder exW.B.3 oder exW.B.4 — nicht zu ihrem Lager gehörte, konnte Stojka auch nur allgemein von „an ihren Ort bringen" berichten. War also die Haupt- oder Nebenstraße blockiert — etwa durch Häftlingstransporte — dann konnte die Waffen-SS schon mal versuchen, durch eines der Nebentore und auf einem sonst nicht benutzten Nebenweg Rüben zu transportieren. Die schlechten Erfahrungen, die sie dabei mit unternehmungslustigen Häftlingsfrauen gemacht haben, erklären hinreichend, warum solche Versuche nicht wiederholt worden sind. Immerhin spielt die kleine Szene zu einer Zeit, wo nach Küstermeiers Einschätzung die Waffen-SS ihre Kontrolle über das Lagerinnere zu verlieren begann.

Wir haben einmal die schwarze Tour absolviert, und sind an der Stelle des Lagers angekommen, in das seinerzeit Herr Weiß, unterstützt von seinem Leidensgefährten Herrn Lutz, seine „Krabbelerei" unternommen, und dabei seine Mutter und zwei seiner Schwestern in einer Baracke mit Frauen und Jugendlichen und Kindern der Sinti wiedergefunden hatte. Es wird also Zeit, die Bilanz des Rundgangs zu ziehen.

4.7. Zwischenergebnis: Frauen und Kinder der Sinti und Roma

Die Schätzung der Zahlen für das Große Frauenlager insgesamt setzt sich aus drei Größen zusammen: der Zahl im Westteil, der für das Kinderlager und der Zahl für den Ostteil.

Tabellarisch:
— GFL (West) 700   — 1200 Frauen und Kinder
— GFL (Kinder) 50   — 100 Kinder und Jugendliche
— GFL (Ost) 500   — 600 Frauen und Kinder
                      _____
                      1250 — 1900 Frauen Kinder und Jugendliche

— KFL 400   — 600 Frauen
— HL0-II 500   — 700 Männer

Sinti und Roma 2150 — 3200 Menschen insgesamt für das Hauptlager.

Dabei sind alle Annahmen nicht nur mehrfach durch Zeugenaussagen von Überlebenden, sondern auch durch Lagerlisten gestützt. Bisher macht nur die Annahme für den Teil der Frauen und Kinder eine Ausnahme, die aus Ravensbrück direkt in das Hauptlager von Bergen-Belsen deportiert worden sind. Für sie steht eine Erhärtung ihrer Angaben aus Lager- oder Transportlisten noch aus.

Wichtiger als die Zahlenangabe im einzelnen ist die Erinnerung daran, wie sie zustandekam: wenn auch nur eine einzige Baracke zuviel — oder zuwenig — identifiziert wurde, verändert sich der Zahlenspiegel jeweils um etwa 500 Personen nach oben oder nach unten. Nicht nur die Menschen wurden in Bergen-Belsen verbrannt, sondern auch die Nachricht über sie. Jedes Bild, das erhaltenblieb oder wiederhergestellt wird, hat deshalb notwendig ein grobes Korn.

Verzeichnis der Kapitelnoten

1. Unterlage aus dem Haftentschädigungsverfahren für Frau Franz und ihren Sohn Christian. Für diesen Transport gibt es eine Kopie der Lagerliste Mauthausen mit Standort in der Niedersächsischen Landeszentrale für Politische Bildung. Da sich die Namen auch solcher Zeitzeuginnen nicht auf dieser Liste befinden, für die wir ITS-Daten besitzen, handelt es sich wahrscheinlich nur um eine Teilliste. Der Transport umfaßte etwa 600 Menschen, von denen ungefähr die Hälfte als Zigeuner klassifiziert worden sind. Unter den transportierten Häftlingen haben sich zahlreiche Kinder befunden.
2. Planzeichnung für das Heeres Neubau-Material- und Arbeiterlager
3. Singtons Block 48.
4. Siehe topografischer Exkurs zum GFL.
5. Trial of Josef Kramer etc, Seite 551
6. a.a. O., Seite 344.
7. Trial of Josef Kramer etc, u. a. Seiten 295, 378, 390.
8. Die Tante war schon 14 Tage vor ihr im Lager eingetroffen, vermutlich direkt aus Ravensbrück.
9. Untersturmführer bei der Waffen-SS entsprach dem Rang eines Unteroffiziers der Wehrmacht. Beleg a.a.O., Seite 677.
10. Interview mit Frau Franz.
11. Interview Pranden.
12. Dieser kleine Raum hat sich vermutlich an der Giebelseite als kleines, hochgesetztes Fenster abgezeichnet, wie dies BU4276 zeigt.
13. Vergleiche die Mitteilung Singtons über einen solchen verstopften Flur, a.a. O., Seite 164. Die beschriebene Situation dürfte sich auf BU4864 dargestellt finden.
14. Interview mit Frau Laubinger.
15. Trial of Josef Kramer etc, Seite 32f.
16. BU4233. Nach Einschätzung der Sinti gehört keines der darauf abgebildeten Kinder in eine ihrer Familien.
17. Robert Collis, The Ultimate Value, Abbildung 3, ohne Paginierung.
18. Collis, The Ultimate Value.
19. a.a. O., Seite 2 f.
20. a.a. O., Seite 3.
21. a.a. O., Seite 4.
22. a.a. O., Seite 4.
23. a.a. O., Seite 3.
24. Eigenhändige Niederschrift von Frau Freiermuth, vollständiger Text im Anhang, Dokument Nummer 5
25. Interview mit Frau Spak und Frau Freiermuth.
26. a.a. O., Seite 3.
27. im Original deutsch gesprochen. Vergleiche den vollständigen Text im Anhang, Dokument Nummer 14.
28. im Original Romanes, wlachischer Kalderasch-Dialekt, gesprochen. Von Joszef Vekkerdi so aufgezeichnet und transkribiert, ins Englische übertragen und von meinem Kollegen David Smith für diese Veröffentlichung zur Verfügung gestellt. Unveröffentlichtes Typoskript.
29. Stojka, Wir leben im Verborgenen, Seite 113 f.
30. a.a.O., Seite 53.
31. a.a.O.,Seite 116.
32. a.a.O., Seite 54.
33. a.a. O., Seite 56.
34. Küstermeier in Sington, Seite 94.
35. a.a.O., Seite 63f.

5.0. Sinti und Roma im Nebenlager Bergen-Belsens

Man sollte meinen, daß die Geschichte des Nebenlagers in Bergen-Belsen besser bekannt ist, als die des Hauptlagers. Es hatte kaum zwei Wochen existiert, und die Gebäude hatten danach jahrelang unter britischer Verwaltung als DP-Camp gedient, ehe sie wieder in eine Kaserne des Truppenübungsplatzes zurückverwandelt worden sind. Das läßt Dokumente in Hülle und Fülle erwarten — wenn sich in 5 Jahren die Archive der Briten öffnen werden. Zur Zeit ist das Nebenlager ein noch dunklerer Fleck auf der historischen Karte als das verbrannte Hauptlager selbst. Auch die Revision des Dokumentenhauses in Bergen-Belsen aus Anlaß der 45. Wiederkehr der Befreiung von Haupt- und Nebenlager hat offensichtlich nichts daran geändert. In der Ausstellung fehlt das Nebenlager vollständig. Fast scheint über das Nebenlager nur sowenig bekannt zu sein, wie im Lüneburger Prozeß an das Licht gekommen ist — und gelegentlich ist auch dies bißchen wieder verschütt gegangen.

5.1 Zur Topografie des Nebenlagers in den Belsener Kasernen

Bisher hat es niemand in der Literatur unternommen, auch nur in Skizze eine Topografie des Nebenlagers zu schreiben; sie ist so nebelhaft wie seine Geschichte selbst. Daher geht es hier nicht so sehr um eine Kritik am Stand der Forschung, sondern um einen Anfang. Die folgenden Überlegungen können nicht mehr sein, als einige vermischte Notizen zur Topografie dieses scheinbar in einer Nato-Kasernenanlage spurlos aufgelösten Konzentrationslagers. Anders als beim Hauptlager blieben selbst die unterirdischen Früchte seiner Wirksamkeit verborgen. Erst im Jahre 1982 wurde ein Masssengrab auf seinem Gelände entdeckt. Zwischen den Skeletten fand sich Lagergeld des KZ Mittelbau.(1) Aus diesem Lager stammte die Mehrzahl aller Evakuierungstransporte in das Nebenlager. Für die Rekonstruktion stütze ich mich auf folgende Unterlagen

— die topografische Karte von 1942
— die geheime Zielkarte des Truppenübungsplatzes von 1942
— die reichsdeutsche Karte der Kasernenanlage in Belsen
— Britische Ausschnitte daraus mit eingetragenen Lagergrenzen
— die Britische Luftaufnahmen vom 17. September 1944
— Amerikanische Luftaufnahmen von 1945/46

Diese Unterlagen werden verglichen mit Angaben aus den Interviews mit

— Herrn Böhmer
— Herrn Bamberger
— Herrn Rosenberg
— Herrn Schmidt
— Herrn Seeger
— Herrn Clemens
— Herrn Müller
— Herrn Fischer und
— Herrn Lutz

Für die Zwecke dieser Untersuchung geht es zunächst darum, die Bedeutung eines neuen Hohlmaßes für Menschen zu klären: wieviele von ihnen machen eine „Kasernevoll"? Denn nach diesem Maß, scheint es, haben unsere Zeugen die Zahl ihrer überlebenden Leute eingeschätzt, und auch uns wird im Angesicht verbrannter Asche aus allen reichsdeutschen Unterlagen nichts anderes übrigbleiben, als ihnen dabei zu folgen.

Auf einem britischen Foto (2) ist ein solcher Kasernenblock mit dem Kürzel MB90 — für Mannschaftsblock 90 — in Vorderansicht abgebildet. Ich werde noch zeigen, daß er mit Sicherheit Teil des Nebenlagers und typisch für alle anderen gewesen ist. Die Aufnahme zeigt fast die vollständige Fassade des Bauwerkes: in einer Längsfront sind genau 20 Fenster zu erkennen, die nicht zum zentralen Treppenhaus gehören, jewails 10 auf einer Flurebene. Über die Belegung solcher Bauten heißt es in meinem Brockhaus von 1955:

Man bringt heute die Mannschaften und Unteroffiziere in 2- 3geschossigen Häusern mit Mittelgang unter, wobei auf eine Raumeinheit von 3,50x5.00 m vier Mannschafts- oder zwei Unteroffiziersbetten kommen.(3)

Daß auch schon die Belsener Kasernen — Sington hat die Modernität der gesamten Anlage fachmännisch gewürdigt — nach diesem Muster angelegt waren, zeigt ein weiteres Foto,(4) auf dem die Stirnseite jeweils mit dem Fenster zur Belichtung eines Mittelganges zu erkennen ist. Wenn man unterstellt, daß ein solches Raummodul jeweils durch eines der abgebildeten Fenster belichtet und belüftet wurde, dann macht das 4 mal 40 = 160 Soldaten, die Standesunterschiede einmal kleingeschrieben. Nach deren Berücksichtigung ergibt das den Wehrmachtsstandard von etwa 150 Soldaten einer Kompanie. Im Belsen Trial wurde von beiden Prozeßparteien eine vierfache Überbelegung der Blöcke im Nebenlager behauptet oder eingeräumt. Dadurch stellt sich unser neues Hohlmaß „Kasernevoll (reichsdeutsch)" zu 600 Häftlingen.(5)

Ich bekam eine erste Vorstellung von der Lage des Nebenlagers innerhalb des Kasernenkomplexes durch einen Irrtum von Herrn Böhmer: noch bevor ich ihn in die Sington-Skizze einweisen konnte, machte er sich mit großer Geläufigkeit daran, sein damaliges Lager in den Kasernenblocks auf der Sington-Skizze des Hauptlagers zu identifizieren. Das ging natürlich nicht — und der alte Herr hat das in beachtlich kurzer Zeit gemerkt: vom Eingang im SS-Lager hatte er sich zügig zum Barackenkomplex 203-205 und 196-201 auf der südlich daran vorbeiführenden Lagerstraße vorgearbeitet und diese Konfiguration von Blöcken und einer davorliegenden Straße bestätigt, in der Annahme, es handle sich bei den Baracken um steinerne Kasernen. Auch ich ging zu dem Zeitpunkt noch von der Annahme aus, in Herrn Böhmer den ersten, langgesuchten Zeugen für das Häftlingslager I oder II gefunden zu haben. Diese Konfiguration von Blöcken längs und quer zueinander einerseits wie beider zu einer davorliegenden Straße andererseits mußte es also auch im Nebenlager geben. Es heißt in der aufgezeichneten Passage:

Herr Günther: Herr Böhmer, ich habe Ihnen hier aus dem Buch von dem englischen Offizier den Plan des Lagers Bergen-Belsen mitgebracht.
Herr Böhmer: (sich über den Plan beugend) Hier sind die Baracken, hier war'n wir drin. Kommen Sie, ich muß Ihnen das mal zeigen. Es war die ungarische SS. Also, wenn hier die Lagerstraße, hier war der Haupteingang, da war hier der Weg (auf den Weg südlich von 196-201 deutend), das müßte, (stutzend, nach einer Pause):

Wo sind die Steine..., die Steinhäuser?
Herr Günther: Die Kasernen?
Herr Böhmer (bestätigend): Die Kasernen. Da waren wir drinne. Wo waren die?

Und nach einigen Sätzen über den Sington-Plan sagte er weiter:

Herr Böhmer: Also, wo die Steine..., SS-Kasernen waren, ...
Herr Günther: ja, ...
Herr Böhmer: das waren die Steinhäuser, ein Stockwerk hoch. Da waren wir drinne. Und auf die Seite, wo der Appellplatz war, (südlich des Lagerweges suchend) den seh' ich nicht, den Appellplatz ...

Damit war klar: neben den Steinbauten der Kasernen fehlte noch etwas auf dem Plan, was in der topografischen Realität des Nebenlagers vorhanden gewesen sein mußte: ein Appellplatz. Und es war offenkundig, daß dieser Mann Skizzen nicht nur mit beachtlichem Tempo, sondern auch kritisch lesen konnte; er hatte eben eine Probe davon gegeben. Ich war garnicht so schnell hinterhergekommen. Zu diesem Zeitpunkt wußte ich noch nicht, daß Herr Böhmer in Auschwitz-Birkenau Schreiber auf der Bekleidungskammer gewesen war: er gehörte zu den schriftgelehrten Männern unter seinen Leuten. Wieder einige Sätze weiter gab er neue Einzelheiten bekannt:

Herr Böhmer: Und hier, sehen Sie hier, ich nehme an, das sind diese beiden, wenn wir in Lager reinkamen, war rechts unser (Block. W.G.), und denn in der Mitte war, also, wenn hier die Häuser waren, für die Häftlings..., dann war ungefähr hier der Appellplatz, der war in de Mitte, da war ein Fahnenmast direkt in der Mitte, (schweigt und sucht auf der Sington-Skizze) ...
Herr Günther: Und den finden Sie hier nicht wieder?
Herr Böhmer: Den find ich hier nicht wieder, ... Den Fahnenplatz. Also so, kann ich sagen, (mit Nachdruck) das stimmt nicht.

Von dem Zeitpunkt an besaß ich einen topografischen Anker: eben in dieser Konfiguration. Leider verfügte ich noch nicht über die Originalabzüge der Luftaufnahmen des Kasernenlagers vom 17. September 1944. Aber ich hatte eine sehr grobkörnige Fotokopie eines Ausschnittes aus einer amerikanischen Luftaufnahme des Kasernengeländes von 1945 in starker Vergrößerung bei mir: der Ausschnitt zeigte ebendie Konfiguration, die Herr Böhmer beschrieben hatte. Was das erstaunlichste war: mitten auf dem riesigen Appellplatz war stark verschwommen etwas zu sehen, das der Schattenwurf von einem großen Fahnenmast und seiner Fahne sein konnte ... Beim Vergleich dieses Ankers mit dem Kartenbild der Kasernenanlage von 1942 ergab sich, daß der beschriebene Ausschnitt im äußersten Süden der Kasernen lag. Und nach einigen Monaten wußte ich aus anderer Quelle: dort hat er tatsächlich gelegen.

5.2. Die Grenzen des Nebenlagers

In den Verhandlungen von Kramer mit dem Wehrmachtsbefehlshaber des Truppenübungsplatzes Bergen-Belsen, dem General-Leutnant Boyneburg, und von seinem Stellvertreter Hößler mit Oberst Harries, dem Kommandanten der Kasernenanlage, wurde der Waffen-SS ein Teil des Gebäudekomplexes abgetreten. Weder Kramer noch sein Untergebener Hößler, weder die Anklage noch die Verteidigung im Lüneburger Kriegsverbrecherprozeß haben es für notwendig gehalten, diesen Teil der Kasernenanlage zu beschreiben.

Unter den Archivalien des Public Record Office, London, gibt es einen Lageplan der gesamten Kasernenanlage aus reichsdeutscher Zeit, leider ohne Jahresangabe.(6) Aus der Überschrift ergibt sich, daß die Anlage darauf berechnet war, einer Division den Übungsbetrieb zu ermöglichen. Das waren nach Wehrmachtstandard bis zu 20 000 Soldaten. In die Mannschaftsblöcke selbst paßten nach dem mitgeteilten Maß etwa 13 000 Soldaten. Mit Hilfe des Planes läßt sich die Topografie des Nebenlagers ziemlich genau rekonstruieren.

Kolb geht davon aus, daß Camp 2 und das Nebenlager als identische Begriffe betrachtet werden können, weil mit ihnen dasselbe Ding gemeint worden sei.(7) In einer von den Briten angefertigten Teilkopie sind die Grenzen eines dem Camp 2 unmittelbar benachbarten Lagers, des Camp No 5, eingetragen, und dessen Südgrenze verlief auf der Mittellinie der ehemaligen Adolf-Hitler-Straße. Da auf derselben Kopie des Planes Camp 2 als unmittelbar südlich angrenzend eingezeichnet ist, kann am Verlauf dieser Grenze eigentlich kein Zweifel bestehen. Und doch rechnet sich eine solche Nordgrenze nicht: das Nebenlager sollte mit etwa 15000 Häftlingen, überwiegend vom KZ Mittelbau mit seinen etwa 32 Neben- und Außenlagern antransportiert, belegt sein. Darüber waren die Lüneburger Prozeßparteien einig. Innerhalb der genannten Grenzen lagen die Mannschaftsblocks 47-91, das macht bei 44 Blocks mit jeweils 600 Häftlingen belegt zusammen fast 27000 Häftlinge aus. Kolb gibt in der Tat eine Zahl in dieser Umgebung an: fast 30000 Häftlinge für das Nebenlager. (8) Dabei stützt er sich auf die Aussagen von Kramer und Hößler.(9) Hößler hat sich weder in seinem Verhör, noch in seinem Statement zur Belegungsstärke des Nebenlagers geäußert — er wurde auch nicht danach gefragt. Kramer nannte an der angegebenen Stelle die Zahl der bis zum 13.4.1945 in Bergen-Belsen eingetroffenen Häftlinge, um zu erklären, warum er gezwungen gewesen sei, sein Hauptlager entgegen eigenen Absichten zu überfüllen, nicht aber, um die Belegung des Nebenlagers zu quantifizieren. Da ich die Stelle bereits in ihrem Kontext im 2. Kapitel für die Rekonstruktion des Lutz-Lagers analysiert habe, kann ich den Leser darauf zurückverweisen. Bei seinen Verhandlungen mit dem General Boyneburg ging es nach Kramers Aussage nur darum, Platz für 15000 Häftlinge im Nebenlager zu schaffen. Auch sonst, wo sich Kramer eindeutig nur zur Belegung des Nebenlagers äußerte, hat er die genannte Zahl von etwa 15000 Häftlingen angegeben.(10) Alle britischen Zeugen, Hughes, Johnston, Sington, alle deutschen Zeugen, so der ehemalige Hauptscharführer Stärfl und der befreite Häftling Schmitz — der seine Leidensgenossen nach eigener Aussage während zweier Tage und Nächte unmittelbar vor Ankunft der Briten nach „Nationen" eingeteilt und dabei gezählt hat — nannten übereinstimmend die Zahl von 15000. Oder umgekehrt gerechnet: bestand das Nebenlager in den angegebenen Grenzen und war es im behaupteten Umfang belegt, dann betrug die Überbelegung nur das Zweifache des Wehrmachtsmaßes, und damit würde sich die „Kasernevoll" bloß zu 300 Häftlingen rechnen. Alle Annahmen, heißt das, würden zu verdoppelten oder halbierten Zahlen führen, wenn die Frage nach der Nordgrenze des Nebenlagers nicht geklärt werden kann.

Nun, ich denke, daß eine solche Klärung möglich ist. Kramer, wie sein Untergebener Hößler — und offenkundig auch der Platzkommandant Boyneburg — erwarteten bis zu 15000 Häftlinge aus dem Konzentrationslager Mittelbau im Nebenlager, und sie haben für diese Anzahl Platz reserviert. Da gleichwohl die vierfache Überbelegung von Kramer, seinen Leuten wie seinen britischen Verteidigern eingeräumt wurde, kann man davon ausgehen, daß die nördliche Postenkette als variable Größe eingesetzt wurde: je nach Transportanfall wurde sie weiter nach Norden zurückverlegt. Dieser Prozeß dürfte zum Zeitpunkt der Befreiung des Nebenlagers den Holzmindener Weg erreicht haben. Er kann mithin als faktische Nordgrenze des Nebenlagers gelten.

Eine Erhärtung für diese Annahme ergibt sich aus der Tatsache, daß der Mannschaftsblock mit der Nummer 64 nicht Teil des Nebenlagers gewesen ist. Dort waren nach ihrer Aussage in Lüneburg nicht nur die SS-Ärzte Schmidt und Kurzke untergebracht, sondern auch ihr Sanitätsgehilfe Barsch, und gemeinsam haben sie sich in dem Block um verwundete Soldaten bemüht. Gleichzeitig gibt es Aussagen, aus denen geschlossen werden kann, daß derselbe Block Hößler als Quartier für seine Verwaltung des Nebenlagers gedient hat. Nun ist bekannt, daß die SS nicht eben die Gewohnheit hatte, ihre Quartiere mitten unter den Häftlingen, sondern räumlich strikt von ihnen getrennt zu wählen. Mannschaftsblock 64 aber lag im ersten Kasernenhof nordöstlich der Holzmindener Straße, und damit so dicht an dem Nebenlager dran, wie es die Räumlichkeiten zuließen — aber außerhalb des Lagers. Die britische Zentrale — wenigstens in den ersten Tagen der Übernahme des Lagers — befand sich nach Singtons Aussage im Mannschaftsblock 72: und der wiederum lag südöstlich der Holzmindener Straße, nur durch das Stallgebäude mit der Nummer 46 von der vermuteten Grenze getrennt — aber innerhalb des Lagers. Die Briten konnten sich das als die Befreier der Gefangenen erlauben. Das heißt aber: Nebenlager und Camp 2 können nicht umstandslos als identische Begriffe benutzt werden. Wahrscheinlich haben die Briten irgendwann nach der Übernahme des Nebenlagers am 16.4. dessen Belegung für zu hoch befunden und es sich ausdehnen lassen — bis zur Adolf-Hitler-Straße, oder wie immer sie danach geheißen haben mag. Danach hörte das Nebenlager auf zu existieren und das camp No. 2 war konstituiert, immer noch zweifach überbelegt. Und auch für das Camp 2 bleibt fraglich, ob es zu unterschiedlichen Zeiten dieselbe Menge an Gebäuden gemeint hat. Die Eintragungen der erwähnten Grenzen für das Camp 2 sind nur für den Zeitpunkt der Karte gültig, und der lag in der 2. Jahreshälfte 1949. Die Konsequenzen für das Maß der Kasernevoll sind erheblich: einmal steht es für 600, das anderemal nur für 300 Menschen. Es wird zu klären sein, an welchem Zeitpunkt das eine Maß vom anderen abgelöst worden ist. Und es wird zu zeigen sein, daß der Wechsel im Maß „Kasernevoll" einen Teil der Sinti bei ihren Zahlenschätzungen wahrscheinlich noch im nachhinein in die Irre geführt haben dürfte.

Die übrigen Grenzen des Nebenlagers standen automatisch fest: im Osten begrenzte der vorhandene Außenzaun des Kasernenkomplexes das Nebenlager, im Süden ein bereits in der Karte von 1942 eingetragener Stacheldrahtzaun südlich der Herzog-Albrecht-Straße, im Südwesten unter Einschluß der beiden Mann-

schaftsblöcke MB 90 und MB 91, und im Westen die Hindenburgstraße. Ob die Anlagen westlich der Hindenburg-Straße noch zum Nebenlager gehörten — Sportplätze und Schwimmbecken — kann bezweifelt werden: in den Erinnerungen der überlebenden Sinti kommen sie nicht vor, ausdrückliche Nachfragen nach ihnen ergaben ein negatives Ergebnis: *Herr Günther: ... aber hinter dem Kasernengelände, da ist 'n Sportplatz, und dazwischen ist 'n Schwimmbad. Können Sie sich an sowas ...*
Herr Seeger: Nein. Nein, da sind wir nicht hingekommen.
Herr Günther: Vielleicht hier, dann haben Sie den Sportplatz nicht gesehen.
Herr Seeger: Nein, an den Sportplatz sind wir nicht rangekommen, Herr, da sind wir nicht rangekommen.

Gleichgültig, wie die letzte Bemerkung zu deuten ist, als Nicht- Gesehen- Haben oder als Nicht-Hinkommen-Können, sie markiert eine Grenze, die auch durch innere Annahmen plausibel ist. Das Interesse der Lagerleitung mußte auf möglichst kurze Postenketten hinarbeiten, um den Bewachungsaufwand gering zu halten. Auch die Frage der Außensicherung des Nebenlagers ist nicht mit letzter Sicherheit geklärt. Vermutlich wurden keine neuen Stacheldrahtanlagen und Wachtürme mehr errichtet; dafür war die Zeit zu knapp geworden.
Insgesamt verfügte der Obersturmführer Hößler als erster und letzter Kommandant des Nebenlagers über 26 Mannschaftsblöcke (MB 67 — MB 91). Herr Seeger schätzte im Interview die Zahl der Mannschaftsblöcke des Nebenlagers auf „25, 30 Stück." Das machte 25 x 600 = 15600 Häftlinge. Diese Grenze also rechnet sich. Da keiner der von uns interviewten Sinti angegeben hat, vor der Befreiung in einem Stall oder einem der zahlreichen Schuppen des Nebenlagers untergebracht worden zu sein, ergab sich damit eine etwa vierfache Überbelegung im Verhältnis zu der Zeit einer rein militärischen Nutzung der Mannschaftsunterkünfte.

5.3. Die Kontrolle über das Nebenlager

Ähnlich unklar ist immer noch die Frage nach der Kontrolle über das Nebenlager. Wie immer es auf dem Papier damit bestellt sein mochte: faktisch stand es unter Doppelkontrolle von Wehrmacht und Waffen-SS: die Wehrmacht war mit ungarisch-deutschem Personal für die Bewachung der Gefangenen zuständig, während die innere Lagerverwaltung bis zur Befreiung des Nebenlagers von der Waffen- SS ausgeübt worden ist. Damit wiederholte sich die Situation aus der Zeit des Frauenzeltlagers und den Anfängen des Kleinen Frauenlagers: faktisch konnte die Waffen-SS die Kontrolle über das Nebenlager mit eigenen Kräften nicht aufrechterhalten. So tauchen in den Schilderungen der Sinti immer wieder die unterschiedlichsten Kategorien von Wachsoldaten auf: Waffen-SS, ältere Wehrmachtsoldaten verschiedener Teilstreitkräfte — auch Marine und Luftwaffe — Feldgendarmen und junge ungarische Soldaten einer Ausbildungseinheit. Es heißt dazu im Interview mit Herrn Clemens:

Herr Wagner: So. Ihr seid in dies Kasernenlager gekommen?
Herr Clemens: Ja.
Herr Wagner: Und welche Bewachung habt Ihr da gehabt?
Herr Clemens: SS-Leute. Nein, Moment, das stimmt nicht. Wir haben da in dies Bergen-Belsen haben wir keine SS mehr gehabt, sondern von die Flieger.

Ja, Flieger, aber ganz ältere Nichtzigeuner, *ganz ältere Leute, ganz ältere ...*
Herr Wagner: Militärangehörige waren das? Luftwaffe?
Herr Clemens: Ja, von die Luftwaffe angeblich. So ganz alte Leute. Die haben gesagt: 'Kinder, was ist denn das? Wir wissen doch nix.'

An einer späteren Stelle des Interviews kam Herr Oehle, von der Beratungsstelle für Sinti und Roma, noch einmal auf die älteren Wehrmachtsoldaten zurück:

Herr Oehle: Noch eine Frage. In Bergen-Belsen, Ihr habt da eben gesagt, daß da auch ältere Leute von der Luftwaffe waren als Bewachung. Waren die anders als die SS-Leute?
Herr Clemens: Ja, freilich. Die haben ja praktisch, die waren ja verstandlos, daß die uns bewachen sollten als KZ'ler. Wir haben uns mit Leuten mit unterhalten, die sind mitunter, mußten ja Nachtwache sind sie gelaufen in, haben wir aus den Fenstern geguckt, konnte man so rausgucken. Haben wir uns mit Leuten unterhalten, ne. 'Kinder, das gibt's doch nicht, so jung, was macht ihr denn, was habt ihr denn verbrochen? Dies nur, weil ihr Zigeuner seid?' 'Ja', haben wir gesagt. 'Aber die vielen Menschen, das ist ja nicht, ...' Das konnten die nicht begreifen, ne.
Herr Wagner: Also, die sind da auch reingeschlittert, ohne zu wissen, ...
Herr Clemens: Die haben ja praktisch nicht gewußt, was die da bewachen. Erst wo sie uns gesehen haben, da haben sie das gewußt, ne, die armen Leute.

Im Interview mit Herrn Fischer heißt es über die Wachposten:

Herr Wagner: Wie die Engländer jetzt reinkamen, ...
Herr Fischer: da waren wir noch drin. Und dann haben doch Ungarn, die, wie ich Euch erzählt hab, die Posten hab ich rausgekriegt, ...
Herr Wagner: Weiße Binden?
Herr Fischer: Ja, genau. Weiße Binden haben se umgehabt. Aber waren Ungarn, also, was ich gesehen hab'.
Herr Wagner: Haben die deutsches Militärzeug umgehabt, oder ungarisches?
Herr Fischer: Nein, ihre ungarische, so bräunlich.

Das Interview mit Herrn Müller brachte dafür eine weitere Bestätigung:

Herr Müller: Na, und dann sind wir in Belsen gelandet, aber nicht im Lager. Lager war überfüllt. In die Kasernen. Da war natürlich diese ungarische Truppen, die waren ja auch bei den Deutschen.

Und etwas weiter im Gespräch:

Herr Müller: Wir waren ja nun nich eingezäunt, richtige Kaserne mit so'm kleinen Zaun, ne, und nur, daß die Posten da waren, ne.

Im Interview mit Herrn Böhmer u.a. heißt es zum Komplex Bewachung des Nebenlagers:

Herr Bamberger: Bloß, wir konnten noch nicht raus. Dann war die SS weg, und dann war ungarische Besatzung da, ...
Herr Günther: ja, ...
Herr Bamberger: die haben uns bewacht.
Herr Günther: Und waren die schlimmer oder besser als die Deutschen?
Herr Bamberger: Die haben, ... mit denen sind wir nicht groß in Kontakt gehabt, die haben keinen rausgelassen.
Herr Böhmer: die hätten gleich geschossen.

Herr Bamberger: Die haben gleich geschossen, sobald einer rauswollte, haben die geschossen, ne. Ungarn haben gleich geschossen.

Gelegentlich wird Stacheldraht erwähnt, meistens wird seine Existenz bestritten. Ähnlich verhielt es sich mit den Wachtürmen, wie sie im Hauptlager benutzt worden sind:

Herr Böhmer: Ich kann mich nicht erinnern, daß im Lager, wo wir waren, Wachtürme ist. Wo wir waren, wo wir drinne waren, in Bergen-Belsen.
Herr Bamberger: In Bergen-Belsen?
Herr Böhmer: Sehen Sie, ...
Herr Bamberger: da waren keine.
Herr Böhmer: da waren keine Wachtürme.

Im Kern wurde die Bewachung also durch Postenketten sichergestellt, die in der Masse Wehrmachtsangehörige oder ungarische Soldaten gewesen sind. Die Postenketten waren in der Tiefe mindestens doppelt gestaffelt: Häftlinge, die eine Postenkette überwunden hatten, standen wenig später vor einer zweiten.

5.4. Die Transporte von Sinti und Roma in das Nebenlager

Soweit wir bisher feststellen konnten, sind alle interviewten Männer mit Transporten aus dem KZ Mittelbau (Haupt, Neben- und Außenlager) gekommen. Der Transportbeginn lag zwischen dem 4. und 5. April, die Transportdauer betrug ziemlich genau 1 Woche, unabhängig davon, ob der Transport mit der Reichsbahn oder zu Fuß durchgeführt worden ist. Die Masse der Häftlinge traf demnach seit dem 10. April 1945 im Nebenlager ein. Wie erinnerlich, ist wenigstens 1 Transport auch in das Hauptlager eingewiesen worden, weil die Kasernen noch nicht geräumt worden waren.

Die erleichterten Reisemöglichkeiten zwischen beiden deutschen Staaten haben es uns ermöglicht, die Unterlagen des Lagerkomplexes Dora in Nordhausen einzusehen. Auf der Grundlage dortiger Lagerlisten und einer handschriftlich erstellten Erschließungskartei zur Häftlingskategorie „Zigeuner" für die Nebenlager Ellrich (347 Datensätze) und Harzungen (449 Datensätze) läßt sich mit Stand vom 1.11.1944 die Einweisung und Anwesenheit von etwa 1200 als Zigeuner klassifizierten Personen in dem Komplex Mittelbau (Dora samt allen Außen- und Nebenlagern) nachweisen. Von unseren Zeugen wissen wir, daß praktisch in allen Nebenlagern und Außenkommandos von Dora Zigeuner gefangengehalten worden sind. Das waren insgesmt 32 solcher Lager. Von 29 davon liegen uns bisher Daten nicht vor. Da es sich bei ihnen aber fast ausschließlich um Außenkommandos mit sehr kleinem Häftlingsbestand, typischerweise im Umfang einiger 10 Personen, gehandelt hat, dürften sie mengenmäßig nicht ins Gewicht fallen.

Die Erschließungskartei für die Lagerlisten aus dem Lager Ellrich (Tarnname „Erich") und Harzungen (Tarnname „Hans") läßt nach Auswertung der Daten Häftlingskategorie, Geburtsort und -tag, Vor- und Zunamen den Schluß zu, daß die Daten der etwa 800 Personen in dieser Erschließungskartei nicht nur aus Reichsdeutschland, sondern auch aus fast allen besetzten Ländern Europas herstammten: Holländer und Belgier, Franzosen, Österreicher, Tschechen, Ungarn, Polen, Russen und andere. Von den Liquidierungstransporten während und nach der Aufbauphase in Vernichtungslager wie Lublin und Treblinka abgesehen, galt für das gesamte KZ Mittelbau der SS-Grundsatz, daß Häftlinge die unterirdischen Produktionsstätten für die V-Waffen nur auf einem einzigen Weg verlassen konnten: den Schornstein des Krematoriums. Die Zahl der eingewiesenen Häftlinge verminderte sich daher im Wesentlichen nur durch die Mortalität im Lager. Sie war in der Phase der Erstellung aller unterirdischen Anlagenteile sehr hoch, weil die Häftlinge nur als ungelernte Arbeitskräfte eingesetzt und dementsprechend rücksichtslos verschlissen wurden. Es scheint, daß sich zu diesem Zeitpunkt Zigeuner nicht in großer Zahl unter den Häftlingen befunden haben. Die Masse der Einweisungen fällt in die Phase einer deutlich geringeren Mortalität: während der Produktionsphase der V-Waffen nahm ein Häftlingsleben durch die Anlernkosten und -zeiten einen gewissen Wert an, und die Mortalität für diesen Personenkreis sank deutlich. Das wird allerdings teilweise dadurch aufgewogen, daß die Mehrzahl der Zigeuner nicht in den unmittelbaren Produktionsprozeß eingegliedert worden sind, weil ihnen dazu die notwendige berufliche Qualifikation als Metallfacharbeiter gefehlt hat. Wie das Interview mit Herrn Müller allerdings gezeigt hat, kann auch diese Feststellung nicht verallgemeinert werden. Insgesamt lag ihre Gruppe in der 2. Lagerphase Dora vermutlich auf einem mittleren Mortalitätsniveau: höher als bei den Facharbeitern, niedriger als während der Aufbauphase. Die relativ späten Zeitpunkte für die Zahlenangaben der Zigeuner in der Erschließungskartei bzw. den Lagerlisten engen die Fehlertoleranz weiter ein. Unsicher bleibt, wieviele als Zigeuner klassifizierte Häftlinge nach dem 1.11.1944 und vor dem Beginn der Evakuierungen des Lagers eingeliefert worden sind. Wenn ich der Größenordnung nach annehme, daß noch wenigstens 1200 europäische Zigeuner zu Beginn der Evakuierungsmärsche im KZ Mittelbau mit allen Neben- und Außenlagern am Leben waren, dürfte ich eher im Bereich einer niedrigen Irrtumswahrscheinlichkeit liegen. Die interviewten Sinti selbst haben ihre Zahl im Konzentrationslager Mittelbau auf deutlich über Tausend geschätzt.

Von den insgesamt 30 bis 40 Tausend evakuierten Häftlingen hat möglicherweise nur der größere Teil das Haupt- und Nebenlager von Bergen-Belsen erreicht. Die Transportlisten aus Mittelbau geben bisher nur Aufschluß für etwa 16000 Häftlinge.(11) Demzufolge ist es schwer, die Größenordnung von als Zigeuner klassifizierten Häftlingen aus dieser Quelle zu schätzen. Sicher ist nur, daß es sich dabei ausschließlich um Männer und männliche Jugendliche gehandelt hat. Frauen und Kinder beiderlei Geschlechts kamen ja über das KZ Ravensbrück respektive Mauthausen nach Bergen-Belsen. Aus dem Interview Lutz in Verbindung mit dem Interview Lutz/Weiß wissen wir, daß mindestens einer der Evakuierungstransporte aus Ellrich via Harzungen in das Hauptlager von Bergen-Belsen gegangen ist. Ich habe ihn auf etwa 500 als Zigeuner klassifizierte Personen geschätzt. Demnach blieben noch bis zu 700 Sinti und Roma übrig, wenn ich unterstelle, daß sich alle in Bergen-Belsen eingefunden haben. Ich werde aber zeigen, daß die tatsächliche Zahl höher gewesen sein könnte. Die übrigen Transporte — vermutlich die Mehrzahl — wurden in das Nebenlager geführt. Die Transportmortalität war niedriger als für die Transporte während der Wintermonate aus den Lagern östlicher Richtungen. Genaueres ist zur Zeit noch nicht bekannt. Insgesamt sollen alle Evakuierungstransporte aus dem Konzentrationslager Mittelbau einige Tausend Häftlinge das Leben gekostet haben.

Wann sich die Transporte mit den ersten Sinti-Häftlingen in das Nebenlager ergossen haben, ist in den Interviews nicht genauer zu klären gewesen, als daß es

„kurz nach Ostern", also nach dem 1.4.1945, gewesen ist. Herr Böhmer, dem wir diese Angabe verdanken, konnte uns noch insofern weiterhelfen, als er sich erinnerte, daß mit ihrem Tansport die ersten Sinti in das Nebenlager gekommen sind:

Herr Böhmer: Ich hab keinen gefunden, die vor uns im Lager war. Frauen ja, die Frauen habe ich gefunden, aber ich habe keinen Mann gefunden.

Mochte diese Passage sich noch auf beide Lager beziehen, so wurde er wenige Minuten später eindeutig:
Herr Böhmer: Aber wie wir im Lager reinkamen, war kein Zigeuner da. Wir waren die ersten.(12)

Deutlich wurde weiterhin, daß es sich um mehrere Transporte gehandelt haben muß: die später Eingetroffenen fanden bereits Sinti aus früheren Transporten in den Kasernen vor. Auch der Umstand, daß wenigstens einer dieser Transporte zu Fuß, wenigstens ein anderer mit der Eisenbahn durchgeführt worden ist, beweist die Existenz von mindestens zwei Transporten mit Sinti und Roma. Beide kamen aus Mittelbau; wiederum unklar, ob alle aus demselben Teillager von Dora, oder ob mehrere oder alle Lager beteiligt gewesen sind. Genannt wurden immer wieder: Dora, Nordhausen, Ellrich, Harzungen, Klein-Bodungen und Niedersachswerfen. Dora und Nordhausen können identische Lagerteile meinen, Ellrich, Harzungen, Klein- Bodungen und Niedersachswerfen mit Sicherheit nicht. Herr Fischer berichtete über seinen Transport:

Herr Günther: Und wie sind Sie dahin gekommen? Zu Fuß oder mit der Eisenbahn?
Herr Fischer: Mit der Eisenbahn, hab ich doch gesagt.
Herr Günther: Mit der Eisenbahn.
Herr Fischer: Wir. Und viele mußten zu Fuß gehen, da haben wir noch rausgeguckt. Hier, der kleine Schmidt, glaub' ich, war auch dabei, haben wir se noch gesehen laufen, über 'ne Brücke. Haben wir gewunken, verstehste?
Herr Wagner: Wo seid Ihr ausgeladen worden? An 'ner Rampe?
Herr Fischer: Rampe.

Der in dem zitierten Ausschnitt angesprochene „kleine Schmidt" hatte sich in einem früheren Interview bei uns erkundigt:

Herr Schmidt: Sag' mal, ist in Celle 'n alter Flugplatz, 'n Wehrmachtflugplatz oder irgendsowas gewesen, oder?
Herr Günther: Da bin ich überfragt.

Das war noch vor dem Studium der Prozeßunterlagen. Danach wußte ich etwas besser Bescheid. Der Flugplatz wurde von mehreren Angeklagten und Zeugen im Prozeß erwähnt, als es um den einwöchigen Fußmarsch von Klein-Bodungen, einem Außenkommando des Konzentrationslagers Mittelbau, über Osterrode, Seesen, Salzgitter, Rudingen, Hof und Groß-Hehlen in das Nebenlager von Bergen-Belsen ging.(13) Dabei mußten die Häftlinge, angeblich nach Vertreibung aus der Kampfzone um Groß-Hehlen durch eine fechtende Einheit der Waffen-SS, in den Baracken eines Feldflughafens übernachten. Die Aussage des für den Häftlingstransport verantwortlichen Oberscharführers, Franz Stärfl — woraus die Briten Stofel machten — lautete:

Accomodation was found at an old aerodrome which was a sort of P.O.W. camp for Russians, and we set off for Bergen-Belsen the following morning, arriving there about 1600 hours at the 11th. On arrival I held a roll-call of internees and there were 590. (14)

Quartier wurde auf einem alten Flugplatz gemacht, der eine Art StaLag für Russen war, und am folgenden Morgen brachen wir nach Bergen-Belsen auf und erreichten es am 11. gegen 16.00 Uhr. Bei Ankunft ergab mein Zähl-Appell 590 Häftlinge.

Losmarschiert waren sie nach eigenen Angaben mit 610, und die Differenz erklärte Stärfl zum größeren Teil mit Flucht und zum kleineren Teil mit Erschießungen durch eine bei Groß-Hehlen fechtende Einheit der Waffen-SS. Da die Richter ihm und seinen Kameraden die Geschichte mit der fremden Einheit nicht glaubten — zu viele der exhumierten Häftlingsleichen zeigten die typischen Einschüsse im Hinterkopf, keiner war bloß verwundet worden — wurden beide wegen Kriegsverbrechen zum Tode verurteilt. Nach Unterlagen der Gedenkstätte Mittelbau-Dora in Nordhausen soll die Anfangsstärke des Transportes sogar 800 Häftlinge gewesen sein.(15)

Herr Schmidt hat die Nacht auf dem Feldflugplatz deshalb in Erinnerung behalten, weil sie von einem unerklärlichen und Todesfurcht erregenden Umstand begleitet war:

Herr Schmidt: Entweder war das so 'n Flugplatz außerhalb, da haben sie uns reingebracht in eine Holzbaracke, nachts, wie wir auf dem Marsch waren, und da haben se uns gelassen. Da sind wir umgeflogen wie die Micken. Kannst ja denken, zu Fuß. Da haben wir da gelegen. Und das sämtliche Licht rundum auf dem ganzen Platz war an, hellbeleuchtet. Na, wir haben uns ja nicht trauen hochzustehen oder rauszusehen, wir haben nur gesehen, daß alles hell war, drin. Und erst kein SS-Mann war mehr da, die haben das extra angemacht. Sollten wir bombardiert werden, oder was? Als das ein Flugplatz war. Ich kenn's aber jetzt nicht. Wenn da ein Flugplatz ist, denn war's ein Flugplatz. Daß se uns sollten bombardieren.

Der Flugplatz lag etwa 8 Kilometer von Groß-Hehlen, ihrem letzten Quartier, entfernt. Wer die strikte Handhabung von Verdunkelungsvorschriften auch im Konzentrationslager Bergen-Belsen kennt, wird die nächtliche Beleuchtung eines Flugplatzes mit einem Lager von sowjetischen Kriegsgefangenen und KZ-Häftlingen in der Tat sonderbar finden. Denkbar wäre schon, daß die Begleitmannschaft eine „Endlösung der Transportfrage" im Stil des KZ Neuengamme versucht hat.(16)

Einen vorangegangenen Ausschnitt aus dem Fußmarsch, die gleichfalls im Prozeß dokumentierte Durchquerung Celles beschrieb Herr Schmidt folgendermaßen:

Herr Schmidt: Du hättst bloß eins erleben..., wir sind durch Celle durchmarschiert und da haben wir jetzt nur die ganze Zeit immer gekriegt pro Tag eine Kartoffel, und wenn mir Durscht haben gehabt, und es kam ein Wassergraben, da kunnten wir denn ran, da derften wir trinken. Und zur Mittagszeit eine Kartoffel, das war alles. Und denn das Marschieren da lang, kannste vorstellen. Und denn kamen wir rein nach Bergen-Belsen. Und da steht 'ne Frau draußen, ihrer Mann und mehrere noch von Bäckerladen, und da kamen wir vorbei, und denn ist geschrieen worden 'Huuunger !!!' Und denn ist die Frau rein und hat so'n Paket Bröte mang uns reingeschmissen. Und die SS, rechts und links waren se. Der eene is

rausgesprungen, ich wiß aber nich mehr, wer es war, rauf auf das Brot. Hat er 'n Schuß gegeben, aber nur 'n Schreckschuß. Und alles wieder rein, keiner derfte ein Stück Brot aufheben, keiner. 'Wer ein Stück Brot hat, wird erschossen!' Haben wir's müssen liegen lassen. Und jetzt kommt ein Soldat da, der hutt' vielleicht Urlaub, der sagt: 'Habt ihr hier Schweine, oder was ist hier los? Wollt ihr die Leute alle hier schlachten?' Da hat der eine gerufen, SS-Mann: 'Willst du dich hier gleich mit anschließen? Denn gehst du dahin, wo die hin gehen!' Da ist er umgedreht und ab, hat Angst gekriegt. Das war in Bergen-Belsen.
Tochter Schmidt: (korrigiert ihren Vater) Vor Bergen-Belsen.
Herr Schmidt: (ärgerlich) In Bergen-Belsen. Sie sagt vor. (vorwurfsvoll) Du warst doch garnicht bei uns! (Sich verbessernd) Nein, in Celle, nicht in Bergen-Belsen, in Celle, so war das. Von Celle ging's erst dahin. Kamen wir durch so 'ne Kaufladenstraße, und da hat die Familie vom Bäckerladen gestanden und hat gesehen, was das ist. Und da hab ich auch geheert, wie der eine gefragt hat: 'Was sind das für Leute?' 'Kriegsverbrecher!', hat der SS-Mann gesagt.

Sollte das Stärfl oder Dörr in Person gewesen sein, dann ahnten sie wohl noch nicht, wie recht sie mit dieser Bewertung hatten — nur bei den Personen lagen sie falsch. Nach Ankunft des Fußtransportes im Nebenlager wurden die Häftlinge, noch 590 an der Zahl, in einen Mannschaftsblock eingewiesen. Stärfl war sich nicht sicher, in welchen genau:

A Lagerältester arrived and took them away to, I think, block 90 or 92 in the Panzer Training Camp.(17)

Ein Lagerältester führte sie in den Block 90 oder 92 der Panzerschule.
Da ein Block 92 nicht existiert hat, dürfte es MB90 gewesen sein — an dem ich das Maß „Kasernevoll" exemplifiziert habe. Durch die Aussage seines Untergebenen, des Rapportführers Dörr, (englisch Dorr) wird das erhärtet:

They were distributed, I believe, in block 90.

Ich glaube, sie kamen auf Block 90.
Weiterhin erklärte der Zeuge Stärfl, daß dadurch der Mannschaftsblock 90 voll gewesen sei.(18) Das bestätigt mein Hohlmaß Barackevoll — reichsdeutsch — zu etwa 600 Häftlingen ein weiteres Mal. Selbstverständlich bestand dieser Transport nicht ausschließlich aus Sinti oder Roma; gerade dadurch aber wird die anfängliche Zufallsbelegung der Blöcke deutlich.

Gleichgültig, wie die Transporte durchgeführt worden sind, die letzte Strecke bestand auch für die auf der Reichsbahn Transportierten in jedem Fall aus einem Fußmarsch von der Rampe in Belsen in das Kasernenlager. Die Bedingungen auf dieser letzten Strecke werden in den Interviews ziemlich übereinstimmend beschrieben. Bei Herrn Clemens heißt es etwa:

Herr Wagner: Aber vorher, bevor der Engländer reinkam, sind da auch Leute gestorben, oder sind da erschossen worden welche, oder?
Herr Clemens: Das kann ich, na ja, erschossen sind welche, nicht bloß einer, sondern Hunderte, kann man sagen, und zwar wo wir aus Waggon ausgeladen worden sind an der Rampe.
Herr Wagner: Ja, in der Kaserne war 'ne Rampe?
Herr Clemens: Nein, auf dem Güterbahnhof.
Herr Wagner: Güterbahnhof.

Herr Clemens: In Bergen.
Herr Wagner: In Bergen-Belsen?
Herr Clemens: Ja. Da sind wir dann raus. Jetzt mußten wir ja den ganzen Weg zu die Kasernen zu Fuß laufen ...
Herr Wagner: und das war wie weit ungefähr?
Herr Clemens: Das kann ich nicht so genau sagen. Aber jedenfalls war's nicht, war's nicht so nah, ne. Und durch den langen Transport — wir waren ja etliche Tage unterwegs auf dem Transport — waren natürlich viele Leute jetzt da drinne, vor allen Dingen, was ältere Leute waren. Die waren da nicht mehr fähig zu laufen. Und die nicht mehr laufen konnten auf dem Marsch ins Lager rein, die hat man in Graben rein, und denn haben sie sich da hingelegt. Die sind dann erschossen worden.

Im Interview Fischer heißt es über den abschließenden Marsch in das Nebenlager mit Bezug auf einen namentlich genannten jungen Sinto:

Herr Fischer: Er war, (die Gestalt eines Herkules andeutend) ehrlich, hat er 'ne Figur gehabt. Die andern, ach, hat doch keiner gestanden vor ihm. So, und der ist da gestorben.
Herr Wagner: In Bergen-Belsen?
Herr Fischer: Der hat im Graben gelegen.
Herr Wagner: Nicht in Auschwitz?
Herr Fischer: Nein. Also, da müßt' ich dich belügen. In Bergen-Belsen hat er im Graben..., haben wir noch, ... (bedauernd) Ach, denk mal, Kerl, hat's nicht mehr geschafft.
Herr Wagner: Auf 'm Transport hin?
Herr Fischer: Transport. Was wir da gemacht haben, weiß ich nicht. Bloß, wir haben ihm liegen gesehen.'
Ein anderer Zeuge, Herr Schmidt, wußte die genaueren Umstände:
Herr Schmidt: Die Schlesinger (schlesische Sinti), der Junge, Name1, hat vorne in dem Graben, in dem Wassergraben ..., tot. Der wollt' Wasser trinken, bei dem Transport, ans Wasser, haben sie ihn totgeschossen. Hat er dringelegen. Das war den alten Name2 sein Sohn, der hat, der Name1
haben sie auf ihn gesagt.

Auch im Interview mit Herrn Franz wurden Erschießungen von Häftlingen durch die Wachmannschaft während des letzten Fußmarsches von der Rampe in das Nebenlager angesprochen.

Herr Franz: Das war 19.., warte mal, (rechnet laut nach) '44 weggekommen, so '44 bis Anfang '45, (sich schlüssig werdend) ja, da sind wir von April sind wir weggekommen nach'n Transport nach Bergen-Bergel.
Herr Wagner: Und mit ..., seid Ihr mit dem Zug gefahren, oder ...
Herr Franz: Erst sind wir mit dem Güterwaggon ...
Herr Wagner: mit dem Güterwaggon ...
Herr Franz: und dann sind wir ein Stückel, so vielleicht 20, 30 Kilometer im Wald, und dann (?)RS
Frau Franz: Sprech doch Deutsch, das geht doch alles auf den Apparat ...
Herr Wagner: Auf dem Transport, sind da jetzt Häftlinge umgefallen aus Schwäche oder aus Krankheit?
Herr Franz: Ja, sind erschossen, Genickschuß gekriegt.

Herr Wagner: Die haben Genickschuß gekriegt?
Herr Franz: Ja, in den Graben, konnten (?)
Herr Wagner: Und das war kurz vor Bergen-Belsen?
Herr Franz: Kurz vor Bergen, im Wald, so. Da haste nur das Schießen gehört, weiter nichts.
Herr Wagner: Und da waren viel Sinti bei?
Herr Franz: Da waren viele Zigeuner. Da waren ja mersten Zigeuner.
Herr Wagner: Meistens waren's Zigeuner. Und die Leute, die jetzt gewohnt haben, so in der Gegend, die haben das doch wohl gesehen?
Herr Franz: Nee, die haben gar nichts gesehen, weil das Wald war.
Herr Franz: Ja. Dann kamen welche an, das waren Deutsche, die haben gesagt: 'Wir durften garnicht hingucken, wir haben im Wald zugeguckt. Wir durften uns gar nicht gucken.
Herr Wagner: Die haben Angst gehabt.
Herr Franz: Ja. Da hat die SS gleich ...
Herr Wagner: Und die Leute, die jetzt abgeschossen wurden, wurden die einfach liegengelassen, oder wurden die eingekuhlt?
Herr Franz: Wir durften ja nicht mehr zurücksehen, wir mußten ja langsam vorwärts mal laufen. Wir durften nicht rumsehen, wir konnten ja bloß links und rechts sehen, aber zurück darf man nicht. Wir wußten garnicht, was hinten los ist (?), nach den Wald zu ging. Schießen, weiter haben wir nichts gehört.

Alle Berichte stimmen darin überein, daß sie zunächst in der Zufallszusammensetzung ihres Transportes im Nebenlager untergebracht worden sind. Erst nach dem Eintreffen der Briten sei von diesen die Scheidung nach "Nationen„ vorgenommen worden. Dadurch wird auch der Bericht von Herrn Müller stimmig: er hatte die Stärke der Sinti in Dora mit etwa 300 Männern angegeben. Dabei blieb unklar, worauf sich die Zahlenangabe bezog: auf das Gesamtlager oder nur auf einen Teil davon. Die Frage von Herrn Wagner nach der Nummer seines Blockes im Nebenlager beantwortete er so:

Herr Müller: Ja, das kann ich nicht entsinnen, weil wir da gar nicht nach geguckt haben. Wir waren ein Block, da waren die ganzen Zigeuner drinne. Ein Block unten, und oben waren Italiener.
Herr Wagner: Wieviel Sinti waren da drinne, wie Ihr reinkamt?
Herr Müller: Ja, so'n ganzen Block voll unten, voll.
Herr Wagner: Kasernenblock.
Herr Müller: Ja, Kasernenblock. Der war voll von Sinti.

Ein halber Kasernenblock, das waren etwa 300 Mann. Demnach bezog sich die Angabe möglicherweise nicht auf alle Sinti im Nebenlager, sondern nur auf die aus dem Transport mit Herrn Müller in das Lager gekommene Gruppe. Kein anderer Mann hat eine gemischte Belegung zusammen mit Italienern erinnert. Diese Belegung wird nicht als Folge einer Umbelegung nach dem Eintreffen im Nebenlager dargestellt, sondern hat sich offenbar aus der zufälligen Sortierung ergeben, wie sie bereits für die Zwecke des Transportes vorgenommen worden war.

Das entspricht der Darstellung, die Oskar Schmitz, nach eigener Aussage der Lagerälteste Nummer 1, in seinem Prozeß in Lüneburg im Herbst des Jahres 1945 gegeben hat: danach will er in Person diese Einteilung nach "Nationen„ erst unmittelbar vor der Ankunft britischer Streitkräfte vorgenommen haben. Ich werde bei der Erörterung des britischen Zählverfahrens darauf zurückkommen.

Übereinstimmend wird von allen Zeitzeugen der flüchtige und provisorische Charakter des Nebenlagers beschrieben, und auch in der großen Hast, mit der die Soldaten ihre Quartiere zugunsten von KZ-Häftlingen räumen mußten, stimmen die Berichte überein.

Herr Bamberger: Die waren doch auf die Schnelle geräumt worden, ...
Herr Böhmer: ja, ...
Herr Bamberger: da sind wir reingekommen, da waren ja noch die Essenreste noch da drinne gestanden, ...
Herr Böhmer: Oh Jesses, ja, ...
Herr Bamberger: das war ja kein Lager, das waren Kasernen gewesen.
Herr Böhmer: ja, das meine ich, SS-Kaserne.
Herr Bamberger: Ja, das war 'ne Kaserne.

5.5. Funktionen von Sinti-Häftlingen im Nebenlager

Die Interviews zeigen, daß die Sinti während der einen Woche unter reichsdeutscher Kontrolle zwei Funktionen wahrgenommen haben: sie spielten als Lagermusiker — wahrscheinlich nicht nur im Nebenlager, wie noch zu zeigen sein wird — und sie haben mindestens das Personal für eine der Küchen des Nebenlagers gestellt. Dazu verhalf ihnen, wie schon im Großen Frauenlager, ihre Kenntnis der deutschen Sprache. Unter der Masse ausländischer Häftlinge war diese Kenntnis unter den gegebenen Umständen lebensrettend. Ein Sinto, Herr Fischer, hatte seit seiner Einweisung in das Zigeuner-Familienlager in Auschwitz-Birkenau praktisch ununterbrochen als Lagerläufer für Blockälteste, Kapos oder das Kommandanturpersonal gearbeitet. Auch das Beziehungsnetz der Funktionshäftlinge reichte weit, und der Bericht von Herrn Fischer zeigt, es reichte weit über die Grenzen eines einzelnen Lagers hinaus. So fand auch Herr Fischer unmittelbar nach seinem Eintreffen im Nebenlager wieder Anschluß an „seinen" Kapo, genannt Jonny Junkers, ein „schwerer Junge" vom Berliner RV. Nach Aussage von Herrn Fischer soll es dieser Mann im Nebenlager zum Posten des Lagerältesten gebracht haben. Dafür habe ich eine Bestätigung nicht finden können.(19) Alledings fällt auf, daß Hößler Schmitz lediglich als Häftling bezeichnet hat. Wie auch immer: dieser Kapo verhalf ihm zu einem Küchenkommando, und das hat sich folgendermaßen zugetragen:

Herr Fischer: ... da war ich noch bei den Lagerältesten da in das Lager in Bergen-Belsen. Da hat er gesagt: 'Kalli', — jetzt haben die Sinti dagestanden — 'jetzt such dir mal welche aus, die in die Küche sollen arbeiten'. Er hat's gut gemeint, paß auf, das wollt ich Euch noch sagen, was das jetzt, was er für Hindernis wegen das gehabt hat. Jetzt hab ich nicht meine Leute genommen, die hier, ich hab die mageren, die Muselmänner ... War das richtig jetzt, sag mal ehrlich, oder hab ich falsch gemacht?
Herr Wagner: (schweigt).
Herr Günther: Nein, nein ...
Herr Fischer: ob's 'n Tscheche war, oder egal was, hab gesehen: jung und mager; hab' ich gesagt: 'den, den', und von uns nicht einen, die waren gut ernährt. Höre mal, deswegen ist der Jonny auch gestorben wegen das. Muß ich Euch erzählen. Und da mußt' ich 12 Mann aussuchen, ich und hier mein, der hat ja nichts, aber ich, der Name1, *mager, nich, hab ich gesagt,* Name1, *den nehmen wir'.*

Um die Verletzung der Vorzugsregel für die eigenen Blutsverwandten ganz deutlich zu machen, erklärte Herr Fischer wenig später:

Mein Cousin hab ich noch nich mal genommen, den Name3, *der war gut ernährt, also die Zeit.*

Die Benutzung eines Sintonamens für den seiner Magerheit wegen Vorgezogenen beweist, daß es bei ihnen nicht etwa um Nichtzigeuner gegangen ist, sondern um Nicht-Blutsverwandte. Die Folgen waren für den Kapo Jonny gleichwohl tödlich, da die übergangenen Sinti überzeugt waren, Herr Fischer könne das nur auf Befehl des Kapo getan haben. Und so rollte die Tragödie für den Kapo Jonny, dem Herr Fischer mehrfach das Leben zu verdanken hatte, nach der Befreiung ab:

Herr Fischer: Und jetzt seh' ich den zweiten Lagerältsten, das war ja jetzt wichtig, da hab ich so gemacht: 'Wo ist Jonny?' Hat er so (zeigt Halsabschneiden) gemacht, 'tot'. Hab ich gesagt: 'Das gibt's doch garnicht. Dann hab ich's rausgekriegt. Unsere eigenen Leute — ich will jetzt keinen Namen sagen — also, ich hab se auch lange verachtet. Da hat er sich die Uniform ausgezogen, er kam doch zu spät, da hat er sich angezogen wie ein Zigeuner. Er war auch schwarz, ganz dreckig angezogen, und hat sich bei den Zigeunerblock hingesetzt. Da hat er da gerechnet, er seht uns, nich. Ich ärger mich heute noch tot, verstehste jetzt, und ich hab ihn nicht zu sehen gekriegt. Jetzt kommt das, jetzt haben die gesagt, weil er sie nicht hat in die Küche reingenommen. Ich hab doch Schuld gehabt, er doch garnicht, er hat gesagt, 'such welche aus'. Da haben se gesagt: 'Ruski, hier Lagerältester 1.' Haben se ihn totgemacht, die Russen. Nicht mehr zu erkennen. Und da hab ich auf den gsagt: 'Wo ist'? 'Im Feuerwehrhaus'. Und glaubste jetzt, ich bin hingegangen, und wenn se hätten mich totgeschlagen. Das könnt Ihr Euch nicht vorstellen, so'n guter Kerl, hat mein Leben doch praktisch gerettet uns, ne. Und wer da hingegangen ist, da haben se gewußt, die haben zusammengehört. Ich bin hingelaufen, Feuerwehr aufgemacht das Haus, und auf den langen Flur, 5 Meter langen, nich groß, da hat er da, haben mehrere gelegen.

5.6. Zigeunermusik in Bergen-Belsen

Bei Frejafon fand sich bereits 1947 die Angabe, es habe im Häftlingslager I vier deutsche Zigeuner gegeben. Das dürfte die Gruppe gewesen sein, auf die sich Küstermeier in seinem Bericht bezogen hat — Küstermeier war ja im HLI Gefangener gewesen:

Es hatte immer Geigen und Gitarren im Lager gegeben, und abends hatten immer ein paar Zigeuner Musik gemacht.(20)

Die wenig später von ihm erwähnte Zigeunerkapelle — möglichwerweise auch zwei Kapellen - aber konnte aus diesem kleinen Grüppchen nicht rekrutiert werden. Wo kam sie her? Ich vermutete von Anfang an, daß es sich um Häftlinge aus dem Nebenlager gehandelt haben mußte, weil die von Küstermeier beschriebene Kapelle eine staunenswerte physische Leistung vollbracht haben muß. Dazù war kein Mann aus dem HLI oder HLII mehr imstande, geschweige denn eine ganze Kapelle. Erst durch unser letztes Interview mit Herrn Lutz und Herrn Weiß erhielten wir Kenntnis von den späten Männertransporten in das HLII. Also fragte ich zunächst auch im Interview mit Herrn Böhmer nach Musikern:

Herr Günther: Hat es bei Ihnen in dem Kasernenblock Musikinstrumente gegeben? Oder Zigeuner, die Musiker waren? Früher?

Herr Böhmer: Ja, ja, die haben ihre Musikinstrumente mitgebracht. Konnten sie mitbringen von Dora aus, von Ellrich und von Nordhausen. Die haben dann Musik gemacht im Block.
Herr Günther: Im Block selbst?
Herr Böhmer: Im Block, ja.
Herr Bamberger: Der Seeger war noch dagewesen, der alte Seeger. ?: Der Name1.
?: Der Name2.
Herr Böhmer: Der Name1.
Herr Bamberger: Der Name1, *der war auch da, doch, der hat noch Musik gemacht.*
Herr Böhmer: Der Name3
Herr Hoff: Der große Name3, *ja, ja.*
Herr Böhmer: Es waren auch Freunde von dir. Und sag mal, 10,15 Musiker, die sind lebendig rausgekommen. Und von die Freiwalds, (sich besinnend) naa, der ist gestorben. Die sind gestorben, die Freiwalds. An Tuberkulose. Der ist in Heidelberg, in der Nähe von Heidelberg, nach drei, vier Wochen nach dieser (Entlassung), ist er gestorben, ist er tot. Ja, und die Musiker, die sind dann entlassen worden.
Herr Günther: Ja, und sind diese Musiker nur, haben die Musik gemacht nur im Block, oder sind die auch im Lager gewesen und haben dort Musik gemacht?
Herr Böhmer: Ja, ich nehme an, wenn sie im Block gemußt haben, haben sie dort auch Musik gemacht.

5.7. Sinti im Bewährungsbataillon Dirlewanger

Als letztes Aufgebot des „3. Reiches" wurden neben Minderjährigen und Greisen auch bis dahin für „wehrunwürdig" erklärte Männer zum Dienst mit der Waffe gezwungen; nicht wenige von ihnen zur Strafeinheit des SS- Offiziers Dirlewanger. Unter ihnen befanden sich zahlreiche Sinti. Dieses Preßkommando hat sich auch im KZ- Lager Bergen-Belsen betätigt. Im Interview mit Herrn Böhmer u.a. heißt es dazu:

Herr Böhmer: Was hinterher geschah mit den anderen Zigeunern, das weiß ich nicht. Auch mit den Juden weiß ich das nicht. Ich weiß nur, daß die Reichsdeutschen, die damals die Uniform anhatten, daß die ... Er sagte, er doch noch: 'Wer Soldat war, soll rechts raustreten'. Na, da haben sich 20, 25 Mann gemeldet. Die hat man eingekleidet, und zuck! das, weg waren sie. Und von denen hab ich keinen mehr gesehen, aber auch die ganzen Jahre nicht mehr. Und die meisten stammten von Mannheim. Von Mannheim.

Ein anderer Sinto, Herr Müller, wäre um ein Haar auch bei der Dirlewanger-Truppe gelandet, und daß es nicht dazu kam, ging so:

Herr Müller: Ja. Jedenfalls: 'Alle, die Soldat waren, antreten!' Das war ein ganzer Haufen, also, ganz wenig gerechnet, waren das 100 Personen.(21)
Herr Wagner: Die Soldat waren?
Herr Müller: Die Soldat waren. Ich auch mitangestellt, andern Morgen früh kommt ein Oberscharführer, so'n Dicker mit 'n Kühler auf 'n Buckel, Autokühler, und sagt: 'Hör mal, du warst doch Schlosser in Dora-Lager!' Das war garnicht

wahr. Ich sag: 'Ja, war ich!' Jetzt war ich ja Schlosser in Borgward-Werke da, ne, das war ich. 'Ja', sagt er, 'komm mit, nimm mal den Kühler auf 'n Buckel hier, du bekommst nachher von mir hundert Zigaretten, wenn du ihn vorgebaut hast. Die haben mir den Kühler kaputtgefahren'. Der war Kantinenwirt. Bin ich raus mit denen, da war der Kühler zu groß. Hab ich denn 'ne Blechschere, hatt' ich ja alles da. Alles rausgehauen, daß der paßte, hab' ich fertiggemacht. Aber die ganzen Posten, die kannten mich ja, ne, die alle bei mir auf Außenkommando waren. Jedenfalls, hab ich denn dort gegessen das Militäressen da, und der Kühler, hatt' ich fertig, ich hab den Mann nie mehr zu sehen bekommen. Und in der Zeit, wie ich denn im Wald war, von morgens an, haben se die wieder aufgerufen, die Soldat waren, und ab bei die Dillewanger. Wenn ich jetzt nicht da gewesen wäre, wäre ich noch bei den ...
Herr Wagner: Bei wo?
Herr Müller: Dillewanger.
Herr Wagner: Dillewanger.
Herr Müller (erklärend): Dillewanger, Soldat bei de SS.
Herr Wagner: Ach so, das war das Dillewanger-Kommando.
Herr Müller: Dillewanger-Kommando. Das war das Fressen für die Russen, ne, die wurden vorgeschickt, ne. Und da ist, sind ja viele hier, mein Onkel, der war bei de Dillewanger und ist in russische Kriegsgefangenschaft gekommen. Der war bis '51 in russischer Kriegsgefangenschaft, weil der Russe wollt ja Dokumente haben, der hat sich auf die (Auschwitz)-Nummer nicht eingelassen, ne. Mitte '51 kam er erst aus der Gefangenschaft.
Herr Wagner: Wer war das?
Herr Müller: Mein Onkel, Hermann Trollmann.

Diese Aussage ist auch topografisch interessant: es gab im Nebenlager eine Kraftfahrzeug-Werkstatt, mit der Signatur K.F.W. auf dem Lageplan des Nebenlagers eingetragen, und die lag im äußersten Süden, hart an der Außengrenze des Nebenlagers. Von dort dürfte auch das Werkzeug für die umfangreiche Reparatur an dem Kraftfahrzeug gestammt haben. Der erwähnte Wald lag unmittelbar im Süden der KFZ-Werkstatt, aber bereits außerhalb der Postenkette. Deshalb sprach Herr Müller auch davon, daß er „raus mit denen" gegangen sei. Möglicherweise gibt das einen, wenn auch noch groben, Hinweis auf die Lage des oder eines Sinti-Blockes im Nebenlager.

Auch in Interviews mit Sinti-Frauen erhielten wir Hinweise auf Zwangsrekrutierungen zu der Strafeinheit Dirlewanger. So berichteten zwei Schwestern, Frau Spak und Frau Freiermuth:

Ja, mein Vater wurde ja vom Lager wieder eingezogen zu die Bewährungsbataillon Dillewanger. Und dann war er anschließend 3 Jahre in russischer Gefangenschaft.
Frau Spak: Der Russe hat das doch nicht geglaubt.
Herr Wagner: Wann ist er, wann ist er denn eingezogen worden aus 'em Lager, wißt Ihr das so ungefähr?
Frau Spak: Ne, das muß von Ravensbrück gewesen sein, ne.
Frau Freiermuth: Ja, das ist der selige ... War der Onkel Clemens nicht auch bei die Dillewangers?
Frau Spak: Ne, der Name1*, ne?*
Frau Freiermuth: Der Name1*, der* Name2*, das sind unsere Onkels, die waren mit*

meinen Vater ja eingezogen worden und waren mit meinem Vater in Rußland. Der Name2 *lebt ja noch und der* Name1 *lebt ja auch noch, und der selige* Name3 *war doch auch, ne?*
Frau Spak: Das weiß ich nicht.
Frau Freiermuth: Ja, was die Name4 *ihr Mann war.*
Herr Wagner: Die waren im Dirlewanger-Bataillon, Bewährungsbataillon?
Frau Spak: Ja, Bewährungsbataillon.
Herr Wagner: Die sind nach Rußland gekommen und sind dort in Gefangenschaft?
Frau Spak: Sind da in Gefangenschaft und mußten da bleiben. War ja auch KZ.
Herr Wagner: Waren zweimal gefangen.
Frau Spak: Zweimal. Ach, die waren ja fertig.

Aus früheren Interviews ist mir bekannt, daß die Zwangsrekrutierungen von Sinti zu sogenannten Bewährungseinheiten bereits während der Zeit des Birkenauer Familien-Zigeunerlagers erfolgt sind. Das müßte dann noch vor der Vergasung der Mehrheit seiner Insassen Ende Juli 1944 gewesen sein. Die aus Auschwitz rekrutierten Sinti wurden vor der „Frontbewährung" zwangssterilisiert. Auch aus dieser Gruppe hat es einige Männer gegeben, die mehr als ein reichsdeutsches Konzentrationslager, den Rußlandkrieg und die sowjetische Kriegsgefangenschaft überlebt haben.

5.8. Die Lage der Sinti-Blocks im Nebenlager

Wir haben mit unseren Fragen wiederholt versucht, die Lage des oder der Sinti-Blöcke im Nebenlager zu identifizieren, und zwar aus denselben methodischen Gründen, wie sie bereits für die Rekonstruktion der Zahlenverhältnisse im Hauptlager angeführt worden sind. Im Interview Böhmer wurde ausgeführt:

Herr Böhmer: Das weiß ich noch, Kaserne noch und Appellplatz mit Fahnenmast da, mehr kann ich, weiß ich nicht.

Und wenig später:

Herr Günther: Und können Sie sich noch erinnern, ob das also — wenn da so mehrere sind, ob das irgendwie der linke Block war, der rechte, oder mittendrin?
Herr Böhmer: Wo ich war?
Herr Günther: Ja.
Herr Böhmer: Zum Eingang, links und rechts, kann ich auch nicht sagen, ich kann es nicht.
Herr Bamberger: Das war ja, ich weiß nicht, keine Richtung kann ich nicht angeben. Da war ein Block war gewesen, der stand quer. Wollen mal sagen, (?), wo war das?
Herr Günther: (auf einer schlechten Fotokopie der Luftaufnahme von 1945 auf einen Wirtschaftsblock zeigend): Ja. Ja, hier zum Beispiel steht einer quer.
Herr Bamberger: Hier, ne, hier so Gemüsekeller, und hier standen die Blöcke so, eins, zwei, drei, und hier war die Straße, dann wieder eins, zwei drei, und hier war der Gemüsekeller. Deswegen habe ich eben so draufgeguckt, weil sie hier hatten sie ja jemand erschossen, von der..., 'n Russe, weil er da in den Gemüsekeller reinwollte, den hatten sie da erschossen, deswegen kann ich mich dran erinnern.

Die Blöcke standen alle so der Straße lang. Und hier stand quer die Küche. Und das war doch, so Kasernenlager.
Herr Günther: Kasernen gab es links und rechts von der Straße, zu beiden Seiten.
Herr Bamberger: Zu beiden Seiten Blöcke.
Herr Günther: Ja, und wie viele? Können Sie das ...?
Herr Bamberger: Haben wir nicht drauf geachtet.
Herr Böhmer: Da haben wir nicht drauf geachtet.
Herr Günther: Wir müssen unbedingt einen Lageplan der Kasernen haben. Die stehen nämlich heute noch

Sington hat in seinem Buch von 1946 über die Lage des Blocks, in dem sich genau 100 überlebende Zigeuner „aus aller Welt" befunden haben sollen, folgende Aussagen gemacht:

Herr Günther: Ja, ich lese Ihnen jetzt mal eine Stelle vor von dem Derek Sington. Das werden Sie vielleicht, das, was er hier beschreibt, ...
Herr Böhmer: Aber wo, (resignierend) da steht überhaupt nichts über Sinti drin. Nur über Juden. Na, das war schon immer so gewesen.
Herr Günther: Er schreibt also jetzt folgendes, das ist der erste Tag nach der Befreiung gewesen:
'Wir hatten uns entschlossen, die 20 überzähligen SS-Leute im Block 72 unter Bewachung zu stellen, damit blieb aber immer noch Raum für 100 weitere Personen im Block, und da wir gerade diese Anzahl Zigeuner hatten, wiesen wir ihnen den übriggebliebenen Raum in Block 72 mit den SS-Leuten zusammen an. Wenige Minuten später kam ein besorgt aussehender kleiner Mann in schwarzem Anzug auf mich zu: „Warum soll die SS mit uns Zigeunern zusammengelegt werden", fragte er, „schließlich sind wir auch Menschen". Ich brauchte mehrere Minuten, um ihn davon zu überzeugen, daß diese Regelung auf rein rechnerischen Erwägungen beruhte, weil gerade 100 Plätze frei waren, und keine Herabwürdigung der Zigeuner sei.' (22)
Herr Böhmer: Davon weiß ich nichts. Das ist das erstemal, daß ich davon höre.

In Verfolgung des Zitats aus Singtons Buch kam es auch unter den übrigen interviewten Sinti zu einer lebhaft-empörten Erörterung.
Eine etwas andere Darstellung kann man dem Interview mit Herrn Clemens entnehmen. Auch ihm hat Herr Wagner in eigener Zusammenfassung die Sington-Passage über die 100 Zigeuner und die 20 SS-Leute bekanntgemacht:

Herr Wagner: ... Und dann hat man diese 100 Zigeuner zu diesen SS-Leuten legen wollen ...
Herr Clemens: (schüttelt den Kopf) Hm, hm, ...
Herr Wagner: Nix von gehört. Denn es ist unwahrscheinlich, daß man nach der Befreiung 100 Sinti mit de SS zusammenlegen wollte.
Herr Clemens: Das ist doch der reinste Hohn ist doch das.
Herr Wagner: Das wär doch Mord und Totschlag.
Herr Clemens: Das ist der reinste Hohn. Aber eigentlich wollt ich's ja garnicht sagen. Paß mal auf, es war ja auch so, es waren da noch SS-Leute da, die sie gekriegt haben, die in's Lager drinne waren, die bei uns waren. Die haben danach das Essen müssen holen für uns, es mögen so 20 gewesen sein. Und da ist da der englische Posten mitmarschiert mit Gewehr, der ist da so marschiert, als wenn wir da marschiert sind als Häftlinge. Sind aber jetzt die SS-Leute gelaufen. Und da haben da vielleicht gestanden so 100, 200 Russen. Dann sind die hingestürmt. Wupp, haben

sich zwei, drei rausgeholt von die SS-Leute, die haben se noch gar nich den Fuß auf die Erde, da waren die schon tot. Und da ist auch keiner von weggekommen, von die ganze SS-Leute nicht, nicht ein einziger. Und der SS-Mann, (sich verbessernd) der, der Engländer hat sich garnicht drum gestört, der hat garnicht hingeguckt. Hat das Gewehr genommen, ist ruhig weitergelaufen, hat sich gesagt, 'macht doch, was ihr wollt mit se!' Ne, und so war's nämlich.

Bei den erwähnten 20 Soldaten der Waffen-SS dürfte es sich um die Wachmannschaft aus den Transporten oder Teilen davon gehandelt haben. War es wirklich so? Dann hätten beide recht gehabt, Sington und die Zeitzeugen der Sinti auch. Damit bleibt es bei den bereits erwähnten, der Literatur zum Nebenlager entnommenen beiden Mannschaftsblöcken: MB91 als Einweisungsblock für diejenigen Sinti, die auf einem Fußmarsch von Klein-Bodungen in das Nebenlager geführt worden sind, und MB72, wohin die Briten ihren Zählrest von „Zigeunern aus aller Welt" verlegt haben. Diesem Block kann noch einige Information entnommen werden: Sington gab an, daß dort 100 Zigeuner und 20 SS-Leute untergebracht worden seien. Das macht zusammen weniger als die zu erwartende Zahl von 150 Männern aus. Gleichwohl behauptete Sington, daß noch „genau" für 100 Personen Platz gewesen sei. Die differenz erklärt sich vermutlich durch das britische Bewachungspersonal für die 20 Männer der Waffen-SS. Daraus folgt aber, daß in der Tat bei der Verlegung von Häftlingen anläßlich der Einteilung in Nationen die Pachungsdichte herabgesetzt worden sein könnte: wenigstens bei MB72 ist das bis auf den relativen Luxus des Wehrmachtstandards herab geschehen. Daß die Briten so nicht mit allen Häftlingen verfahren konnten, ergibt sich aus dem Umstand, daß sie dann nicht einmal 15000 Männer hätten unterbringen können, wenigstens nicht in den Mannschaftsblocks. Es scheint, daß die Zigeuner in MB72 die geringere Belegungsstärke ihrer Zimmer gerne drangegeben hätten, wenn sie dafür die Nachbarschaft der Waffen-SS losgeworden wären. Jeder Luxus ist relativ zu seinen Gütekriterien.

Sollte es zukünftig gelingen, den Standort eines bemerkenswert großen Fahnenmastes mitten auf einem der vier in Frage kommenden Appellplätze zu identifizieren, oder aber herauszufinden, wo sich der Gemüsekeller des Nebenlagers befunden hat, könnte es gelingen, weitere Blocks mit dem Zwangsaufenthalt von Sinti und Roma im Nebenlager zu verbinden.

5.9. Die Anzahl von Sinti und Roma im Nebenlager

Wer es unternimmt, die wirkliche Zahl der Sinti und Roma im Nebenlager Bergen-Belsens einzuschätzen, der steht vor zwei Fragen:
— Stimmt Singtons Zahl von genau 100 Zigeunern?
— Wenn nicht, wie hoch war sie wirklich?

In beiden Fällen muß er sich einige Gedanken über die Methode machen, nach der Sington — oder irgendein anderer — unterschiedlich zusammengesetzte Ansammlungen von Menschen klassifizieren und zählen will. Die Frage ist also in beiden Fällen nach der Methode des Zählens oder Nachzählens. Die Kriterien der Klassifizierung hängen von Interessen des Zählenden ab, und bei der dadurch gesetzten Intention kann er technische Fehler in der Durchführung machen, besonders dann, wenn er - wie die Briten - über wenig eigenes Personal verfügt.

Soviel ist von vornherein sicher: nach Papierlage konnte niemand zählen, denn alle Unterlagen waren vernichtet worden. Blieb nur die Selbstzuordnung der zu Zählenden als Methode der Wahl. Und damit stellt sich die doppelte Frage: wie haben die Häftlinge, kaum befreit, die Frage der Briten verstanden? Und gab es ein hartes Interesse für sie, eine ehrliche Antwort darauf zu geben? All das sind einige der Fragen, die ich mir vorlegen und beantworten mußte.

Wie bereits erwähnt, hat ein Häftling des Nebenlagers, Oskar Schmitz, behauptet, die Einteilung nach Nationalisten bereits vor Ankunft der Engländer vorgenommen zu haben. Dafür konnte ich in keinem der bisher gemachten Interviews eine Bestätigung finden. Aber alle Sinti erklärten, daß die Einteilung nach Nationen erst mehrere Tage nach der Befreiung des Lagers, keinesfalls am ersten Tag, von den Engländern vorgenommen worden sei. Gleichwohl gibt es Indizien für eine vorangegangene Einteilung nach Sprachgruppen, die nicht auf eine Transportsortierung in Dora zurückgeführt werden kann. Möglicherweise haben auch die Briten auf die guten Dienste oder doch die Vorarbeiten des Häftlings Schmitz zurückgegriffen. Immerhin sagte Glyn Hughes über erkennbare Verwaltungsanstrengungen der reichsdeutschen Lagerleitung aus,

the prisoners were organized by nationalities, which obviously made it easier. (23)

die Gefangenen waren nach Nationalitäten organisiert, was es offenkundig leichter machte.

Eine Erörterung dieses Problems sollte mit einer Klärung der unterschiedlichen Verwaltungsziele unter reichsdeutscher und britischer Herrschaft beginnen. Was immer auch Kramers britische Pflichtverteidiger zu Gunsten ihres Mandanten vorzubringen hatten — und das war eine ganze Menge — sie konnten immer nur dann überzeugen, wenn sie Kramers Energie in der Beschaffung von weiterer Unterkunftsmöglichkeit zum Thema ihrer Entlastungsversuche gemacht haben: Kramer hatte in kurzer Zeit mit Sicherheit Bergen-Belsen um das Große Frauenlager und das Nebenlager erweitert; wahrscheinlich, wie ich gezeigt habe, auch um das Kleine Frauenlager. Da das Nebenlager zum Zeitpunkt der Befreiung erst um den Faktor 4 überbelegt war, befand sich allein dort eine Unterbringungsreserve von weiteren 15 000 Häftlingen innerhalb der beschriebenen Grenzen. Und dabei war die tatsächliche Kapazität wesentlich höher, denn in die Rechnung wurde bisher noch kein einziges Nebengebäude einbezogen, weder die 20 Pferdeställe noch die 15 Materialschuppen. Nach Kramerschen Standards waren die nochmal für 10 bis 20 000 Häftlinge gut.

Seine Anwälte überzeugen auch heute noch nicht dort, wo sie auf gleich erfolgreiche Anstrengungen hinzuweisen versuchten, das Leben der Häftlinge zu erhalten. Man muß nicht gleich der These des Anklägers folgen, wonach Kramer es direkt auf die Tötung dieser Menschen abgesehen haben soll: auch dafür gibt es keine zwingenden Beweise. Sein wirkliches Verwaltungsziel war vielmehr, die Freilassung von Häftlingen um jeden Preis — auch den des Verkommenlassens — zu verhindern. Auf dieser Linie liegt der Versuch seines Stellvertreters Hößler, die Verwaltung der Gefangenen dadurch zu erleichtern, daß sie nach Sprachgruppen eingeteilt wurden. Danach waren mit einem deutlich kleineren Aufwand an Übersetzern Befehle und Rückmeldungen über Vollzug oder Nichtvollzug zu realisieren als bei einer gemischtsprachigen Belegung der Kasernen. Und genauso hat sich Oskar Schmitz vor seinen Richtern auch eingelassen:

There were all the nations of the world, Belgian, Dutch, Italian, Czechs and Poles, and I know from my long experience in Concentration Camps what it means when all these nations are together and you are not able to understand each other at all. I asked Hoessler, whether these people — there were very many of them, 15000 — could be organized into different nationalities, and he said: 'Allright,' and I spent two whole days and nights going from one block to the other trying to find out how many nationals there were, and how many people belonging to each respective one. On the morning of the 16. April I finished this job, and the people were organized into different nationalities.(24)

Da gab es alle Nationen der Welt, Belgier, Holländer, Italiener, Tschechen and Polen, und aus meiner langen Erfahrung mit Konzentrationslagern weiß ich, was es bedeutet, wenn alle diese Nationen zusammen sind und keiner den anderen im mindesten versteht. Ich fragte Hößler, ob diese Leute — es waren viele, 15000 — nach Nationalität organisiert werden sollten, und er sagte: „In Ordnung," und ich verbrachte zwei volle Tage und Nächte damit, herauszufinden, wieviele Nationalitäten da waren, und wieviele Leute zu jeder gehörten. Ich beendete diese Arbeit am Morgen des 16. April, und die Leute wurden nach Nationalität organisiert.

Obgleich Schmitz einen politisch klingenden Begriff — Nationalität — benutzt - genauer: sein Übersetzer - ist doch seine einzige Begründung die der besseren und erleichterten Sprachverständigung. Und in seinem Kontext darf dieser Begriff auch nur so verstanden werden.

Dagegen verfolgten die Briten ein vollkommen anderes Ziel: sie wollten die Masse der Befreiten zum schnellstmöglichen Zeitpunkt repatriieren — soweit übergeordnete Regierungsinteressen dem nicht im Wege standen. Dazu war aber die Einteilung nach Sprachgruppen denkbar ungeeignet. Die Sprache eines Menschen sagt nichts oder sehr wenig über seine Staatsangehörigkeit aus: was hätten die Briten über die Staatsangehörigkeit eines Häftlings erfahren, wenn sie einen Teil des Lagers mit französisch sprechenden Häftlingen gebildet hätten? Das mochten Franzosen, Belgier oder Schweizer, jiddisch sprechende Menschen konnten Polen, sowjetische Staatsbürger oder Deutsche, Bulgaren, Rumänen oder Ungarn sein. Und am Beispiel der jiddisch sprechenden Menschen kann ein weiterer Fallstrick für britische Interessen verdeutlicht werden: als Nebenziel der Briten darf gelten, die massenhafte Einwanderung befreiter Juden in das britische Mandatsgebiet Palästina in jedem Fall — auch um den Preis einer Internierung — zu verhindern, und genau das hat die britische Regierung auch getan. Die etwas gewundene Selbstkritik von Sington am Ende seines Textes erhält dadurch eine rationelle Erklärung:

Sie waren durch das Lagerleben in ihrer Lebensweise behindert und demoralisiert. Ihre völlige wirtschaftliche Abhängigkeit von den britischen Behörden war demütigend für diese Männer und Frauen, die offiziell für frei erklärt wurden. Ihr Zustand ähnelte allzu sehr demjenigen von Mittellosen in einem Armenhause.(25)

Aus alledem folgt: die Engländer mußten eine Neueinteilung der Häftlinge nach der Staatsangehörigkeit vornehmen, selbst wenn Hößler durch Schmitz nach seinen Kategorien tätig geworden sein sollte, und konnten nur in dem Umfang auf Vorarbeiten zurückgreifen, wie sprachliche und staatsrechtliche Identität von Häftlingen gleichbedeutend waren. Aus diesem ganz anderen Verwaltungsinteresse heraus mußte also notwendigerweise nach dem Kriterium der Nation gezählt werden, diese als Staatsbürgerschaft begriffen, und genau damit kann man „Zigeuner aus aller Welt", um Singtons Worte zu erinnern, eben nicht zählen. Politisch waren sie Franzosen, Belgier, Holländer, Deutsche, Polen, Ungarn, sowjetische Staatsbürger usw. Und über die Kategorie der Religionszugehörigkeit ließen sie sich — anders als die Juden — auch nicht zählen. Danach mochten Sinti und Roma Muslime oder Christen der unterschiedlichsten Denominationen sein. Wie also konnte Sington überhaupt zu einer Zahl für Zigeuner kommen, wenn doch die ethnische Identität garkein Zählkriterium gewesen ist? Kann man dann einer solchen Zahl überhaupt irgendeine Bedeutung beimessen?

Ich denke, ja. Die Briten haben nicht nur die Lebenden klassifiziert und gezählt, sondern auch die Toten vor und nach der Befreiung des Lagers. Und da taucht unter den gleichfalls nach der Kategorie Nation angelegten Sterbelisten eine für die — fiktive — „Nation Gypsi" auf. Sie enthält ganze drei Namen für die Zeit vom 15.4. 1945 bis etwa August 1945. Ein unmöglich niedriger Wert, zumal in ihn, anders als für die Angabe der 100 überlebenden Zigeuner, auch die Befreiten aus dem Hauptlager eingegangen sein müßten. Allein aus unserer kleinen Interview-Stichprobe heraus können wir eine deutlich größere Zahl in Bergen-Belsen verstorbener Sinti belegen. Das ist aber nicht die einzige fiktive Nation in den Sterbelisten, sondern es taucht dort eine ganze Reihe von ihnen auf: die ukrainische, armenische und litauische etwa. Und auch eine russische Nation ist streng genommen fiktiv. Tatsächlich gab es nur eine sowjetische Nation. Selbst die nicht zu identifizierenden Toten wurden als „Nation unbekannt" registriert. Aber alle diese fiktiven Nationen repräsentierten wirkliche Sprachgruppen — ausnahmslos. Das gilt sogar für die „Nation Gypsi". Daß aber die zahlreichen Sprachgruppen Jugoslawiens nicht separat, sondern unter dem staatsrechtlichen Begriff „Yugoslavia" aufgeführt wurden, zeigt, daß zum Zeitpunkt der Listenführung noch beide Kategorien, Sprachgruppen und Nationen, ohne erkennbares System durcheinandergingen, Zeichen des ungewöhnlichen Stresses, unter dem auch die britische Militärverwaltung des Lagers gestanden hat. Da die erwähnten Bezeichnungen bis auf „Yugoslavia" aus der traurigen Schlußbilanz der Totenlisten entnommen wurden, deren letzte Eintragungen bereits in die zweite Jahreshälfte 1945 fallen, läßt sich daran zeigen, wie wenig systematisch die Briten bei ihren Zählaktionen verfahren sind.(26)

Sington hatte, wie bereits erwähnt, in seinem Buch von 1946 behauptet, es habe unter den Überlebenden genau 100 überlebende Zigeuner gegeben, und diese seien aus rechnerischen Erwägungen zusammen mit 20 SS-Männern im Block 72 untergebracht worden. Einen solchen Block, amtlich-deutsch MB 72 genannt, gab es nur im Nebenlager. Zum Zeitpunkt, für den Sington diese Behauptung aufstellt, existierte in Bezug auf das Hauptlager noch garkein Überblick über die Zahlen, und auch eine Verlegung in das Kasernengebiet hatte noch nicht stattgefunden. Folglich konnte sich seine Zahlenangabe auch nur auf das Nebenlager beziehen. Eine mögliche Deutung für die Zahl von genau 100 überlebenden Zigeunern aus aller Welt könnte sein, daß es sich um solche Personen dieser ethnischen Gruppe gehandelt haben könnte, die keiner der im Lager vertretenen Mehrheitssprachen zuzuordnen waren und aus dieser Verlegenheit heraus als Pseudo-Nation klassifiziert worden sind, um sie in dem vollkommen zu ihrer Erfassung untauglichen Zählansatz unterbringen zu können. Ähnlich wie bei der Zählung der Toten die fiktive „Nation Gypsi" wären sie die obligatorische Restkategorie gewesen, ohne die wohl keine Klassifizierung der Wirklichkeit auszukommen scheint. Für Zwecke der Repatriierung war jedenfalls die Feststellung ethnischer Minoritäten überflüssig und ist in anderen Fällen auch unterblieben, obschon sich deren Vertreter unter den Menschen des Lagers befunden haben: eine „Nation Jew" wurde nicht konstruiert, obschon sie dabei war, sich gegen den Widerstand der britischen Regierung zu formieren — es gab nicht einmal eine Sprachgruppe dieses Namens. Die verstorbenen Juden aus aller Herren Länder wurden unter deren Namen registriert und durch Eintragung von „J" in der Konfessionsspalte markiert.

Eine andere Frage ist, wie die zu zählenden deutschen Sinti die Fragestellung verstanden haben. Und da sind die Aussagen vollkommen eindeutig: die Briten haben nach ethnischer Identität in der Tat überhaupt nicht gefragt, ('Wer ist Zigeuner?') sondern entweder nach Sprache ('Wer kann Deutsch?') oder nach politischer Zugehörigkeit ('Wer ist Deutscher?') Da sich deutsche Sinti damals wie heute politisch als deutsche Staatsbürger betrachtet haben — auch, wenn die Nazi-Regierung sie aus der Reichsbürgerschaft hinausgeworfen hatte — haben sich die zweisprachigen Sinti wie selbstverständlich auf beide Fragevarianten „Bei den Deutschen" angestellt und sind dort gezählt worden — und auch wieder nicht: Schmitz, der Lagerälteste, gab die Zahl reichsdeutscher Häftlinge mit etwa 65 an. Wir haben in mehreren Interviews Sinti, die das Nebenlager überlebt hatten, mit dieser Behauptung Singtons über die genau 100 Zigeuner im Nebenlager konfrontiert, sei es, bevor sie eigene Schätzungen ihrer Zahl versucht hatten, sei es danach. Ich bringe zunächst wieder aus dem Interview mit Herrn Böhmer u.a. die Belege: Herr Böhmer erklärte uns die Lage bei der Zählung folgendermaßen:

Herr Böhmer: Wir standen, sagen wir mal, im Karree, im Karree standen wir. Na, da wurden wir, der sagte ja, jede Nationen soll sich zusammenstellen. Und wir war'n darunter. Zigeuner? Deutsche? Was war'n wir jetzt? Wir haben uns einfach hingestellt. Englisch konnten wir nicht.
Herr Günther: Und wieviele Menschen sind das bei Ihnen gewesen?
Herr Wagner: Wieviel Sinti waren da im Lager noch?
Herr Bamberger: Na, das war ein Block, das war der eine Block oben und unten.
Herr Böhmer: Na, drei, vierhundert. Dreihundert.
Herr Bamberger: Ja, vier- bis fünfhundert der eine Block oben und unten.
Herr Böhmer: Na, drei, vierhundert. Dreihundert.
Herr Bamberger: Ja, vier- bis fünfhundert Menschen.
Herr Günther: Jetzt ist folgendes Problem: der englische Oberleutnant sagt, genau Hundert hat es in dem Kasernenlager gegeben. Zigeuner.
Herr Böhmer: (mit Nachdruck) Das stimmt nicht.
Herr Bamberger: (sehr bestimmt) Da muß der sich getäuscht haben

Das war noch zurückhaltend geurteilt. Andere sagten es krasser:

Herr Wagner: Also, es geht darum, dieser Offizier, der dann als erster mit im Lager war, schreibt bloß von 100 Sinti ...
Herr Schmidt: (ihm ins Wort fallend) Ach, der schwindelt ja.
Frau Schmidt: Aaaach, ...

Der für sie offensichtlich schlagende Kontrast zwischen der eigenen Erinnerung und Singtons Aussage veranlaßte die Sinti, nach Erklärungen für die Differenz in den Zahlen zu suchen, und zwar auf zwei Linien: der des von den Briten benutzten Zählkriteriums für „Zigeuner" und der einer Annahme hoher Fluchtraten aus dem Nebenlager. Zunächst zum Zählkriterium:

Herr Seeger: Moment mal, bei uns, hört mal, war anders: 'Wer ist Deutscher?' Da haben wir uns bei den Deutschen hingestellt, ne, das ist doch mal klar. Die haben doch nicht gesagt von Sinti. Verstehtst du das?
Frau Schmidt: 'Wer kann deutsch sprechen'?
Herr Wagner: Da ist der Fehler.
Herr Seeger: Da haben wir gedacht, wir stehen jetzt bei den Deutschen, ne.
Herr Günther: Ja, ...
Herr Seeger: Da haben wir uns bei den Deutschen mit angestellt. Hätten die jetzt gesagt: 'Wer ist jetzt Zigeuner'? Hätten wir raus, hätten wir doch in Zigeuner, ne? So war's.
Herr Günther: Ah, ja.
Herr Wagner: Ah, ja.

Das würde auch bedeuten, daß die deutschen Sinti dort die absolute Mehrheit der deutschen Häftlinge gestellt haben — und doch nicht als Deutsche zählten; denn Schmitz hat auch behauptet, daß es nach dem Abgang der 150 Häftlinge zur SS-Einheit Dirlewanger nur noch 65 deutsche Häftlinge im Nebenlager gegeben habe. Das war juristisch korrekt, hatte doch die Reichsregierung diese Minderheit geschlossen aus der reichsdeutschen Staatsbürgerschaft entfernt. Aber ohne die deutschen Sinti hätte die moralische Lage der wenigen deutschen Deutschen unter den befreiten Häftlingen in Bergen-Belsen noch erbärmlicher ausgesehen.

Die Fluchtrate wurde, wenn auch mit unterschiedlicher Deutlichkeit, als hoch eingestuft:

Herr Seeger: Moment mal, die sind doch alle abgehauen.
Herr Wagner: Das ist die Frage.
Herr Schmidt: Das ist, soviel kunnten ja nun nicht weglaufen.
Herr Seeger: Ja, wieso nicht? Denkste bloß, wir sind stehengeblieben, sind dringeblieben?
Herr Schmidt: Ja, ich hab ja viele getroffen.
Herr Seeger: (zufrieden) Na, also! Also sind doch alle abgehauen.
Herr Wagner: Alle weggelaufen.
Herr Seeger: Wir haben doch gedacht, wir kommen gar nicht mehr da raus.

Nach diesem notwenig negativen Zwischenergebnis wollte ich es direkt und möglichst genau wissen:

Herr Günther: Wieviele Sintis, oder auch Rom — Zigeuner, wie man damals gesagt hat — waren insgesamt in diesem Lager untergebracht?
Herr Bamberger: Wo wir hinkamen, da waren ja auch Russen drinne, Franzosen, sämtliche Nationen waren da, ...
Herr Böhmer: Italiener, ...
Herr Bamberger: Zigeunerblock war eingeteilt worden, ein Zigeunerblock. Ich schätze ungefähr 1000 Stück, wieviel da waren.
Herr Günther: In Bergen, in Belsen?
Herr Bamberger: In den Kasernen da, nicht im Lager. Das Lager war ja abseits, das war wieder woanders.

Diese Angabe dürfte eher etwas zu hoch sein. Die Kasernevoll reichsdeutsch muß ja zu 600 Häftlingen gerechnet werden. Es ist unwahrscheinlich, daß die Engländer mehr Befreite in einen Mannschaftsblock hineingepreßt haben sollten, als die Waffen-SS Häftlinge. Herr Böhmer lag mit seiner bereits mitgeteilten Schätzung

deutlich niedriger. Möglicherweise bezog er sich einmal auf den eigenen Block, das anderemal auf das Nebenlager insgesamt.
In anderen Interviews wurden uns noch höhere Zahlen genannt, die Schätzungen reichten dabei bis an 4000 Sinti heran.
So erklärte uns Herr Seeger in seinem Interview:

Herr Seeger: Ja, bei uns Männer so, da schätz' ich doch wenigstens sie (überlegt länger) 800, wenn das reicht. Wenn es reichen sollte.
Frau Schmidt: Das ist wenig.
Herr Seeger: Wenn das reicht.
Herr Schmidt: Na ja, das ...
Herr Seeger: Wenn das reicht.
Herr Schmidt: Da unser einer Block war ja schon voll, ...
Herr Seeger: Wenn das reicht.
Herr Schmidt: und denn kam immer ein Block nach dem andern, und das waren alles Sinti.

Herr Seeger erhöhte seine Schätzung laufend, während er darüber nachdachte, und blieb schließlich bei etwa 3000 Sinti stehen.
Auch Herr Fischer gab eine Schätzung in ähnlicher Höhe ab:

Herr Günther: Wieviel Sinti sind vor der Befreiung in dem Lager Bergen-Belsen gewesen?
Herr Fischer: Also dreitausend, viertausend das wenigste.
Herr Günther: Und Frauen? Waren Sie nicht drin, hm.
Herr Fischer: Ich weiß auch viele Frauen, meine Mutter war da, meine Geschwistern. Haben die nix gesagt?
Herr Wagner: Na ja, wir müssen aber jeden eben fragen, ...
Herr Fischer: Ich kann's nicht wissen.
Herr Günther: Wie kommen Sie auf die Zahl 3000-4000?
Herr Fischer: Geschätzt. Weil, es waren ja ein paar Blocks voll.
Herr Günther: Ein paar Blocks?
Herr Fischer: Ja. Also, drei wenigsten.
Herr Wagner: Nur Sinti?
Herr Fischer: Ja, was ich weiß.
Herr Wagner: Nur deutsche Sinti, oder auch tschechische oder polnische Sinti?
Herr Fischer: Sinti sind doch zusammen rein ins Lager gekommen. Es waren sogar bei die tschechische — jetzt komm ich drauf — Block auch Sinti von de Tschechen drin ...

Die von Herrn Fischer geschätzte Zahl erscheint mir überhöht. Aber wie steht es mit der von ihm und mehreren Zeugen genannten Anzahl für die Blöcke? Auch sie spricht gegen eine Zahl in der angegebenen Größenordnung: drei Blöcke, belegt mit Sinti, das hätte etwa 1800 Personen ausgemacht — wenn ich sie reichsdeutsch rechne. Wenn aber die Briten anläßlich der Umorganisierung nach Nationen im Sinne ihres Verwaltungsinteresses gleichzeitig die Belegungstärke eines Blockes halbiert hätten, dann dürfte er nur noch mit 300 befreiten Häftlingen gerechnet werden, und dann tendieren die Schätzungen irgendwo zu 600 Sinti als Untergrenze und 1000 als Obergrenze. Herr Fischer hatte ja nicht nur seine Ziffer genannt, sondern auch sein Schätzmaß, die Kasernevoll, offengelegt.
Eine solche Annahme liegt innerhalb der Grenzen, die durch die Berechnung aus der Lagerkapazität von Dora gewonnen wurden: von den etwa 1200 Zigeunern

waren 500 als in das Hauptlager eingewiesen angenommen worden, blieben noch bis zu etwa 700 Männer übrig. Dabei muß aus Mangel an Daten offenblieben, ob nicht mit den Evakuierungstransporten, etwa aus den Konzentrationslagern in und um Hannover, als Zigeuner klassifizierte Männer in das Haupt- oder Nebenlager transportiert worden sind.

Es wäre anders das erste Mal gewesen, daß eine größere Gruppe von Überlebenden unter den Sinti dazu tendiert hätte, deutlich überhöhte Zahlen anzunehmen. In der Regel konnte ich bisher das Gegenteil feststellen. Auch in Bergen-Belsens Nebenlager, scheint es, ist noch viel zu tun.

Das betrifft insbesondere den Ausländeranteil der als Zigeuner klassifizierten Häftlinge, da sie sich, entsprechend dem Muster auch der deutschen Sinti, jeweils bei „ihrer" Nation mitangestellt hatten, die tschechischen also bei den Tschechen, die polnischen bei den Polen, die ungarischen bei den Ungarn etc, sind sie in die Zahlenschätzungen nicht eingegangen, die von den Zeitzeugen der Sinti stammen.

5.10. Fluchten von Sinti nach der Befreiung aus dem Haupt- und Nebenlager

Die tatsächlichen Zahlen der Sinti im Nebenlager wurden also nicht nur durch die Sterblichkeit auf den Transporten und im Lager bis zum Zeitpunkt der Befreiung, sondern auch durch das unzulängliche Zählverfahren auf der Basis von 'Nationalitäten' verfälscht und die damit systematisch zu kleine Zahl durch Zwangsrekrutierung, Fluchten während, aber vor allem nach der Befreiung des Lagers weiter vermindert. Generell kann gelten: wer von den befreiten Sinti noch nicht „von den Beinen ab war", um eine von Frau Winterstein benutzte plastische Formulierung zu übernehmen, hat das Weite gesucht. Die Motive der Flucht sind vielschichtig gewesen. Es begann mit der Art und Weise, wie den Häftlingen ihr Schicksal nach der Befreiung von ihren — noch amtierenden — Herren vorgestellt worden ist. So heißt es dazu im Interview mit Herrn Böhmer u.a.:

Herr Bamberger: Der hat uns ja erklärt, er hat uns das ja erklärt, der, der, der Oberscharführer, oder was es da war. Der hat uns alle antreten lassen, und hat erklärt, wir werden jetzt befreit. Und wenn der Engländer reinkommt, ...
Herr Böhmer: geht weiter, ...
Herr Bamberger: dann geht das Leben wieder normal weiter, dann geht's wieder zur Arbeit, und Appell, und so weiter und so weiter. Hat sich gedacht, hat sich ...
Herr Hoff:
ging im ganzen Lager so.
Herr Bamberger: er hat sich das eingebildet, und am Tag, wie die Befreiung war, da ist er dann oben auf dem Panzerwagen gestiegen, und ist mit den Leuten, hat das alles erklärt, wie das war, und so weiter, und da fiel ein Jude, der brach zusammen, und da schrie er von oben runter, zu den Häftling, er soll 'n aufheben. Und da hat der Posten, hat der, der, der Engländer von hinten 'n Karabiner genommen und hat ihn in's Genick geschlagen. Da ist er oben runtergeflogen.

Selbst wenn die Befreiten der Ankündigung der Waffen-SS vor und während der Befreiung keinen allzu großen Glauben geschenkt haben sollten, so war doch mit dieser offiziösen Perspektive eine Sorge gesetzt, die sich ja auch für zahlreiche Menschen des Lagers als nicht ganz unbegründet erwiesen hat. Ein weiteres Motiv entstand durch die Sorge um Familienmitglieder, die wegen hohen Lebensalters nicht mit ihren Angehörigen zusammen deportiert, sondern unter ungewissen Bedingungen „in Freiheit" zurückgeblieben waren. Oft sind auch solche Sinti geflohen, die nach ihrem körperlichen Zustand dazu noch gar nicht in der Lage gewesen sind, und dies erst unterwegs gemerkt haben. Aus dieser Gruppe hat es nicht wenige gegeben, die der Strapaze nach wenigen Tagen, Wochen oder Monaten erlegen sind. Bei einer dritten Gruppe war der Impuls übermächtig, endlich wieder ein Leben in voller Unabhängigkeit führen zu können. Das war im wesentlichen die Gruppe derjenigen Männer, die körperlich in einer besseren Verfassung waren, als der Durchschnitt ihrer Leidensgefährten. Ein letztes, häufig genanntes Motiv: nur nicht in der letzten Minute krank werden durch eine Infektion mit einer der zahlreichen unter den Befreiten grassierenden Krankheiten. Mit der Verlegung von Kranken aus dem Haupt- in das Nebenlager dürfte dieser Beweggrund täglich verstärkt worden sein. In keinem Fall standen die von uns interviewten Personen unter dem Eindruck, daß sie als Sinti von den britischen Behörden schlechter gestellt oder behandelt worden sind, als andere Häftlingskategorien.

Schon die Frage nach unterschiedlicher Behandlung wurde mit dem Unterton der Entrüstung zurückgewiesen:

Herr Günther: Herr Böhmer, ich würde noch mal gerne — und auch Sie, Frau Böhmer, und (zu den übrigen Herren gewendet) Sie auch — fragen: Haben Sie den Eindruck gehabt, daß die englische Truppe Sie, weil Sie Zigeuner waren, schlechter behandelt hat als andere befreite Häftlinge?' Alle: Nein, nein, nein, nein!
Herr Bamberger: Um Gottes Willen!
Herr Günther: Sondern Sie sind mit anderen ...
Herr Bamberger: alle gleichgestellt worden, alle gleichgestellt worden. Da war kein Unterschied zu machen. Nein.
Herr Böhmer: Ist mir nicht bekannt. Ist mir nicht bekannt.
Herr Günther: Also, ich bin darauf gekommen wegen dieser kleinen Geschichte 'Zigeuner und SS in einem Block'.
Herr Böhmer: Ja, das ist unglaubbar. So ergab sich bei der Auszählung von Fluchten aus dem Lager unter dem Strich, daß sich etwa die Hälfte der von uns interviewten Sinti beiderlei Geschlechts ohne Entlassungspapiere aus dem Lager entfernt haben. Unter ihnen dürften mit großer Wahrscheinlichkeit mehr Männer als Frauen gewesen sein, weil die Männer nicht nur kürzer in Bergen-Belsen inhaftiert waren als die Frauen und Kinder, sondern auch in einer besseren Ausgangsverfassung gewesen sind und mit dem Nebenlager das deutlich bessere Los gezogen hatten.(27)

Verzeichnis der Kapitelnoten
1. Schriftliche Mitteilung von Herrn Bornemann vom 10.12.89 an den Leiter der Mahn- und Gedenkstätte Mittelbau-Dora.
2. BU4692.
3. a.a.O., Bd. 6, Artikel „Kaserne", Seite 279.
4. BU6591.
5. Eine Bestätigung für dieses Maß findet sich in der Aussage der britischen Sanitätsoffiziere Hughes und Johnston im Lüneburger Prozeß: Trial of Josef Kramer etc, Seite 37 und 45.
6. a. a. O., Signatur FO 1052/247, Standort einer 1:1-Kopie in der Niedersächsischen Landeszentrale für Politische Bildung, Hannover.
7. Kolb '65, Seite 135.
8. Kolb '65, Seite 135.
9. Trial of Josef Kramer etc, Seiten 167 f. für Kramer und Seite 200 für Hößler.
10. Vergl. Trial of Josef Kramer etc, Seite 739. 11.
    Mitteilung von Kühlbrodt, Mahn- und Gedenkstätte Mittelbau.
12. Das müßte nach den Unterlagen aus der Mahn- und Gedenkstätte Mittelbau entweder am 10. oder 11. April 1944 gewesen sein.
13. Transportstrecke nach Aussage von Stärfl und Dörr, den Transportführern, in: Trial of Josef Kramer etc, Seite 325.
14. Trial of Josef Kramer etc, Verhör von Franz Stärfl (Stofel), Seite 326.
15. Persönliche Mitteilung des Direktors der Mahn- und Gedenkstätte Mittelbau, Kuhlbrodt. Darin enthalten auch die korrekte Schreibung von „Stofel" und „Dorr".
16. Vgl. dazu die Darstellung der britischen Bombenangriffe auf Transportschiffe mit evakuierten Häftlingen des KZ Neuengamme bei: Werner Johe, Neuengamme, Zur Geschichte der Konzentrationslager in Hamburg.
17. a.a. O., Seite 327.
18. Trial of Josef Kramer etc, Seite 332.

19. Die Engländer hielten den Kölner Oskar Schmitz dafür, der sich aber nach eigenen Angaben von den wenigen deutschen Häftlingen in diese Funktion hatte küren lassen. Vgl. Trial of Josef Kramer etc, Seite 288.
20. a.a. O., Seite 120.
21. Nach Aussage von Oskar Schmitz genau 150 Männer. Trial of Josef Kramer etc, Seite 288. Demnach bezog sich die Zahl von Herrn Böhmer auf die deutschen Sinti.
22. Sington, a.a.O., Seite 120.
23. Trial of Josef Kramer etc, Seite 37.
24. Trial of Josef Kramer etc, Verhör von Oskar Schmitz, Seite 288.
25. Sington, a.a. O., Seite 178.
26. Standort der Sterbelisten in Kopie: Niedersächsische Landeszentrale für Politische Bildung, Hannover.
27. Die Fluchtstatistik im Anhang mag dies veranschaulichen.

6.0. Das Ende einer Befreiung

Das Konzentrationslager Bergen-Belsen ist nicht einfach mit seinem Gefechtsstreifen von der 2. britischen Arme freigekämpft, sondern in einem Separat-Waffenstillstand von der Wehrmacht an die Briten übergeben worden. Teil des zu Übergebenden sollten auch die Karteien der Lagerverwaltung sein. Wie sich bald herausstellte, hatte Kramer seine gesamten Unterlagen über das Lager und die Häftlingsregistratur auf zentralen Befehl hin bereits Mitte März 1945 im Krematorium verbrennen lassen. Ein Rest von etwa 2000 Karteikarten, der angeblich noch vorhanden sein sollte, stellte sich gleichfalls als zerstört oder verschwunden heraus. Zu- und Abgänge von Häftlingen wurden seitdem nur noch numerisch kontrolliert. Die Aussage eines befreiten Häftlings, er wisse, wo die letzten Papiere der Deutschen vergraben seien, förderte bei Überprüfung nichts zutage. Ungewiß ist, ob die Briten den Versuch gemacht haben, durch Exhumierungen aus den Massengräbern die Toten der letzten Monate zu zählen. Ob und in welchem Umfang sie mit Hilfe der Überlebenden einen Teil der Daten rekonstruiert und gesichert haben, wird sich erst beurteilen lassen, wenn die Sperrfrist für britische Archive 1995 abgelaufen sein wird. Sington jedenfalls erwähnt in seinem Buch zahlreiche Karteien und Listen, die von den Briten im Nebenlager produziert wurden.(1) Wo sind sie abgeblieben?

Hier ist abschließend über die Verbrennung des Häftlingsabteils im Hauptlager zu berichten, durch den ein Teil der unersetzlichen Daten zerstört worden ist, und zwar in Gestalt des Inschriftenkorpus, der unvermeidlich jede länger benutzte Baracke zu einem offenen Anschlagbrett für Lebensäußerungen ihrer Bewohner werden läßt. Daraus hätte sich nicht nur durch die benutzten Sprachen etwas über die Häftlingsgruppen feststellen lassen, die nacheinander die Baracke bezogen hatten, sondern durch eine Analyse des Inhalts der Mitteilungen etwas über die besondere und allgemeine Geschichte dieser Menschen. So wissen wir beispielsweise durch solche Inschriften, daß die seit Herbst 1944 im Aufenthaltslager neu aufgestellten Baracken aus dem Konzentrationslager Plaszow in Polen stammten. Durch dieselben Inschriften ist auch ein Teil des Schicksals seiner Bewohner aufgeklärt worden.(2)

Die Briten haben den oder die letzten Blocks des Häftlingslagers am 21. Mai 1945 niedergebrannt und als Begründung dafür angegeben, daß sie die Ausbreitung von Fleckfieber und Typhus verhindern wollten. Die Entscheidung wird den Generälen Glyn Hughes und P. Marshall zugeschrieben.(3) Ob beide Militärs aus eigener Zuständigkeit oder auf politische Weisung handelten, ist noch unklar. Ich bin kein Mediziner und überblicke die Entscheidungsgründe nur als informierter Laie; als solcher habe ich meine Zweifel:

Fleckfieber wird durch die Kleiderlaus übertragen, und Kleiderläuse kann man nicht durch Verbrennen von Baracken bekämpfen. Getrennt von ihren Opfern sterben Kleiderläuse je nach Umgebungstemperatur in 2-10 Tagen.(4) Danach war zum Zeitpunkt des Niederbrennens die letzte Kleiderlaus auf dem Gelände bereits verhungert.

Typhus ist ein schwerer zu beurteilender Fall. Das Typhusbakterium kann Dauerformen ausbilden, die außerhalb des menschlichen Körpers, etwa in Ackererde, relativ lange überdauern können, weil sie sowohl der Hitze wie der Austrocknung gut zu widerstehen vermögen.(5) Soweit in den Baracken selbst solche Dauerformen vorhanden waren, sind sie durch die Brandtemperatur mit Sicherheit vernichtet worden. Ob das auch zwischen den Baracken oder auf den sonstigen Verkehrsflächen des Hauptlagers der Fall war, muß zweifelhaft bleiben. Über irgendwelche nachgehende Tests ist in der allgemeinen Literatur bisher nichts bekannt geworden. In jedem Fall hätte zur Kontrolle dieses Risikos eine Reparatur der Außenzäune in Verbindung mit einer sorgfältigen Warnbeschilderung und einer leichten Bewachung des verlassenen Lagergeländes genügt.

Aber zweifellos war die Masse der infektiösen Keime in den Patienten, und damit im Nebenlager, vorhanden. Und da kontrastiert die Mikrobenfurcht in Bezug auf das Hauptlager mit der relativen Sorglosigkeit, die die Briten im nebenlager gezeigt haben: am selben Tag, wo das Hauptlager in Flammen aufging, wurde die Quarantäne über das Nebenlager aufgehoben.(6) Und davor hätten die Briten nur durch ähnlich brutale Methoden wie die ihrer Vorgänger den Kontakt zwischen den unter Quarantäne gestellten Häftlingen und der Zivilbevölkerung unterbinden können; die Berichte sind Legion, die über solche Kontakte existieren. Auch die interviewten Sinti haben übereinstimmend ausgesagt, daß es verhältnismäßig leicht gewesen ist, Haupt- oder Nebenlager zu verlassen. Danach hätte es eigentlich im gesamten norddeutschen Raum eine doppelte Epidemie geben müssen. Offensichtlich ist das nicht der Fall gewesen.

Unabhängig von der medizinischen Beurteilung des Falles ist die historische: es scheint, daß die britischen Militärbehörden es fast vollständig versäumt haben, auch nur die wichtigsten topografischen und historischen Daten zu sichern, bevor sie das Hauptlager niederbrannten. Während die Luftaufklärungskapazität von vier alliierten Armeen — ergänzt durch die des Besiegten — zur Verfügung gestanden hat, ist das Beste, was topografisch zur Datensicherung gemacht wurde, die Handskizze von Glyn Hughes. Die beklagenswerte Dürftigkeit der Kommentare zu den Bodenfotos aus britischem Besitz habe ich bereits erwähnt. Und auch die Berichte über die letzten Augenblicke des Hauptlagers sind nicht übereinstimmend. Schlimmer als dies alles war die Signalwirkung, die der Brand gehabt hat: danach wurde das Lagergelände von deutschen Dienststellen immer mehr befreit: von den Wachtürmen und Toren, den Stacheldrahtverhauen zur Innen- und Außensicherung und von allen Barackenfundamenten; es wurde immer aufgeräumter, ordentlicher und sauberer, und es wurde immer kleiner. Seine erikafarbene Schönheit zur Heideblütenzeit hat für viele Besucher etwas Beängstigendes.

Doch zunächst hat Sington das Wort:

Das Lager, das wir betraten, war jetzt eine verlassene Einöde. Die Baracken des SS-Hofes standen noch, ebenso der Stacheldrahtzaun, die Wachtürme und das Tor. Die Baracken des Häftlingslagers waren jedoch völlig niedergebrannt, eine einzige ausgenommen. Auf jeder Seite lagen Haufen Gerümpels, und nur die Grundmauern zeigten an, wo die Baracken einst gestanden hatten. Die Kupferkessel der Küche oxidierten im Freien, und hier und da waren die betonierten Ausgüsse und Abflußrohre der Baracken noch intakt. Das Ziegelkrematorium war geblieben, aber das Unkraut begann ringsum aufzuschießen und die nahegelegene Kartoffelmiete zu bedecken. Zu beiden Seiten des Eingangstores waren Tafeln errichtet worden, eine in englischer und die andere in deutscher Sprache:

'Hier befand sich das berüchtigte Konzentrationslager von Belsen, das von den Engländern am 15. April 1945 befreit wurde. Zehntausend unbeerdigte Tote wur-

den hier gefunden. Weitere dreizehntausend sind seither gestorben. Sie alle sind Opfer der deutschen Neuen Ordnung in Europa und ein Beispiel der Nazikultur.'

Block 44 im kleineren Frauenlager war für die zeremonielle Verbrennung ausersehen worden. Zwei große Plakate, von denen das eine ein Hakenkreuz, das andere ein Eisernes Kreuz, die Symbole des Nazismus und Militarismus, trug, waren zu beiden Seiten des Blocks befestigt worden. Ein drittes Plakat in der Mitte zeigte Hitlers düsteres Gesicht. Dreißig Meter von der Baracke entfernt standen eine Fahnenstange und eine Tribüne. Gegen drei Uhr hatten sich die meisten der in Belsen anwesenden britischen Truppen versammelt, und dreihundert ehemalige Häftlinge waren von der Panzerausbildugsschule gekommen. Drei „Wespen" — mit Flammenwerfern ausgerüstete Wagen — standen bereit.

'In einigen Minuten', sagte Oberst Bird, 'werden wir die letzte Baracke des ehemaligen Konzentrationslagers Belsen niederbrennen. Es drängt sich mir das Gefühl auf — und vielleicht empfinden Sie ebenso — daß die völlige Niederbrennung dieses pestverseuchten Lagers ein großes Symbol ist. Sie ist das Symbol der endgültigen Vernichtung des bestialischen, unmenschlichen Glaubens Nazi- Deutschlands, jenes Glaubens, durch den Verbrecher versuchten, die Völker Europas für ihre eigenen teuflischen Ziele zu erniedrigen. Die britische Fahne hat nie über Grausamkeit und Brutalität geweht. Daher wurde sie auch bisher nicht über Belsen gehißt. In wenigen Augenblicken wird sie gehißt werden. Auch dies ist ein Symbol. Das Symbol der großen Aufgabe der Befreiung, für die die alliierten Armeen sechs Jahre gekämpft haben, die Vollendung der von der britischen Befreiungsarmee am 6. Juni begonnenen Aufgabe, als sie am Strand der Normandie landete, und vor allem der Abschluß der furchtbaren, aber begeisternden Aufgabe, der sich hier vor kurzem Einheiten der 2. Armee gegenübersahen.

Was ist in dieser kurzen Zeit erreicht worden?

Etwa 40 000 Menschen lebten noch, als Ihr hier eintraft. 10 000 oder mehr lagen tot und unbegraben. 29 000 evakuiert Ihr von hier und mußtet 13 000 begraben, die nach Eurer Ankunft starben. Ihr habt die vier Lazarette und die neuen Durchgangslager für die Überlebenden eingerichtet und das Personal gestellt. 500 begannen vor vier Tagen ihre Heimreise, weitere 7000 werden heute mit ihrer Heimkehr beginnen. Dies ist das Ergebnis Eurer Leistungen, Offiziere, Männer und Frauen der opferbereiten Einheiten des Königlichen Sanitätskorps und der prächtigen Offiziere und Mannschaften der Königlichen Artillerie; die Abteilungen der Militärregierung, der selbstlosen Abteilungen des britischen Roten Kreuzes und der Medizinstudenten, des Schweizer Roten Kreuzes und der Stäbe und Dienststellen, die uns hier unterstützt haben.

In diesem Augenblick wird ein Kapitel beendet, dessen Seiten mit der abscheulichsten Geschichte von Grausamkeit, Haß und Bestialität gefüllt sind, die je von einer Nation geschrieben wurde. Ihr habt ein Kapitel beendet und habt durch Euren großen Einsatz ein neues Kapitel im Leben einiger 27 000 Überlebender des Lagers begonnen. Ehe wir mit der Zeremonie anfangen, möchte ich dem britischen Soldaten einen besonderen Tribut zollen. Seine Großherzigkeit, seine Geduld, sein Mitgefühl und sein Sinn für Humor haben ihn immer zum besten Botschafter gemacht, den sich eine Nation nur wünschen kann.

Und nun rufe ich vier von Euch auf, die vom ersten Tage an mit die Hauptlast getragen haben: die Obersten Johnston, Spottiswoode und Mather und Major Miles, diese Baracke abzubrennen!*

Nach der Rede des Obersten wurde der Union Jack gehißt, und die "Wespen„ spien ihre Flammenstrahlen in Block 44. Das Holzwerk knisterte, das Dach krachte nieder und die Rauchwolken wogten um Hitlers flammendes Bild. Bald war Block 44 nur noch ein brüllendes Flammenmeer.(7)

An dem Bericht ist zweierlei bemerkenswert: von der offiziellen Begründung des Niederbrennens, der Verhütung von Typhus und Fleckfieber, ist keine Rede bei Sington, und der Leser wird mit der beruhigenden Gewißheit entlassen, daß mit dem Verschwinden der drei Bilder an Block 44 des Kleinen Frauenlagers Faschismus und Militarismus in Deutschland und darüberhinaus für immer besiegt sind.

Ganz anders die Stimmung bei einem anderen Augenzeugen, dem britischen Militär-Rabbiner Leslie Hardman: der Leser empfindet die tiefen Zweifel des Berichterstatters, ob mit der Verbrennung eines bloßen Werkzeuges auch der Geist zerstört werden kann, der es geschaffen hat. Und während Sington die letzten freien Bewohner des Hauptlagers, eine Gruppe ungarischer Roma, entweder überhaupt nicht wahrgenommen oder aber unterschlagen hat, macht Hardman ihre Vertreibung durch den Brand zum dramaturgischen Dreh- und Angelpunkt seines Berichtes:

Die Roma, die ungarischen Zigeuner im Lager, hatten einen Versuch gemacht, ihr Nomadenleben wieder aufzunehmen und kleine Zelte im hintersten Teil des Hauptlagers aufgeschlagen. Der Tag kam, an dem ihnen befohlen wurde, in andere Lager zu gehen oder sich in das Nebenlager zu begeben.
Das lehnten sie ab. Nicht nur waren sie häufiger das Opfer von Zwangssterilisationen geworden, sondern sie hatten unter der fürchterlichen Enge in den Barakken auch stärker gelitten als andere Gruppen. Seit der Befreiung hatten sie etwas Erholung und Ruhe gefunden, und der Himmel war wieder ihr Dach.
Als ihnen jetzt befohlen wurde, die Zelte zu verlassen und in ein anderes Lager zu gehen, fühlten sie die Mauern eines neuen Gefängnisses um sich herum aufsteigen. Alle Versuche, sie zum Fortziehen zu überreden, schlugen fehl; ihr Widerstand wuchs mit ihrem Entsetzen.
Es war entschieden worden, das Hauptlager niederzubrennen. Als mich die Nachricht erreichte, war ich im Nebenlager damit beschäftigt, die Erziehung der Kinder zu organisieren. Bei mir war ein weiterer jüdischer Geistlicher, der vor zwei Wochen im Nebenlager eingetroffen war, um mir bei der Rehabilitation zu helfen.

Es folgen Anfang und Ende der Ansprache von Colonel Bird. Dann berichtet Hardman weiter:

Die flammenwerfenden Panzer schossen ihr Feuer in jeden Schuppen, in jede einzelne Baracke, auf alles, was einmal das Hauptlager Bergen-Belsen ausgemacht hatte.
Erst im letzten Augenblick begannen die Zigeuner sich zu rühren. Sie rollten ihre Zelte ein, nahmen ihre Habe auf und zogen davon.(8)

Und der Leser begreift: eine Befreiung war zu Ende.

Verzeichnis der Kapitelnoten

1. a.a. O., Seiten 162 ff.
2. Kolb '65, Seite 115.
3. Chronik von Bergen-Belsen, Blatt 9. Dort erscheint als Quelle die Veröffentlichung Holocaust and Rebirth, Seite 80.
4. Artikel „Läuse" im Brockhaus, Bd. 7.
5. Artikel „Typhus" im Brockhaus, Bd. 11.
6. Chronik von Bergen-Belsen, Blatt 9. Als Quelle wird eine britische Fachzeitschrift für Militärmedizin angegeben.
7. Sington, Derrick, Die Tore öffnen sich, Seite 127 f.
8. Leslie H. Hardman, The survivors. The story of the Belsen Remnant. London 1958, Seite 74f.

7.0 Exkurse zur Topografie des KZ Bergen-Belsen

Während meiner Untersuchung zur Geschichte der Sinti und Roma im Konzentrationslager Bergen-Belsen wurden umfangreiche topografische Analysen notwendig, die sich auch auf solche Phasen der Lagergeschichte erstreckten, die weit vor Ankunft der ersten als Zigeuner klassifizierten Personen in Teillagern Bergen-Blesens lagen. Ihre Darstellung hätte im Haupttext der Arbeit zu sehr vom Thema weggeführt; da sie auch für die allgemeine Geschichte des Lagers bedeutungsvoll sein können, waren sie zu schade, um im Zettelkasten zu verstauben. Deshalb habe ich mich entschlossen, sie in zwei Exkursen darzustellen; einer bezieht sich auf das Kleine, der andere auf das Große Frauenlager.

7.1. Zur Kritik der Topografie des Kleinen Frauenlagers

Der Untersuchung liegenden folgende topografische Quellen zugrunde:

- die Projektzeichnung für das StaLag 311, etwa Mai 1941,
- die Zielkarte des Truppenübungsplatzes von 1938/42,
- die topografische Karte desselben Geländes, 1:25000,
- die britische Luftaufnahme vom 17. September 1944,
- die Skizze von Glyn Hughes mit Stand vom Mai 1945,
- die Sington-Skizze, englisch 1946, deutsch 1948,
- die Skizzen des Aufenthaltslagers (Kolb 1962 und 1985),
- die Aufnahme britischer Armeefotografen ab April 1945,
- die amerikanischen Luftbilder von 1945/46.

Hilfsweise wurden Passagen aus der Beschreibung von Fania Fenelon über ihre Einweisung in das Frauenzeltlager und das Kleine Frauenlager herangezogen. (1)

Für seine topografischen Vorstellungen von Bergen-Belsen hängt Kolb durchgängig von Sington ab. Dessen charakteristisch falscher Lagerumriss im Südwesten taucht auf allen Skizzen Kolbs auf. Aus Singtons ungenauer Skizze des Endzustands im April 1945 hat Kolb durch stufenweise Reduktion seine Vorstellungen über den Barackenbestand zu früheren Zeitpunkten abgeleitet. Es fällt schwer, im einzelnen nachzuvollziehen, wie Kolb zu bestimmten Annahmen gekommen ist. Das gilt in besonderen Maße für seine topografische Rekonstruktion des kleinen Frauenlagers.

Die Arbeit am Kleinen Frauenlager wurde danach mit dem 7. August 1944 begonnen, und am 11. August soll ein erster Transport mit polnischen Frauen eingeliefert worden sind. (2) In seiner ersten, ausführlichen Untersuchung heißt es:

"Am 7.8.1944 machte sich ein Arbeitskommando der Häftlinge (aus dem KZ, W.G.) daran, hinter dem Sternlager - auf jenem Terrain, auf dem sich die Schuppen des Schuhkommandos und die Werkstätten befanden - eine Anzahl von Zelten zu errichten. Innerhalb weniger Tage baute das Kommando insgesamt 10-12 große Zelte auf, die in besseren Tagen bei den Schützenfesten in der Heide Verwendung gefunden hatten; die Sternlagerinsassen mußten Stroh schleppen. Am 11.8. wurde dann ein erster Frauentransport in dieses Zeltlager eingewiesen, dem in den nächsten Tagen weitere Transporte folgten; am 15.8. schätzte ein Insasse des Sternlagers die Zahl dieser Neuankömmlinge bereits auf 4000."(3)

Die entscheidende Aussage ist an die Ortsangabe "hinter dem Sternlager" gebunden. Die Mitteilung über dort bereits stehende Gebäude - die Schuppen des Schuhkommandos wie die Werkstätten - machen klar, daß Kolb den Platz des Frauenzeltlagers dort vermutet hat, wo tatsächlich bereits die Baracken 43 bis 49 gestanden haben. Für ihn fällt in dieser Phase das Kleine Frauenlager also auch räumlich mit dem Frauen-Zeltlager zusammen. Sowohl die 1985 von ihm abgedruckte Skizze des Aufenthaltslagers auf Seite 27 wie sein Text ab Seite 34 zeigen, daß er auch noch 23 Jahre später von der Annahme ausgeht, westlich von Block 42 (Werkstätten) habe sich bis zum Jahresende 1944 keine Bebauung mit Baracken befunden. So läßt er nach der Aufhebung des Frauenlagers im November 1944 dessen Insassen in Baracken des Sternlagers unterkommen, und dessen Bewohner in den seit Oktober 1944 auf dem südlichen Teil des Sternlager-Appellplatzes errichteten Baracken.(4) Während die Auschwitz-Häftlinge nach seiner Darstellung aus 1962 dort verbleiben, läßt Kolb 1985 den ins Sternlager verlegten Teil des Kleinen Frauenlagers mit Januar 1945 in dem neueröffneten Großen Frauenlager nördlich der Großen Lagerstraße aufgehen:

"(man brachte in diesem neuen Lagerteil (Großes Frauenlager. W.G.) mit rd. drei Dutzend Baraken nun das Frauenlager unter, während im bisherigen Frauenlager ein Häftlingslager II für Männer eingerichtet wurde."(5)

Es handelt sich insgesamt um folgende Annahmen:

- das KFL beginnt als Frauen—Zeltlager (FZL) im August 1944,
- das FZL stand auf dem Gelände des späteren KFL,
- dieses FZL wird in das alte Sternlager verlegt,
- im Herbst 1944 werden die Baracken des KFL errichtet,
- FZL und KFL stehen von Anfang an unter SS-Verwaltung,
- das "Sternlager-KFL" wird Anfang 1945 ins GFL verlegt.

Die letzte Behauptung Kolbs aus 1985 widersprach eindeutig den Aussagen von drei deutschen Sinti-Frauen, die zu einem Zeitpunkt lange nach dieser behaupteten Aufhebung in das KFL eingewiesen und dort auch befreit worden sind. Aus der topografischen Analyse ihrer Berichte konnte ich nur schließen, daß sie etwa in jener Gegen des ehemaligen Sternlagers untergebracht worden waren, deren Bewohnerinnen in das Große Frauenlager verlegt worden sein sollten. Entweder stimmte Kolbs Rekonstruktion von Topografie und Geschichte des KFL, dann waren die Aussagen der Zeuginnen über die Topografie ihres Lagerteils unzutreffend und es hatte niemals Sinti-Frauen in diesem Teil des KFL gegeben. Das würde ihre geschätzte Anzahl um bis zu einigen Hundert Frauen vermindern; oder aber sie erinnerten sich korrekt: dann lag Kolb mit seiner Rekonstruktion von Topografie und Geschichte des Kleinen Frauenlagers neben der historischen Realität. Damit war ich in die Verlegenheit gebracht worden, mich sehr genau mit der Topografie und Geschichte des KFL befassen zu müssen. Anders als Kolb hatte ich den Vorteil, mich auf die Auswertung der - bisher einzig bekanntgewordenen - britischen Luftaufnahmen des Lagers stützen zu können.

Die Auswertgung der Flugaufnahme vom 17. September 1944 erhärtet keine seiner Annahmen. Ich behaupte nun, daß sie insgesamt problematisch und einige beweisbar falsch sind.

Bereits der erste Blick auf die Flugaufnahme zeigt, daß FZL und KFL auf klar unterschiedenen Stellen des Lagergeländes angelegt worden sind. Und sie haben wenigstens bis zur Aufhebung des Frauenzeltlagers im November 1944 zusammen bestanden. Im Bereich des Barackenkomplexes 43-50 (Kleines Frauenlager) fallen soviele Eigentümlichkeiten auf, daß es schwer fällt, einen Anfang für ihre Beschreibung zu finden. So würde jeder vermuten, daß die neuen Baracken für die weiblichen KZ-Häftlinge auch im KZ-Areal Bergen-Belsen errichtet worden sind, zumal es dort Bauplatz in Fülle gab, nämlich westlich vom Sternlager. Danach hätte es sich bei den Baracken 43-50 um eben fertiggestellte Neubauten handeln müssen, und genauso habe ich sie wochenlang auch interpretiert. Tatsächlich aber müssen sie dort schon monatelang gestanden haben, und es wurde dort bis zum Zeitpunkt der Befreiung keine einzige Baracke aufgestellt, die nicht schon zum Zeitpunkt der Flugaufnahme gestanden hätte.

Alle neuen Baracken wurden dagegen im Bereich des Aufenthaltslagers errichtet, mithin dort, wo für sie gar kein Bedarf vorlag, denn die Zahl der Insassen des Aufenthaltslagers hatte sich ja nicht erhöht. Die neuen Baracken wurden entweder als neue, dritte Reihe hinter die bereits seit 1943 stehenden beiden Reihen gequetscht, oder aber auf einem der bisherigen Appell-Plätze errichtet. Das ist die eine, erklärungsbedürftige Tatsache. Und die zweite: wenn das Kleine Frauenlager seine Entstehung den Evakuierungstransporten aus den östlichen Konzentrationslagern verdankt hätte, dann paßt die tatsächliche Anlage dieses Komplexes nicht dazu: auf einem Areal, auf dem nach der Vorgabe des Raumrasters aus dem Sternlager mindestens 15 hölzerne Standard-Baracken (5 x 3 Baracken) hätten aufgestellt werden können, befanden sich ganze sechseinhalb Baracken. Das heißt: alle in 3. Reihe im Sternlager errichteten neuen Baracken, alle auf den ehemaligen Appellplätzen aufgestellten Baracken und auch noch die 3 Blöcke ohne Nummer im östlichen Zipfel des ehemaligen FZL hätten auf diesem Areal untergebracht werden können.

Wo die Waffen-SS den Baumeister machte, hat sie immer mit höchster Verdichtung bauen lassen. Dafür nur ein Beispiel. Die Wehrmachtsplanung für das StaLag 311 hatte zwei Frontlinien zur Hauptlagerstraße vorgesehen. Von Block 1 bis auf die Höhe des Weges Walle-Hörsten sollten die Baracken etwa vier Meter vom Innenzaun zur Hauptlagerstraße zurückstehen, ab diesem Weg war ein weiterer Rücksprung um etwa 10 Meter vorgesehen.(6) Als die SS auf dem von der Wehrmachtsverwaltung abgetretenen Gelände mit Hilfe des Häftlingskommandos bauen ließ, zog sie die Frontlinie auf voller Länge ihres Areals, bis zur Baracke 39, auf der vier-Meter-Linie durch. Auch, als noch kein Bedarf für die Unterbringung großer Zahlen von Häftlingen vorlag, wurden die Baracken mit Rücksicht auf mögliche Verdichtungsmaßnahmen errichtet. Wer immer auf dem Gelände des KFL die Bauhoheit gehabt hat, veränderte dagegen die ursprüngliche Wehrmachtsplanung in der genau entgegengesetzten Richtung auf möglichst große Verdünnung. So verlief die Frontlinie exakt in Verbindung der Fronten zweier schon aus StaLag-Zeiten stammender Magazinbaracken, der Nummern 42 und 50. Und die lagen, entsprechend der Wehrmachtsplanung, um den angegebenen Betrag von etwa 10 Metern zurück. Wie das Beispiel im Sternlager zeigt, gab es für die zurückspringende Frontlinie keine aus der Bodenbeschaffenheit zwingengen Gründe. Die SS konnte sich in ihrem Lagerteil ohne erkennbare Schwierigkeiten auf einer Länge von 8 Blöcken darüber hinwegsetzen - und damit eine größere

Anzahl Baracken aufstellen. Auf dem anschließenden Geländeteil des späteren KFL blieb es dabei, daß statt der ursprünglich vier in einer Reihe vorgesehenen Magazinbaracken á 1000 Kriegsgefangene in drei Reihen je zwei Baracken für 100-150 Mann, und in einer vierten eine halbe Baracke hingestellt wurde. Deshalb betrug der Seitenabstand zwischen den Baracken im KFL das Anderthalbfache des Maßes aus dem Sternlager. Und daß die halbe Baracke mit der Nummer 49 sich nicht etwa im Bau befand, zeigt der Umstand, daß sie auf der Skizze von Glyn Hughes immer noch mit halber Standardlänge eingetragen wurde. Auch die auffällige Baulücke dahinter ist bis zuletzt nicht geschlossen worden. Darin stimmten sowohl die Skizze Singtons wie die von Glyn Hughes überein, und die Bodenfotos bestätigen beide. Wenn jemand die Errichtung eines Lagers unter Berücksichtigung des zunehmenden Luftkrieges über dem Gebiet des Deutschen Reiches vorgenommen hätte, wäre eine solche verdünnte Bebauung eine gute Idee gewesen. Diese Rücksicht mußte die Wehrmacht für ihre Lager nehmen - die Waffen-SS für ihr Geisellager nicht.

Alle Tatsachen sprechen gegen die Annahme, der Komplex 43-50 sei noch im Bau oder erst unmittelbar vor dem Zeitpunkt der Flugaufnahme fertiggestellt worden.

Mehr noch: auch die einzigen auf dem Gelände des Frauenzeltlagers - offenkundig sehr spät und ohne Ordnungsnummer bei Sington und in der Skizze des britischen Anklägers - errichteten drei Baracken wurden in die äußerste östliche Ecke des Geländes gequetscht. Dieser Zipfel aber lag zur Gänze östlich der Grenze von Stern- und Frauenlager, oder, um es noch eindeutiger zu formulieren: er bildete den südwestlichen Teil des Sternlager-Geländes; das ergänzt die Zahl derjenigen Tatsachen, die Kolbs Annahmen in Frage stellen müssen.

Ein weiteres Argument gegen die Annahmen von Kolb stellt die auch noch im Flugbild erkennbare scharfe Abgrenzung zwischen FZL und KFL dar. Unter der Annahme nämlich, daß FZL und KFL beides von Anfang an Konzentrationslager für weibliche Häftlinge gewesen wären, war eine auch optisch hohe Dichte der Grenze zwischen ihnen wenig sinnvoll; und zu dem Zeitpunkt, wo beide Geländeteile tatsächlich Konzentrationslager waren, zum Zeitpunkt der Befreiung, ist die am 17. September 1944 erkennbare Grenze zwischen KFL und dem Gelände des FZL auch vollständig beseitigt gewesen. Bestand sie also zum Zeitpunkt des Luftbildes noch, dann hat sie auch eine Funktion gehabt. Und schließlich: in allen Teillagern, gleichviel ob KZ oder Aufenthaltslager, stehen Insassen und Häftlinge im Appell; das gilt auch für das FZL. Im Komplex der Baracken 43-50 ist kein einziger Mensch zu sehen. Nur ihre Lebensspuren zeugen davon, daß er bereits belegt war. Wer immer die Bewohner gewesen sind, sie folgten einem anderen Zeitschema, als es von der Waffen-SS vorgegeben worden ist.

Nehme ich gegen Kolb an, daß die Waffen-SS auf dem Gelände von Bergen-Belsen zum Zeitpunkt der Luftaufnahme noch keine Kontrolle über das KFL gehabt und sie auch nach dem Dienstantritt von Kramer nur ausschließlich der Kompetenz übertragen bekam, bauliche Veränderungen irgendwelcher Art vorzunehmen, dann würden die beschriebenen Merkwürdigkeiten eine befriedigende Erklärung finden. Alternativ wäre denkbar, das KFL sei zwar unter Wehrmachtsregie geplant, gebaut und anfänglich auch genutzt, aber mit dem Eintreffen der Riesentransporte aus den in Frontnähe geratenen Konzentrationslagern in Osteuropa mit weiblichen Häftlingen belegt worden. Erst mit seiner Überfüllung wäre dann bis zur Fertigstellung der neuen Baracken auf dem Gelände des Sternlagers das Frauenzeltlager errichtet worden. Das bleiben solange Hypothesen, bis Daten verfügbar sind, die eine Entscheidung zwischen ihnen möglich machen. Ich werde den Bericht einer Frau als Beispiel für eine solche Datengewinnung vorlegen, die sowohl durch das FZL wie auch das KFL gegangen ist: Fania Fenelon.

Zur weiteren Klärung der Annahmen Kolbs muß ein Exkurs zur Topografie des Frauen-Zeltlagers gemacht werden.

7.2. Zur Kritik der Topografie des Frauen—Zeltlagers

Die stereoskopische Auswertung des Frauen-Zeltlagers (FZL) belegt, daß es zum Zeitpunkt der Aufnahme noch nicht vollständig errichtet, oder bereits wieder im Abbau begriffen war. Erkennbar sind an etwa einem Dutzend Stellen hart an der Südgrenze offene Latrinen ("Donnerbalken") mit einer Länge von etwa 18 Metern. Sie stammen möglicherweise noch aus der Zeit des StaLag 311. Sechs davon sind nach den freigelegten Sandzonen an ihrem dem Lager zugewandten Rand zu schließen intensiv benutzt worden. Es fällt auf, daß die zu erwartenden Trampelpfade zu den Abortgruben entweder ganz fehlen, oder aber auffällig schwach ausgeprägt sind - viel schwächer als im dahinter liegenden Barackenkomplex 43-50.

Da die Zelte offenbar nicht in das Nummernsystem des Lagers eingefügt worden waren, werde ich zur eindeutigen Identifizierung allen Zelten oder Zeltgrundrissen in der obersten (der Grenze des KFL gewandten) Reihe den Buchstaben A und einen Zählindex von links mit 1 beginnend zuordnen, und mit den beiden darunter erkennbaren Reihen B und C sinngemäß verfahren. Wird der Schattenwurf aus einem Zeltgrundriss heraus als Indikator für die fertige Errichtung des zugehörigen Zeltes benutzt, dann gilt:

Zelt	fertig	qm	Zelt	fertig	qm	Zelt	fertig	qm
A1	ja	80	B1	ja	160	C1	ja	200
A2	ja	160	B2	ja	168	C2	ja	240
A3	ja	192	B3	nein	240	C3	ja	320
A4	ja	180	B4	nein	112	C4	ja	240
A5	ja	336	B5	ja	240			
A6	nein	392	B6	nein	220			
			B7	nein	220			
			B8	ja	160			
			B9	?	160			
A=6	5(1)	948	B=9	4(5)	720	C=4	4(0)	1000

Summe der Grundfläche aller aufgerichteten Zelte: 2620 qm.
Summe der Grundfläche aller nicht errichteten Zelte: 1344 qm.
Summer der potentiellen Kapazitäten des FZL: 3964 qm.

Unterm Strich heißt dies, daß von den 19 erkennbaren Zeltgrundrissen erst - noch ? - 13 aufgerichtet waren; 5 hatten noch - oder kein - Gestänge mehr, im Falle B9 ist keine eindeutige Aussage möglich, die Fertigstellung ist eher unwahrscheinlich. Wenn aber im Frauen-Zeltlager am 17. September 1944 ein Viertel der Zelte noch nicht oder nicht mehr aufgerichtet sind, während sich der Komplex dahinter bereits in eben dem Zustand befindet, den Sington und alle übrigen Augenzeugen für April 1945 beschrieben haben, und der durch die britischen Bodenfotos dokumentiert wird, dann muß ein weiterer Zweifel auf die bisherige Rekonstruktion fallen, wenn die Simultankapazität des FZL sich als kleiner erweist als die des dahinter fertiggestellten Komplexes 43-49. Denn es ist die Regel, daß ein Lager eine deutlich höhere Simultankapazität haben muß als sein Ein- oder Durchgangspuffer.

Die Berechnung der Kapazität dieses Zelt-Puffers für das KFL scheint bis heute nicht vorgenommen worden zu sein, obgleich sie methodisch einfacher ist als für Baracken, weil intervenierende Variablen wie die Stöckigkeit von Häftlingskojen entfallen: die Frauen schliefen eng aneinandergepreßt wie die Sardinen in der Dose auf einer Strohschütte - aber mit auffallend viel Gepäck, und auch das verlangt seinen Raum. Kennt man die Grundfläche aller aufgerichteten Zelte und billigt einem Häftling für sich, seine Habe und seine anteilige Verkehrsfläche einen Quadratmeter zu, dann entspricht die Grundfläche aller errichteten Zelte einer Übernachtungsleistung von höchstens 2620 Häftlingsfrauen, wird die Reservekapazität hinzugenommen, einer von etwa 4000 Frauen. Es kommt für die Überschlagsrechnung nicht so sehr auf die Genauigkeit der Grundflächenschätzung oder Realitätsnähe des Faktors 1 qm pro Häftling an, sondern eher darauf, daß mit diesen Werten durchgängig gerechnet und verglichen wird. Daß die Belegung im FZL extremen Schwankungen unterlag, zeigt auch die Flugaufnahme: lediglich neben fünf Zelten sind die typischen Fünferreihen appellstehender Häftlinge zu erkennen.

Im nächsten Kontrollschritt soll jetzt die Simultankapazität des Komplexes 43-49 berechnet werden. Die aus dem Luftbild geschätzte Grundfläche der Baracken 43-49 beträgt ca. 40x10 Meter gleich 400 Quadratmeter. Das ergab eine simultane Ebenenkapazität von 400 Häftlingen.(7) Werden dreistöckige Kojen zugrundegelegt, wären das bis zu 1200 Häftlingen pro Block. Das macht bei 6 Baracken 7200 Häftlinge. Das heißt aber: das Frauenzeltlager ist von seiner Simultankapazität her kaum in der Lage gewesen, die ihm von Kolb zwischen August und November 1944 zugewiesene Funktion eines eigenständigen Lagers zu erfüllen. Nur für Einweisungsaufgaben waren kurzfristig höhere Ausnahmewerte zu erzwingen, indem man die Frauen stehen ließ.

Dadurch wird aber die Annahme, das FZL sei das KFL gewesen, wenigstens sein Anfang, noch unwahrscheinlicher. Welchem Zweck diente es dann?

Bei Fania Fenelon wird die Einweisungsprozedur, zunächst in dieses Frauen-Zeltlager, beschrieben: Es heißt bei ihr:

Am 3. November 1944 hält unser Zug mitten im Wald. Soldaten der Wehrmacht befehlen uns, auszusteigen; wo ist unsere SS geblieben?(8)

das ist auch heute noch, 45 Jahre später, eine gute Frage. Und weiter heißt es: So gehen wir schon lange, vielleicht zwei Stunden. Ich schätze, wir haben rund

7 Kilometer zurückgelegt - als Martha mir Stacheldraht zeigt, ein Holzbrett am Baum eines Wäldchens: SCHIESSPLATZ".

Diese sehr genaue Beschreibung schließt eine Benutzng der Standard-Route von der Rampe Belsen in das Lager aus. Eine Annäherung von Westen scheidet aus, über die Meiße führt südlich der Belsener Mühle keine Brücke an dieser Stelle, eine Brückenüberquerung wird auch nicht beschrieben, die Distanz zur nächsten Bahnlinie stimmt nicht. Möglicherweise wurde Fenelons Transport im kleinen Wäldchen entladen, in dem sich der Gleisanschluß für die Belsener Kaserne befunden hat. Auch die weitere Beschreibung ist topografisch so genau, daß sie zitiert werden soll:

Wir durchqueren das Wäldchen. Auf der anderen Seite erkennen wir vor uns eine ziemlich große, offene Anhöhe, einen Hügel, den wir hinaufklettern. Von unten her hören wir regelmäßig Maschinengewehrfeuer ...(9)

Die Anhöhe existiert,(10) und das MG-Feuer stammte vom MG-Schießstand, der hart an die Südgrenze des FZL stieß. Sein nördlicher Wall und Kugelfang überragte hoch den äußeren Stacheldrahtzaun; er ist auf mehreren britischen Fotos aus dem KFL zu erkennen. (11)

Ankunft des Zuges kurz vor Tagesanbruch, Ausladen von etwa 1000 Frauen auf offener Strecke mitten im Wald, ein etwa zweistündiger Marsch bei erstem Tageslicht durch unbesiedelte Gegend - vorwiegend durch Stangenforste - die Soldaten erschießen keine der erschöpft zusammengebrochenen Frauen, sie warten mit den Frauen 9 Stunden in Hör- und Sichtweite des MG-Schießstandes verborgen im Wald, obgleich es schwer regnet:

Schon das einfache Öffnen des Mundes füllt ihn so heftig, so brutal mit Wasser, daß man nicht mehr atmen kann; es dringt in die Lungen, erstickt uns. An diesem Abend sind auf diesem Hügel Frauen am Regen ertrunken.(12)

Auch die Soldaten -Mannschaften und Unteroffiziere - werden vermutlich naß bis auf den letzten Faden, aber sie warten, bis die Nacht hereinbricht; erst dann erscheinen zwei Offiziere der Wehrmacht, ein Hauptmann und ein Oberst, und führen die Deportierten in das Lager.

Alles zusammengenommen hieß: der Frauentransport sollte unbemerkt in das FZL geleitet werden. Wenn aber solche Anstrengungen nach außen unternommen wurden, dann muß mit gleichgerichteten Bemühungen im Lagerinneren gerechnet werden. Nur, was sollte wem verborgen werden? Die reine Tatsache der Ankunft riesiger Transporte sicher nicht, denn die war am 3. November 1944 im gesamten Lager "rum". Das wußte auch die Waffen-SS-Seite. Auch, daß solche Transporte bei Nacht oder im Morgengrauen in das Lager geführt worden sind. Allein im kurzen Tagebuchauszug von Herzog für den Tag der ersten Wahrnehmung des FZL, dem 15.8.194, gibt es dafür gleich zwei Belege.(13)

Nun, ich denke, verborgen bleiben sollte das, was bislang auch verborgen geblieben ist: daß das Frauenzeltlager zwischen August und Dezember 1944 unter Doppelverwaltung gestanden hat: am Tage und damit für die Häftlinge im Sternlager sichtbar, schien die Waffen-SS das Frauen-Zeltlager zu kontrollieren, und nachts, unsichtbar für sie, leistete die Wehrmacht die tatsächlichen Transport- und Bewachungsarbeit. Den für sie sichtbaren Teil haben die Insassen des Sternlagers in ihren Tagebüchern festgehalten.

Die Erklärung dieser Doppelverwaltung dürfte nageliegen: die Waffen-SS des Kommandantur-Stabes wurde durch die Riesentransporte aus den in die Nähe der Ostfront geratenen Konzentrationslagern vollständig überfordert. Auch die Personaldecke der für die äußere Bewachung des Lagers zuständigen Einheiten war äußerst dünn geworden. Bereits lange vorher, im Mai, beschwerte sich ein SS-Kommandoführer bei den Insassen des Sternlagers über dienstliche Überbelastung:

Ich habe 36 Stunden Dienst, muß immerfort stehen, während ihr auf dem A... sitzt; so müde wie ich könnt ihr gar nicht sein.(14)

Auch die vereinsübliche Dosis Selbstmitleid bei den Herren abgerechnet, bleibt in der Sache etwas übrig. Laquer selbst bezweifelt die Müdigkeit des armen SS-Mannes nicht, sie hält die eigene nur für noch größer. Ihre Eintragung stammt vom Montag, dem 29. Mai 1944. Das war der 2. Pfingsttag. Wie muß es da ab August desselben Jahres mit der Überbelastung ausgesehen haben, nachdem die Riesentransporte eingesetzt haben? Und noch etwas verraten die Tagebucheintragungen aus der Anfangsphase:

Die Deutschen strafen in der letzten Zeit wie die Rasenden. Es hagelt nur so "Brotentzug". 2 Tage, 3 Tage, 4 Tage. ... Unter den Bestraften befinden sich ... vor allem junge, ausgehungerte Männer.(15)

Die SS fürchtete sich vor den Häftlingen, besonders vor den jungen Männern - als potentielle Gegner in einem Aufstand mußten sie bei kritischen Lagen besonders klein gehalten werden. Auch die Sinti haben ziemlich übereinstimmend ausgesagt, daß die "Grünen" (Waffen-SS) vor ihrer numerischen Überzahl Angst gehabt haben. Als die Zeit für den ersten Teil des SS-Mottos, "Den Tod geben", abgelaufen, "und den Tod nehmen" hätte in Kraft treten müssen, haben die Damen und Herren des Kommandanturpersonals fast durchweg eine klägliche Figur gemacht. Auch physisch vertrugen sie nur für kurze Zeit den Bruchteil dessen, was sie tagtäglich allen anderen zugefügt hatten. Die erste Antwort Kramers auf die Frage von Sington nach dem Zustand des Lagers am 15. April 1945 lautete bezeichnenderweise:

Im Augenblick sind sie ruhig!(16)

Nachdem die etwa 1000 Frauen des Fenelon-Transportes bei hereinbrechender Nacht auf das Lagergelände geführt worden waren, heißt es weiter:

Wir sehen uns nach allen Seiten um. Welches Lager? Eine Wüste. Hier gibt es nichts, keine einzige Baracke ist in Sicht!(17)

Präzise das mußte sie zu dieser Jahreszeit, im allerletzten Tageslicht, sehen: Sand um sich herum, eben "Wüste", und keine Baracken, denn die waren wegen der ewigen Luftalarme verdunkelt. Ihre Silhouetten konnten sich nicht gegen den helleren Nachthimmel abheben, weil sie bereits in der allesumgehenden finstern Waldkulisse des Lagers versunken waren.

Und danach:

Soldaten fangen an, eine Art riesiges Zelt provisorisch aufzubauen. Es ist niedrig, das Dach hat kaum Abstand zum Boden.

Sollte dies das Geheimnis auch für die Zeltgrundrisse mit einem kaum oder gar nicht wahrnehmbaren Schatten gewesen sein? Die kleine Person, gerade so an die anderthalb Meter groß, muß sich den "Eintritt" erbücken. Das Zeltlager ist also am 3. November nicht mehr vorhanden. Und das eine Riesenzelt, in dem die 1000 Frauen unterkommen sollen für die Nacht, ist kaum mehr als eine Riesenplane gewesen. Sie muß extra für sie errichtet werden, provisorisch - und von Soldaten der Wehrmacht. Das Zeltlager dagegen ist, nach den Tagebucheinträgen aus dem Sternlagen zu schließen, von Häftlingen des HLI errichtet worden. Wie provisorisch und laienhaft die Soldaten vorgegangen waren, zeigt der weitere Verlauf der Nacht: das Gebilde kracht unter der Last von Wassermassen eines schweren Regens über den Frauen zusammen. Ein solcher Zusammenbruch soll sich am 7. November wiederholt haben und Ursache für die Aufhebung des FZL gewesen sein:

"Ein plötzliches Ende fand für die Auschwitz-Frauen das Dasein im Zeltlager, als am 7. November ein schwerer Novembersturm über die Heide fegte und mehrere Zelte wegriß. Stundenlang standen die Frauen im Hagel und strömenden Regen, eine dünne Decke über den Schultern, dann wurden sie unter Schlägen in das Küchenzelt getrieben, wo sie die Nacht verbringen mußten."(18)

Seltsam. Und seltsam geht es nach der einen Nacht im FZL weiter. Fenelon beschreibt erneut, was zu sehen war:

"Im zögernden Zwielicht des Morgens treiben sie unsere triefende, hinkende Herde in einen anderen Teil des Lagers. Dieser steht schon: graue Baracken unter grauem Himmel. Himmel, Erde und Soldaten sind eine Symphonie in Grau. Ein Militärlager? Nicht ganz, denn in der Ferne stehen, wie alte Bekannte, zwei hohe Schornsteine der Krematorien, Stacheldrahtzäune und Wachtürme."(19)

Wer vom Standpunkt Fenelons irgendwo im Bereich des FZL um sich blickte, wird kaum mehr als dies erblickt haben. Auch keine weiteren Zelte, die ihr vielleicht in der hereinbrechenden Nacht hätten entgangen sein können.

Später erfuhr Fenelon,

"daß in diesem hastig neben einem Schießplatz errichteten Lager vor unserer Ankunft nur Männer untergebracht waren."(20)

Auch die Angaben "neben einem Schießplatz" macht Sinn nur in Bezug auf den Komplex 43-50. Und sie sagt weder "Deportirte" - wie für ihren eigenen "Transport", noch "Häftlinge", sondern Männer, nicht mehr als das. Eventuell also auch Soldaten der Wehrmacht.

7.3. Weiter: Kritik der Topografie des Kleinen Frauenlagers

Die Frauen werden zunächst in einen als Keller bezeichneten Raum getrieben, in dem sorgfältig eingefettete "Knobelbecher" in zwei Regalreihen standen. Mithin war das Teillager bereits so vollständig belegt, ja überbelegt, daß die etwa 1000 Frauen für bis zu einem Monat zwischen die Wehrmachtstiefel getrieben werden mußten. Infanteriestiefel der Wehrmacht also, die die SS nicht getragen hat. Die Herren trugen Schnürschuhe.(21) Und auch dieses Stiefeldepot selbst stand unter Kontrolle von Wehrmacht, nicht von SS-Seite. Das macht die Sache klar: die Frauen sind entweder in einem unterkellerten Teil oder einen fensterlosen Raum von Block 50 getrieben worden - den mit der sorgfältigen Dachteerung: denn in ihm wurden nicht entwertete Personen, sondern wertvolle Sachen aufbewahrt. Aber eben Sachen, die nicht nur Wehrmachtseigentum gewesen, sondern auch ausschließlich von Wehrmachtsoldaten bewacht worden sind - wie die Frauen auch. Platztechnisch ist das möglich gewesen, weil der Block 50 mit seiner Länge von fast 80 Metern eine Ebenenkapazität von weit über 1000 Häftlingen hatte. Zudem waren die Stiefel in mehrstöckigen Regalen aufgestellt, tief genug, um den Frauen als Kojenersatz zu dienen. In einem davon klappte Fenelon für die folgenden 5 Tage zusammen. Block 42 kommt nicht in Frage, trotz Typengleichheit, denn er war die ganze Zeit nachweisbar unter SS-Regie - und nur unter ihrer Regie.

Die von Fenelon gegebene Beschreibung paßt haargenau also nur auf einen einzigen Komplex des ganzen Lagers: die Baracken 43-50. Und dieses Lager stand noch zur Zeit ihrer Einlieferung am 4. November ausschließlich unter Wehrmachtsregie - von SS, sie betont es mehrfach, war zu ihrer großen Erleichterung weder im Außen- noch im Innendienst etwas zu sehen und zu hören. Diese Feststellung galt ausdrücklich für das Außen- wie Innenpersonal ihres Teillagers:

"Offensichtlich ist die Wehrmacht - wir sind im militärischen Teil Bergen-Belsens - von dieser Frauenherde, die sich in ihrem Lager niedergelassen hat, völlig überfordert."(22)

Das blieb so bis zur Ankunft ihres alten Lagerkommandanten, Josef Kramer, ihrer alten Bekannten, dem "blonden Engel" Irma Grese, und vielen anderen Leuten des SS-Kommandanturpersonals aus Birkenau. Und erst mit ihrer aller Ankunft ging die Kontrolle über das Teillager auf die SS über. Das war genau am 1. Dezember 1944. Und erst zu diesem Zeitpunkt wird aus dem Lager ein Teil des KZ Bergen-Belsen:

"Das Plateau, auf dem das Lager steht, verändert sein Aussehen. Holzbaracken werden gebaut, äußerst notwürftig, sie fassen tausend Frauen, haben keinen Tisch, keinen Ofen, aber dreistöckige Kojen. Stromgeladene Stacheldrahtzäune und Wachtürme werden aufgestellt. Mit der SS sind auch die Hunde wieder da. 'Siehst du', stellt Jenny fest, 'kaum sind sie da, und schon ist die Welt wieder in Ordnung!'"

Die stereoskopishe Auswertung der Flugaufnahme bestätigt Fenelons Aussage: der Barackenkomplex war am 17. September nicht voll eingezäunt, Bauarbeiten an ihm nicht erkennbar - bis auf eine später zu erörternde Ausnahme.

"Stacheldraht wurde in aller Eile um das neue Lager gezogen, die Grenzen sind ungenau abgesteckt, wir wissen nicht, wie weit man gehen darf. Sobald sich eine Frau entfernt, werden unsere Wächter verrückt und schießen. Es gibt keinerlei Organisation, irgendwann bekommt man ein Stück Brot, ein Stück Wurst. Dann wieder vergeht ein ganzer Tag ohne alles. Und, um das Maß voll zu machen, hier knattern unentwegt Maschinengewehre."(23)

Wenn das Teillager bis Ende 1944 nicht zünftig nach KZ-Maß eingezäunt war, konnten seine männlichen Bewohner keine Häftlinge gewesen sein.

Die neuerrichteten Baracken sind eine härtere Nuß: die auf dem südlichen Teil des Appellplatzes, nimmt Kolb an, haben zu diesem Zeitpunkt schon gestanden. Tatsächlich beweist das Flugbild aber, daß sie nicht erst im Oktober, sondern bereits im September im Bau sind. Wo hätte da noch für weitere Blöcke Platz sein sollen, für Blöcke, die mindestens so groß gewesen sein müssen, wie die Nummern 43-48. ...

Es gab dafür nur noch an zwei Stellen Platz: zum einen im winzigen Dreieck unterhalb des alten Sternlagers an seiner äußersten Westgrenze. Dort sind in der Sington-Skizze drei Baracken eingetragen, die so spät errichtet worden sein müssen, daß sie nicht mehr in das Nummernsystem des Lagers integriert wurden. Auch in der Skizze von Glyn Hughes haben sie keine Nummern. Das Aussehen dieser Blöcke zeigen die Bilder BU 3754 und 3800.

Und zum anderen gab es Bauplatz in einer 3. Reihe von Baracken des Sternlagers, von denen am 17. September 1944 eine im Rohbau bis auf die Dachpappe, eine weitere bis auf die letzten drei Segmente der hölzernen Dachdeckung fertig war. In Singtons Skizze tauchen sie überhaupt nicht auf, in der Skizze von Glyn Hughes tragen sie die Nummern 41 (fertig bis auf die Dachteerung) und 38.(24)

Auch die subjektive Auswertung des Komplexes westlich von Block 42 am Stereoskop widerlegt die von Kolb zugrundegelegten topografischen Annahmen: die Baracken 43 bis 50 müssen vor den Zelten des Frauen-Zeltlagers errichtet worden sein. Das heißt aber ein weiteres Mal: das Frauen Zeltlager war lediglich ein Durchgangslager für noch arbeitsfähige Frauen oder der Eingangspuffer für das von Anfang an in Barackenform existierende Kleine Frauenlager, in Fällen der Vollbelegung, wie im Fall von Fenelons Transport, dessen flexible Überlaufzone, zu keinem Zeitpunkt dieses Kleine Frauenlager selbst. Dafür sprechen folgende Gründe:

1. bereits am 17. September waren die Baracken 43-50 vollständig und im wesentlichen so zueinander errichtet, wie es die Sington-Skizze für den Zeitpunkt der Befreiung des Lagers im April 1945 wiedergibt. Solange die Forschung davon ausging, daß der Komplex 43-50 im Spätherbst 1944 oder sogar danach erstellt wurde, mußte die halbe Länge der Baracke mit der Nummer 49 und das Fehlen der Baracke dahinter nicht auffallen: beides mochte Indiz der zuende gehenden SS-Herrlichkeit sein. Nehme ich dagegen einen deutlich früheren Zeitpunkt an, werden Erklärungen notwendig. Da sie neu sind, wird das den folgenden Argumentationspunkt hinter 2. etwas in die Länge ziehen. Zu berichten ist vom bekannten Bombenangriff auf das Lager am 8.4.1944 durch amerikanische Flugzeuge.

2. Bei Kolb erscheint dieser Angriff als Fußnote 37. Darin zitiert er aus einem Bericht Pohls, des Chefs der Abteilung D WVHA der SS an seinen Vorgesetzten Himmler. Es heißt unter Datum des 14.4.1944 bei Pohl:
"Dieses ist an sich der erste Angriff auf eines unserer Lager. Ich nehme jedoch an, daß die Amerikaner der Meinung gewesen sind, daß es sich bei diesem Lager um einen Teil des unmittelbar dabei gelegenen Unterkunftslagers des Truppenübungsplatzes der Wehrmacht handelte. Ich glaube nicht, daß dieser Angriff bewußt auf das Aufenthaltslager geführt wurde, zumal sich zum Großteil darin Juden befinden."(25)

Das läßt sich auf folgende Aussagen reduzieren:
- Der Angriff wurde tatsächlich auf das Aufenthaltslager geflogen,
- unmittelbar daneben lag ein Unterkunftslager der Wehrmacht,
- die Amerikaner haben das Aufenthaltslager irrtümlich für einen Teil dieses Unterkunftslagers der Wehrmacht gehalten.

Das klingt nach einer direkten Bestätigung meiner These, aber Vorsicht: der Bericht ist nach dem Muster angelegt, daß A meint, B habe C für D gehalten und deshalb E getan. Die Deutungen sind in einem solchen Fall fast beliebig. Es kommt darauf an, welchen Sinn die Passage "unmittelbar dabei gelegen" hat: in wörtlicher Bedeutung heißt dies zweifellos, daß beide Lagerteile eine gemeinsame Grenze besessen haben müssen. Bei nachlässiger Formulierung kann aber auch "in der Nähe gelegen" die Bedeutung gewesen sein. Was also sagt die stereoskopische Auswertung des Luftbildes vom 17.9.1944 auf Spuren von Bombenangriffen dazu?

Die Mehrheit der Bombenkrater liegt im Bereich des Komplexes 43-50, im Bereich des späteren FZL oder auf unbebautem Gelände westlich von beiden. So schlug ein Gruppenwurf von etwa 9 Bomben im Bereich der heutigen Inschriftenwand und ein weiterer in der Nähe des Außenzaunes nahe bei den offenen Aborten ein.

Von den mindestens zwei Dutzend abgeworfenen Bomben sind über 90 % Blindgänger oder Bomben mit extremen Langzeitzündern gewesen. Zwei große Krater lassen sich klar erkennen, beide liegen im Komplex 43-50. Der erste dort, wo eigentlich eine weitere Baracke zu erwarten war, wo die unmittelbar davor stehende Baracke nur die halbe Länge hatte, und deren "Hinterteil" überdies durch eine zeltartige Ergänzung gebildet wurde. Möglicherweise durch Auswurfmaterial des - nicht detonierten - Gruppenabwurfes gebildet, das gegen die Rückwand der Baracke geschleudert wurde. Folgen eines Bombentreffers? Der zweite Krater sitzt genau in der Mitte der Hauptlagerstraße, direkt vor der Mittellinie von Block 50. Da ich zunächst monatelang mit einer guten Lupe, aber sehr schlechten Kopie des Original-Luftbildes arbeiten mußte, geistert dieser Krater als "Strohhaufen neben der (hinteren) Kartoffelmiete" durch unsere Interviews. Erst unter dem Stereoskop und auf dem Originalbildpaar zeigte sich zweifelsfrei, daß ein tiefes Loch, und nicht ein hoher Haufen vorlag. Entweder waren auch das Blindgänger - möglicherweise von zwei weiteren Gruppenwürfen - dann stammten die Krater von den Entschärfungsarbeiten, oder aber es handelte sich um Einzelbomben geringerer Sprengkraft. Gleichgültig, welcher Deutung man zuneigt: hier hat es in der Tat schon am 8.4.1944 ein lohnendes Ziel gegeben, und das ist nicht das Sternlager gewesen. Die Deutung des Pohl-Textes, der Angriff habe einem anderen, "unmittelbar dabei liegenden Unterkunftslager des Truppenübungsplatzes der Wehrmacht" gegolten, ist nicht allzu wahrscheinlich wenn man ein Lager außerhalb des Außenzaunes unterstellt, wie Kolb offensichtlich angenommen hat: die Topografie zwischen der Kasernenanlage in Belsen und dem Aufenthaltslager war so markant, daß ein Irrtum ziemlich unwahrscheinlich ist. Noch aus tausend Metern Höhe war ein reichsdeutsches KZ von einer Barackenunterkunft der Wehrmacht durch die absolute Schäbigkeit der KZ-Barackendächer klar zu unterscheiden. Für eine solche Verwechslung in Frage gekommen wäre nur der auf der geheimen Zielkarte von 1942 nördlich des GFL liegende und mit H(ee)res)N(eubau)Ma(teriallager) gekennzeichnete Komplex. Aber warum lag dann die Masse der Einschläge nicht im Aufenthaltslager, wenn es doch das - irrtümliche - Ziel gewesen sein soll? Möglicherweise meinte Pohl doch das Wehrmachtslager im Komplex 43-50. Schließlich lag es zur Gänze auf dem Truppenübungsplatz der Wehrmacht, und die Waffen-SS hatte den Status eines bloßen Untermieters. ...

3. Die Dachflächen aller Baracken dieses Komplexes sind in einem deutlich besseren Zustand als in allen übrigen Teillagern südlich der großen Lagerstraße. Ein Vergleich mit neu errichteten Wehrmachtsbaracken desselben Typs am südwestlichen Rand der Belsener Kasernenanlage, die von demselben Aufklärer nur wenige Minuten später aufgenommen wurden, zeigt gleichwohl, daß auch ihre Zerstörung bereits eingesetzt hat. Die Barackendächer der Nummern 43 und 44 zeigen die stärksten Verwitterungsspuren, sie sind demnach als erste errichtet worden. Dagegen glänzt der Teer auf dem Dach von Nummer 50, dem gemauerten Block, noch so stark, daß sich die Sonne darin spiegelt. Er dürfte also zuletzt errichtet worden sein. Dagegen spricht, daß er bereits auf der geheimen Zielkarte des Truppenübungsplatzes von 1938/42 eingezeichnet war. Die offene Karte von 1942 zeigt dagegen südlich der großen Lagerstraße keinerlei Bebauung, auch der Wehrmachts-Schandfleck des früheren StaLag 311 fehlt darauf. Möglicherweise ist also lediglich das Dach des Blocks 50 frisch nachgeteert worden, oder aber das Dach hat deshalb besser standgehalten, weil die Dampfdruckbelastung fehlte, die auf die Teerpappe der Häftlingsbaracken so zerstörerisch gewirkt hat. Natürlich beweist die Eintragung auf der Karte nichts für die Existens des Blockes. Allerdings konnte die Zielkarte bisher in keinem substantiellen Punkt widerlegt werden: sie war ebenso korrekt wie geheim - oder war es umgekehrt?

4. Die Baracken 43 bis 49 waren zum Zeitpunkt der Luftaufnahme nicht leer, sondern bereits bewohnt. Das ergibt sich zwingend aus den Trampelpfaden seiner Bewohner zu zwei am südlichen Zaun stehenden Gebäuden. Dort befanden sich die Latrinen und Waschräume des Komplexes. Die Bilder BU 3756 und 4285 zeigen ihr Aussehen. Die Trampelpfade sind noch nicht voll ausgetreten, wie die der Wachsoldaten hart jenseits des Außenzaunes, aber die Vegetation ist bereits hinreichend stark zerstört, um das Pfadsystem noch aus fast 1000 Metern Höhe erkennen zu lassen. Am ausgeprägtesten ist ein Trampelpfad, der von Block 44 nach Südwesten zu einer Toilettenbaracke läuft; auf seiner Länge ist die Vegetation bereits so vollständig zerstört wie auf den jahrelang benutzten Trampelpfaden der Wachsoldaten außen um das Lager: ein weiteres Indiz für die frühe Errichtung dieser Barackenzeile. Obwohl sich fast in Linie hinter Block 50 eines der beiden Toilettengebäude befunden hat, laufen von dort keinerlei erkennbare Trampelpfade weg: demnach dürfte auch diese gemauerte Baracke, wie der vermutlich baugleiche Typ 42, normalerweise nicht nur Unterbringung von Personen, sondern von Sachen - wie denn Wehrmachtsstiefeln im Keller - benutzt worden sind.

Die Trampelpfade beweisen aber noch etwas anderes: die Toiletten und Waschräume müssen längere Zeit hindurch vor dem 17. September funktioniert haben, denn sonst wäre niemand zu ihnen hingegangen. Im gesamten übrigen Lager aber war es zu dieser Zeit bereits so, daß die Toilettenbaracken kaum noch funktionierten: das Lager

/"became very soon a latrine itself"/.(26)

"wurde auf seiner gesamten Fläche bald eine einzige Kloake."

Auch Kramer berichtet seinem Vorgesetzten in seinem bereits zitierten Schreiben vom 1.3.1945:

"Ein weiteres Kapittel, was die Bauleitung betrifft, ist hier die Kläranlagen. Seit 1943 ist bereits festgestellt, daß die vorhandene Anlage für die damalige Häftlingszahl zu klein ist. In der Zwischenzeit wurde mehrmals besichtigt und geplant, darüber hinaus aber nicht das Geringste getan. Heute, bei dieser Überbelegung, erfolgt nun die Katastrophe, für die bestimmt niemand die Verantwortung übernehmen will."(27)

War das Teil-Lager aber anfänglich gar nicht für Häftlinge, sondern für Soldaten der Wehrmacht gebaut worden, etwa für am MG-Schießstand übende Einheiten oder die Wachmannschaften für das Krieggefangenen-Lazarett, dann wird der höhere hygienische Standard wie die übrigen, auf eine bessere Ausstattung hinweisenden Parameter in diesem Teil sofort verständlich. Technisch betrachtet hing auch der Komplex 43-50 mit seinen Latrinenbaracken am selben Kanal. Die Luftaufnahme zeigt es eindeutig: alle Latrinenbaracken, vom Sternlager bis zum KFL, standen in einer Linie. Und sie gehörten auch demselben Typ an, wie BU 4285 zeigt. Genau auf dieser Linie lagen übrigens drei der rätselhaften Kahlstellen im westlichen Lagergelände: möglicherweise sind sie von Kanalarbeiten für eine vorsorgliche Erweiterung des Lager übriggeblieben. Die Heide braucht eine sehr lange Zeit, bis sie eine zerstörte Pflanzendecke regeneriert hat.

Ich schließe daher auf eine mehrmonatige Benutzung des Barackenkomplexes 43-49 vor dem 17. September 1944 für die zuletzt errichteten Baracken, und eine um die Bauzeit verlängerte Benutzung der zuerst errichteten Blöcke. Um die entsprechende Zeit muß der Anfang des Kleinen Frauenlagers vorverlegt werden, unter gleichzeitiger erheblicher Erweiterung seines Umfangs von Anfang an, wie auch einer Revision seiner Geschichte: sie begann unter Wehrmachtregie. Das bedeutet: die Arbeiten am Kleinen Frauenlager müssen entweder bereits unmittelbar nach der Abreise des Palästina-Transportes (Ende Juni 1944), oder bereits davor begonnen worden sein. Auch erscheint es möglich, daß die Frauen - noch unbekannter Transporte - zunächst hierher verlegt wurden, und das Zeltlager erst errichtet worden ist, nachdem der Barackenkomplex 43-49 seine Fassungsgrenze erreicht hatte.

Da die Trampelpfade nicht auf die Stirnseite der Baracke zulaufen, sondern jeweils auf eine Ecke der Baracken 44, 46 und 48, handelte es sich um den Barackentyp mit jeweils drei Doppeltüren auf einer Längsseite, wie ihn BU 4021 für den Block 43 zeigt. Damit wird auch erkennbar, daß die Baracken der Reihe 45/46 und 47/48 einander die türlosen Längsseiten zugewendet haben. Wo die Türen der Reihe 43/44 lagen, läßt sich aus den Einmündungen der Trampelpfade nicht zweifelsfrei erkennen. Auch diese Auswertungsergebnisse werden durch Fotos der britischen Armee bestätigt.(28) Wenn man aber das Prinzip der voneinander abgewandten Türseiten benachbarter Baracken für durchgehend hält, hätten die Türen dieser Reihe zum gemauerten Block 42 gezeigt.

Sington bestätigt ausdrücklich und mehrfach in seinem Text, daß zum Zeitpunkt der Befreiung des Lagers die Nummern 43 bis 49 mit Frauen belegt waren, die nicht zum Austauschlager gehört haben: dessen Insassen waren bereits vorher evakuiert worden. Daß Sington sich in keinem Teillager so häufig aufgehalten - und demzufolge seine Topografie und Geschichte am besten gekannt hat - zeigt eine Textanalyse seines Buches. Während sich für das Große Frauenlager mit seinen gut 30 Baracken bei ihm eine einzige Baracke erwähnt findet, die Nummer 219(29), werden im Kleinen Frauenlager mit seinen 7 Wohnbaracken 3 Blocks erwähnt, wobei die Nummer 48, belegt mit etwa 600 polnischen Jüdinnen und 80

Französinnen, mit 5 Erwähnungen deutlich im Mittelpunkt seines Interesses stand.(30) Auf gleicher Linie liegt, daß Singtons Skizze des Kleinen Frauenlagers fast fehlerfrei ist, während sich für fast alle übrigen Teillager Falschannahmen zeigen lassen. Der Umstand, daß Sington die Nummer 47 als Kapo-Baracke des KFL identifiziert, bestätigt das Ergebnis der subjektiven stereoskopischen Luftbildauswertung: die Baracke gehörte zu den zuletzt im KFL errichteten Blöcken, sein Dach wir mithin noch am regendichtesten. Und eine Kapo hatte unter anderen Privilegien auch das auf einen regensicheren Platz.

Es gelten also folgende Annahmen:

- das Frauenzeltlager und das Kleine Frauenlager sind topografisch verschiedene Teillager gewesen,
- beide Teillager haben zur selben Zeit nebeneinander bestanden,
- die Baracken des Kleinen Frauenlagers wurden vermutlich bereits in der 1. Jahreshälfte 1944 oder noch früher errichtet,
- seine ersten Bewohner sind Männer gewesen,
- es stand unter Wehrmachtsregie bis 1.12.1944,
- es diente der Wehrmacht möglicherweise als Wachlager für das Kriegsgefangenen-Lazarettlager,
- die ersten weiblichen KZ-Häftlinge wurden in ihm bereits vor dem 1.12.1944 untergebracht,
- die Ostgrenze des KFL wurde dauerhaft zu Lasten des Sternlagers verlegt,
- das Kleine Frauenlager bestand so bis zur Befreiung und ist bis zuletzt aus immer neuen Transporten belegt worden,
- darunter haben sich auch einige Hundert Frauen der Sinti und Roma befunden.

7.4. Zur Kritik der Topografie des großen Frauenlagers

Der Beschreibung des Großen Frauenlagers liegen zugrunde:

- die Kopie der Lichtpause des Arbeitslagers, ca. 1935/36,
- der Plan für das StaLag, ca. 1940/41,
- der Plan des Kriegsgefangenenlazarettlagers, ca. 1941,
- die geheime Zielkarte des Truppenübungsplatzes, 1938/42,
- die offene topografische Karte, 1942,
- das britische Luftbildpaar des Lagers, 17.9.1944,
- die Fotos des Lagers aus dem IWM, 1945,
- die Skizze von Glyn Hughes, Mai 1945,
- die amerikanischen Luftbilder, 1945/46,
- die Sington-Skizze, englisch 1946, deutsch 1948,
- die Zeichnung des Lagergeländes nach dem Brand 1946.

7.5. Zur Kritik der Topografie des Heeres-Neubau-Material- und Arbeiterlagers

Das Lager wurde östlich und westlich des Weges von Hörsten nach Walle in gut einem Kilometer Abstand zu den Belsener Kasernen errichtet, und zwar dort, wo ein vorhandener Waldwirtschaftsweg den Weg nach Hörsten schnitt. Er bildete den Hauptweg in diesem Lager. 150 Meter nördlich und parallel zu ihm wurde ein neuer Weg angelegt, der die Straße Winsen-Bergen mit dem Weg Hörsten-Walle verband - fertig war das Hauptwegesystem im östlichen Lagerteil.

Auf den so erschlossenen Geländestreifen wurden die Baracken des östlichen Lagerteils gesetzt. Je sechs Unterkunftsbaracken umstanden einen in ihrer Mitte gelegenen Hof, der 170 x 80 Meter maß. An einer der beiden Schmalseiten dieses Hofes stand eine Wirtschaftsbaracke, an der gegenüberliegenden Schmalseite eine Unterkunftsbaracke quer. Dieses Muster wiederholte sich mit leichten Variationen dreimal. So nötigte im östlichsten Segment die schräg vorbeiführende Straße nach Belsen den Konstrukteur zu einer kleinen Abweichung vom Schema, ohne es jedoch unkenntlich zu machen.

Im westlichen Teil griff der Konstrukteur außer zum Geo-Dreieck auch noch zum Zirkel: einmal stach er irgendwo südlich der Hauptlagerstraße ein und nahm die Distanz bis zur nördlichen Kreuzung des Parallelweges in den Zirkel; damit schlug er einen Viertelkreisbogen durch das westliche Lager bis hinunter auf die Hauptstaße. Dann stach er ein weiteres Mal ein und schlug einen Kreisbogen vom Umfang des ersten bis herunter zur Hauptstraße, und den dritten Teilkreisbogen schlug er zwischen den ersten beiden: fertig war auch dieses Straßensystem. Es ist allerdings bei der Bauausführung an das Gelände angepaßt worden, um möglichst viele Baracken mit ihrer Längsachse auf eine Höhenlinie stellen zu können - das sparte Fundamentierungsaufwand.

Die Unterkunftsbaracken des Gesamtlagers waren von UB1 - UB34 durchnummeriert. Die Baracke UB1 stand an der südöstlichen Ecke des Lagers, nach Westen schlossen sich die Baracken bis UB10 an. Das System war einfach: die jeweils weiter nach Westen stehende Baracke erhielt eine um eins hochgezählte Ordnungsnummer zugeteilt. Unterkunftsbaracken an den Schmalseiten wurden in der unteren Reihe mitgezählt. Den Abschluß im Westen des östlichen Teillagers bildete die parallel zum Weg nach Hörsten stehende Wirtschaftsbaracke WB3. Nördlich von ihr lag die Unterkunftsbaracke UB11, und nach Osten zu schlossen sich die Nummern UB12 bis 20 an.

Die Zählung wurde dann westlich des Weges Hörsten-Walle mit UB21-34 fortgesetzt. Auch das ist ein Indiz für die Zweiteilung des Heeres-Neubau Material- und Arbeiterlagers. Die Nomenklatur des Plans zeigt, daß einheitliche Symbole für die Kasernenanlage und das Arbeiterlager benutzt worden sind: UB für Unterkunftsbaracke, WB für Wirtschaftsbaracke, BB für Badebaracke.

Topografisch erscheint also bereits das Heeres-Neubau Material- und Arbeiterlager zweigeteilt: der Westteil zeigt um gefälligen Schwung bemühte Wege. Hier hat der Konstrukteur nicht nur mit dem Rechteck, sondern auch mit dem Zirkel gearbeitet. Die Baracken mit den Nummern UB20-34 tangieren mit ihren Längsseiten das Wegesystem aus den drei Kreissegmenten. Sie lagen unter einem lichten Mischwald aus Birken und Kiefern. Da es in der ganzen Kasernenanlagen einen einzigen Komplex gibt, der dem Westteil des späteren Großen Frauenlagers formal ähnelt, nämlich die gleichfalls in einem Wald angelegte Offizierssiedlung im Westen der Kasernen für die Mannschafts- und Unteroffiziersunterkünfte, wird man auch beim Arbeitslager mit einer ähnlichen Hierarchisierung bei seiner Nutzung rechnen dürfen. Auf der topografischen Karte von 1942 sieht das Heeres-Neubau Material- und Arbeiterlager wie ein räumlich verlagertes Segment der Belsener Kaserne aus.

Die Wirtschaftsbaracken WB3 und WB4, noch im Abstand weniger 10 Meter schräg und parallelgestellt - sie lagen ja neben dem Weg Walle Hörsten - bildeten die Grenze zwischen beiden Teilen des Lagers. Daß der östliche Teil bereits zu diesem frühen Zeitpunkt entwaldet war, kann als wahrscheinlich gelten.

Die Planzeichnungen des Arbeiterlagers und des Kriegsgefangenen-Lazarettlagers bieten jeweils das Nummernsystem der Baracken zum damaligen Zeitpunkt. Da es im Übergang vom Kriegsgefangenen-Lazarettlager zum Großen Frauenlager teilweise nur verwaltungsintern geändert wurde, während sich an den Baracken die Spuren von den beiden verschiedenen Numerierungssystemen befinden konnten, ist ein zureichendes Verständnis von Erzählungen nicht möglich, ohne sich durch diese Kreuzsee hindurchgearbeitet zu haben.

Die folgende Matrix gibt die unterschiedliche Identifizierung für ein- und dieselbe Baracke in den den drei aufeinanderfolgenden Stadien des Barackenlagers wieder. Da alle Frauen - bis auf Ceija Stojka - erklärt haben, im bewaldeten Teil des Lagers gewesen zu sein, bleibt der Einfachheit halber der Barackenbestand mit einer Nummer kleiner als 205 ohne Berücksichtigung. Dieser ausgeklammerte Teil des Großen Frauenlagers ist in der Geschichtsschreibung für das Lager der finsterste Teil; nur selten oder nie hat sich ein Lagerhistoriker hierher verirrt.

Es bedeuten:

WB —— Wirtschaftsbaracke

UB —— Unterkunftsbaracke

BB —— Bade-baracke

GFL	Lazarettlager	Arbeiterlager	Typ
205	kriegsgefangene Ärzte o. Nr.	U11	Fronttür
206	28	UB 32	Fronttür
208	27	UB 30	Fronttür
209	Behandlung II, o. Nr.	UB 29	Fronttür
210	24	UB 27	Fronttür
211	22	UB 26	Fronttür
212	17 oder 14	UB 25	Fronttür
213	Zahnärzte, Apotheke, o. Nr.	WB 5	Küchentyp
214	nicht vorhanden	nicht vorh.	Seitentür
215	nicht vorhanden	nicht vorh.	Seitentür
216	16	UB 24	Fronttür
217	15	UB 25	Seitentür
218	14	UB 23 a	Fronttür

219	13	UB 23	Fronttür
220	ohne Nummer	UB 20	Fronttür
(221)	fehlt	fehlt(?)	n. vorh.
222	ohne Nummer	UB 33	Fronttür
223	12	UB 22	Fronttür
224	11	UB 21	Fronttür

Der Maßstab vo 1:1000 auf der Planzeichnung erlaubt eine sehr genaue Bestimmung der Barackengrundflächen. Darüberhinaus bietet er die Lage des Be- und Entwässerungssystems im gesamten späteren Großen Frauenlager. Er macht es möglich, die Lage der Eingänge für jede der auf dem Plan verzeichneten Baracken festzustellen. Weiter informiert er über Anzahl, Größe und Lage der möglichen Küchen im GFL (Wirtschaftsbaracken 1-5).

Die Wirtschaftsbaracken sind vom WB1-5 durchnummeriert. WBV1-3 lagen im Osten, WB 4-5 im Westen des Lagers. Laut Plan muß es sich um identische Barackentypen gehandelt haben. Mit 50x12 Metern = 600 qm boten sie die größte Grundfläche aller benutzten Blöcke. Es ist unklar, ob es sich bei allen Wirtschafts-Baracken um Küchen gehandelt hat. Nur eine von Ihnen, WB2, ist ausdrücklich im Plan als Küche gekennzeichnet. Für ihre Nutzung gilt: jede Wirtschaftsbaracke konnte auch zu anderen Zwecken als denen des Kochens benutzt werden. So war WB5 während des Arbeiterlagers wahrscheinlich Küche, im Lazarettlager Apotheke und Zahnarztbaracke, während des Großen Frauenlagers aber einfache Unterkunftsbaracke, in der typhuskranke Frauen isoliert worden sind.(31) Aber niemals ist eine Unterkunftsbaracke zu Küche gemacht worden.Die Variabilität funktionierte wegen der für Küchen benötigten Installationen nur in einer Richtung.

Alle Unterkunftsbaracken des Arbeiterlagers gehörten zum selben Modell: waagerecht, gebrettert, mit dem Eingang in einer der Giebelseiten, erschlossen durch einen zentralen Flur, von dem links und rechts Türen in dahinter liegende "Stuben" führten. Jede Unterkunftsbaracke, bis auf die Nummern 217 und 222, verfügte über einen eigenen Zu- und Ablauf für Trinkwasser. Die unterirdisch verlegten Wasserleitungen wurden aus einem Hauptrohr vom Wasserwerk in Belsen versorgt. Die in der Regel anderthalbzölligen Abzweige mündeten in Wasserhähne in einem rechts oder links vom Eingang liegenden, separaten Raum. Möglicherweise haben sich auch Toiletten in der Baracke befunden, da keine Latrinenbaracken auf dem Plan aufgeführt sind. Das Abwasser des Arbeiterlagers wurde über einen Sammeltank einer Kläranlage im Westen zugeführt und anschließend in die Meiße eingeleitet. Die Grundfläche einer solchen Unterkunftsbaracke betrug 40x10 Meter = 400 qm.

Die bisher gegebene Beschreibung gibt den Planungsstand von 1935/36 wieder, nicht die Realisierung. Aus der topografischen Karte für das Jahr 1942 läßt sich unschwer erkennen, daß fast alle geplanten Baracken auch errichtet worden waren, während die geheime Zielkarte des Truppenübungsplatzes für 1942 zeigt, in welchem Umfang das ursprüngliche Heeres-Neubau Material- und Arbeiterlager zurück- und umgebaut worden ist. Das betraf kaum den bewaldeten Westteil, während der östliche Teil nur noch in sehr begrenztem Umfang Bauten aus der Anfangsphase erkennen läßt. Von den 8 errichteten Bauten des ersten Hofes waren nur noch 5 an der geplanten Stelle vorhanden, zwei kleinere Typen standen an einer neuen Stelle. Im zweiten Hof waren nur noch vier von 10 Baracken an der alten Stelle vorhanden, vier weitere zeigten sowohl Abweichungen in der Größe - sie waren kleiner - und in ihrem Standort. Der letzte Hof bot die größte Abweichung: von 8 ursprünglich vorhandenen Bauten standen nur noch 2 an der alten Stelle, alle übrigen 12 eingezeichneten Bauten zeigten in Größe und Lage krass vom alten Plan abweichende Merkmale.

Der Vergleich zum Westlager ist schlagend: von 17 alten Bauten standen noch 14 an der ursprünglichen Stelle und in der vorgesehen Größe.

7.6. Zur Kritik der Topografie des Kriegsgefangenen-Lazarettlagers

Das Luftbild des Kriegsgefangenen-Lazarettlagers belegt, daß es zum Zeitpunkt des Überflugs keinerlei wahrnehmbare Bauarbeiten mit dem Ziel der Steigerung seiner Aufnahmekapazität gegeben hat, wie sie im Bereich des HLI, HLII und des Sternlagers festzustellen waren. Ob Vorplanungen für den Fall einer Zurordnung zum Aufenthalts- und Konzentrationslager bestanden haben, muß fraglich bleiben. Allerdings zeigen Privataufnahmen eines im Lazarettlagers tätigen Militärarztes an den Baracken Nummern im 200er Bereich, die man eigentlich erst in der darauffolgenden Phase als Großes Frauenlager erwarten würde: Indiz einer die Teillager übergreifenden Verwaltungskonzeption?

Innerhalb des Lagers bildeten die Baracken des Westteils so etwas wie ein Idyll. Es war der einzige Barackenkomplex, in dem die Gefangenen nicht von allen natürlichen Ressourcen - die Luft ausgenommen - abgeschnitten waren: da ihnen keine Strohsäcke zur Verfügung gestellt wurden, griffen sie, wie nach ihnen auch die Frauen und Kinder der Sinti und Roma, auf das Heidekraut zurück. Das Luftbild zeigt an mindestens zwei Stellen große, unregelmäßig begrenzte Vegetationsglatzen unmittelbar an der Westgrenze des Lagers, die von solchen Entnahmen herrühren dürften. Beide Stellen sind jeweils durch tief ausgetretene Trampelpfade mit dem formellen Wegesystem des Lagers verbunden.

Das Lager war zum Zeitpunkt der Aufnahme durch Stacheldraht und Wachtürme von dem Lagerbereich der Waffen-SS getrennt. Je einer der Türme stand auf den beiden Eckpunkten des Lagers, ein dritter in der Mitte der Grenze zum Aufenthaltslager. Die Aufnahme zeigt alle Baracken der Sington-Skizze, das Wegesystem sowie das betonierte Waserbecken, wenn auch etwas anders räumlich konfiguriert. Die Masse der Lagerfläche war mit Kiefern-, Fichten- oder Birkenwald bestanden, in den sowohl das - um gefälligen Schwung bemühte - Wegesystem wie auch die Baracken eingefügt waren.

Die subjektive Auswertung am Spiegelstereoskop läßt zwei unterschiedliche Barackentypen erkennen: einen kleineren Typ, der in seinen Außenmodulen senkrecht verbrettert war und dessen drei Außentüren in die Längsseiten eingelassen waren; die Türen verraten sich im Luftbild durch die zu ihnen hinführenden Trampelpfade. Aus der relativ großen Türenzahl kann auf eine interne Unterteilung in eine entsprechende Anzahl von "Stuben" geschlossen werden. Die Baracke mit der Nummer 215 (Sington-Skizze) gehört zu diesem Typ; sie läßt in besonders klarer Weise die erwähnten Trampelpfade der Bewohner von und zu den drei

Eingangstüren auf der dem äußeren Stacheldraht zugewandten Seite erkennen. Auch die nördlich anschließende Baracke mit der Nummer 214 gehört zu diesem Typ, der aber insgesamt nicht die Mehrheit der Baracken des Großen Frauenlagers angehört haben. Im allgemeinen dürfte dieser Typ dem in den übrigen Teillagern vorherrschenden geähnelt haben oder sogar mit ihm identisch gewesen sein. BU 4021 aus dem Kleinen Frauenlager mag die Seitenansicht mit den drei Türen stellvertretend veranschaulichen. Gegenüber der Nummer 214 und von ihr durch einen unbefestigten Weg getrennt lag die Baracke mit der Nummer 212. Schon in der subjektiven stereoskopischen Auswertung zeigt sie eine größere Grundfläche als die Baracken Nummer 215 und 214: sie ist nicht nur länger und breiter als der andere Typ, sondern ausweislich ihres Schattenwurfes auch von deutlich größerer Höhe. Im weiteren Unterschied besitzt sie einen einzigen, sehr gräumigen Ein- und Ausgang in einer ihrer Giebelseiten. Bei der Nummer 212 ist das ausweislich der Trampelpfade die nach Norden gelegene Giebelseite. Standardmäßig scheint dieser Barackentyp durch einen senkrecht verbretterten Mittel-Flur mit rechts und links abführenden Türen erschlossen worden zu sein, so daß sich rechts und links entweder je ein großer Raum, oder aber eine Vielzahl davon bilden ließ.

Das Aussehen dieses Barackentyps von ihrer Giebelseite zeigen die nach der Befreiung des Lagers von britischen Armeefotografen aufgenommenen Bilder mit den Nummern BU 4276 und BU 4846, den Seitenanblick gibt das Bild BU 4096 wieder, auf dem die Baracke mit der Nummer 211 erscheint. Die Baracke auf BU 4276 zeigt über ihren Eingang noch den Rest einer Barackennummer: 22. Da alle Baracken des großen Frauenlagers Zweihunderternummern trugen, bleiben zwei mögliche Baracken übrig, denen dieses Foto zuzuordnen ist: 211, wenn ich von exUB22 Lazarettlager, oder 223, wenn ich von exUB22 Arbeiterlager ausgehe. Da ausweislich der stereoskopischen Bildauswertung beide Baracken zum nämlichen Typ gehörten, veranschaulicht das Bild nicht nur eine bestimmte Baracke, sondern auch ihren allgemeinen Typ.

Aufschlußrech ist der Vergleich von BU 4276 und BU 4846: beide zeigen denselben Barackentyp von der Giebelseite mit der Eingangstür. Aber während der Eingang von BU 4276 zu ebener Erde liegt, mußten die Bewohner der Baracke auf BU 4846 ihre Behausung über eine hölzerne Treppe mit 5 Stufen erreichen: wird jede zu etwa 30 zentimetern gerechnet, dann lag der Eingangsbereich in einer Höhe von 1,20 bis 1,50 Meter über dem Erdboden. Das läßt darauf schließen, daß diese Baracke schräg oder quer zu ihrer Höhenlinie errichtet worden ist. Dazu stimmt, daß ein Plattenweg zum Eingang führt, während die auf ihrer Höhenlinie - und damit ebenerdig - angelegte Baracke nur einen unbefestigten Sandweg aufweist: da sich bei einem Eingangsbereich am tieferen Ende notwendige Wassermassen sammeln, machen diese eine Wegbefestigung notwendig. In Verbindung mit den Informationen aus den Höhenlinien der geheimen Karte von 1942 sollte es möglich sein, die infrage kommenden Baracken zu identifizieren. Da zwei der vier Baracken, und zwar die Nummer 224 und 220, in Richtung des Flusses Meiße liegen, wohin das Gelände abfällt, kommen sie in die engere Wahl.

Der Wert der beiden britischen Skizzen besteht in der Information über das Nummernsystem der Baracken im Bereich des späteren Großen Frauenlagers, ansonsten dürfen sie in Bezug auf Barackentypen oder das Wegesystem nicht auf Details hin strapaziert werden. Ob den Angaben Singtons über lagerinterne Grenzen, vor allem im Nordosten des GFL, Bedeutung zukommt, muß angesichts der negativen Ergebnisse bei den übrigen Teillagern bezweifelt werden. Dagegen wird die geheime Karte des Truppenübungsplatzes in allen wesentlichen Details von Barackenlage und -größe, wie auch über das Wegesystem durch die Luftaufnahme bestätigt. Als besonders wichtig könnten sich die Höhenlinien in der Karte erweisen. Das gilt auch für die Zeichnung von 1946. Sie enthält die Höhenlinien im Meterabstand.

Verzeichnis der Kapitelnoten
1. Fania Fenelon, das Mädchenorchester in Auschwitz, München, 4. Auflage 1984.
2. Kolb '85, Seite 34.
3. a.a.O., Seite 113.
4. Kolb, Seite 36.
5. Kolb 1985, Seite 40.
6. vgl. dazu die Planzeichnung zum StaLag 311 im Besitz der Nds. Landeszentrale.
7. in Nummer 48 waren laut Sington am 15.4.1945 680 Frauen ohne Kojen untergebracht.
8. a.a.O., Seite 283.
9. a.a.O., Seite 284.
10. in der topografischen Karte von 1942 als Höhe 57,0 klassifiziert.
11. so etwa auf BU 4270.
12. a.a.O., Seite 284.
13. Kolb '85, Seite 74f.
14. Renate Laquer, zitiert nach Kolb 85, Seite 67.
15. herzog bei Kolb, Seite 79.
16. a.a.O., Seite 15.
17. a.a.O., Seite 285.
18. Kolb '85, Seite 35 f.
19. a.a.O., Seite 287.
20. a.a.O., Seite 287.
21. Die Bilder, etwa BU 3929, zeigen es.
22. a.a.O., Seite 288.
23. a.a.O., Seite 288f.
24. Der Block war fertig bis auf die letzten drei Dachsegmente. Die Bretter zur Fertigstellung des Daches, höher als die Handwerksbaracke 42, lehnen möglicherweise schräg gegen ihre südliche Giebelfront. Der Schatten des Bretterstapels zeichnet sich deutlich auf dem Barackendach ab.
25. Kolb Seite 56.
26. Aussage des Häftlingsarztes Leo, in: Trial of Josef Kramer etc., London, Endingburgh, Glasgow 1949, Seite 122.
27. a.a.O., o. Seite.
28. BU 4021, 4221, 4261, 4272.
29. Beschwerde von Madame Wandowska über eine slowenische Disziplinarvorgesetzte wegen Prügelns, Seite 70.
30. a.a.O., Seite 42, 49, 59, 60 und 61.
31. Trial of Josef Kramer etc., S. 551.

Lagerlaufbahnen der interviewten Familien

Familie / Lager	A Platow	B Belzek	C Krychow	D Siedlice	E Auschwitz	F Buchenwald	G Dachau	H Ravensbrück	I Schlieben	J Altenburg	K Sachsenh.	L Dora	M Ellrich	N Nordh.	O Mauth.	P Bergen-B.	
1 Laubinger					Herbst 1943 ● / Juli 1944 ●										Anfang 45 ●	Mai 45 ●	4
2 Mechler		Mai 1940 ● / August 1940 ●	August 1940 ●	1 Jahr ●				Ende 1944 ● / 8 Monate							März 45 ●	April 45 ●	5
3 Böhmer					1943 ● / Juli 1944 ●	●					bis 1945					bis April 45 ●	
4 Bamberger					1943 ● / Juli 1944 ●							●				●	
5 Rosenberg																●	
6 Winterstein	Mai 1940 ●			1944 ●												6 Monate / Mai 45 ●	4
7 Schmidt, Frau					1943 ● / Juli 1944 ●			Herbst 1944 ● / August 1944 ● / Dezember 1944 ●							Jan. 1945 ● / Jan. 1945 ●	Febr. 1945 ● / Mai 1945 ●	3
8 Schmidt, Herr					Juli 1944 ●											April 1945 ●	3
9 Seeger					Juli 1944 ●	● / ?						März 1945 ●				März 1945 ●	3
10 Clemens					März 1943 ● / Juli 1944 ●	August 1944 ● / Sept. 1944 ●						Sept. 1944 ● / Nov. 1944 ●	Dez. 1944 ● / März 1945 ●			April 1945 ●	5
11 Pranden					Juli 1944 ●			August 1944 ● / Jan. 1945 ●							Jan. 1945 ● / Febr. 1945 ●	März 1945 ●	4
12 Franz, S.					1943 ● / ?	? / ?		Dez. 1940 ? / Sommer 1944 ●	n. August 1944 ●							Mai 1945 ●	4 Febr./März 45
13 Franz, Herr					1943 ●			August 1944 ● / 1944		? / April 1945 ●			August 1944 ● / März 1945 ●			April 1945 ●	4 Celle Lager der Engl.
14 Franz, Hedwig					Feb./März 1943 ●	August 1944 ●			10–11 Wochen								4
15 Fischer					Juli 1944 ●	? / Sommer 1944						? / n. Ostern 45 / Sommer 1944 / Winter 1945			(1.4.45) Ostern 45	April 45 ●	4
16 Müller					Juli 1943 ● / ?			Juli 1944 ●							?	? / April 45 ●	4
17 Franz, L.					8.3.1943 ● / Juli 1943 ●			7.3.1945 ●							7.3.1945 ● / 17.3.1945 ●	17.3.1945 ● / April 1945 ●	4
18 Freiermuth					Anf. 1943 ● / Juli 1944 ●			August 1944 ● / Jan. 1945 ●							Jan. 1945 ● / Febr. 1945 ●	Mai 1945 ●	4
Summen	1	1	1	2	4	6	1	8	2	2	1	7	2		5	17	

Legende

Mai 1940   Beginn der Haft Mai 1940
1. August 1940 ●   Ende der Haft im August 1940
————   keine Haftzeit im betr. KZ

Statistik der ohne Entlassungspapiere geflüchteten Sinti. Stand: 19.9.1989

Name	Geflohen	mit wem	Summe
Laubinger	ja	1 Schwester	2
Mechler	ja	Verwandschaft	7
Brüggemann	ja	2 Schwestern	3
Böhmer	nein	entfällt	0
Bamberger	?	?	/
Rosenberg	?	?	/
Winterstein	nein	entfällt	/
Schmidt, Frau	nein	entfällt	/
Schmidt, Herr	ja	mehrere Männer (Musiker)	5
Seeger	ja	mehrere Männer (Musiker)	4
Clemens	nein	entfällt	/
Pranden	ja	allein	1
Franz/Schw.	ja	mehrere Frauen	5
Fischer	ja	3 Verwandte (m. H. Seeger)	0
Franz	ja	2 Frauen mit Kinder	5
Freiermuth	nein	entfällt	
Spak	nein	entfällt	
Müller	ja	allein	1
Peter	ja	Familie (2 Schwestern, 1 Enkel)	4
Summen:	**10**		**37**

Legende:
Die Statistik basiert auf den Angaben in den Interviews. Sie werden noch ergänzt durch Aussagen über Zählungen und deren Kriterien.
Flucht schließt vorhergegangene Zählung, Zählung spätere Flucht nicht aus, Zählung bedeutet nicht automatisch Zählung als Zigeuner.
Unvollständige oder fehlende Daten sidn durch ? gekennzeichnet.

Moralität der gemeinsam verhafteten Familienmitglieder

Stand: 31.8.1989

	Großeltern	Eltern	Brüder	Schwestern	Gesamt	Verluste	Bemerkungen zu den vorl. Werten
Laubinger		2 - 1	1 - 0	2 - 0	5 - 1	20,/ %	1 Großmutter gestorben
Mechler		2 - 1	3 - 1	4 - 0	9 - 1	1 10,0 %	weitere Brüder erfragen
Böhmer		2 - 0	?	?	6 - 4	4 66,7 %	Nachfrage Daten der Geschwister
Winterstein	1-0	2 - 0	1 - 1	1 - 1	5 - 1	1 20,0 %	Großmutter, Mutter noch 1945 gest.
Schmidt, Herr	1-1	2 - 1	5 - 5	2 - 2	10 - 9	9 90 %	s. Fischer, daten des Ehemannes
Clemens		2 - 2	4 - .	3 - 1	9 - 3	3 33 %	keine Daten erfragt
Pranden		2 - 1			13 - 8	8 61,5 %	Ehemann überlebt?
Franz/Schwa		2 - 1			7 - 5	5 71,4 %	Daten Kinder, Großeltern erfragen
Fischer		2 - 1	3 - 2	3 - 0	8 - 3	3 37,5 %	
Franz/Trol		2 - 0	5 - ?	7 - ?	14 - ?		Totenzahl nicht erfragt
Freiermuth		2 - 1	3 - ?	4 - ?	9 - 5	5 55,6 %	40 Tote im ganzen Geschlecht
Müller		2 - 2	2 - 1	6 - 5	12 - 10	10 83,3%	Verlobte und Sohn dazu
Summen		20 - 9	16 - 4	26 - 5	71 - 38	38	Zwischenwerte der vorläufigen Daten
Prozente		45,0%	25,0%	19,2%	58,0%	58,0%	Zwischenwerte der vorläufigen Daten

Legende:

Die Ziffern vor dem Bindestrich gibt die Zahl der Verhafteten an, die Ziffer nach dem Bindestrich die Zahl der während ihrer KZ-Haft Verstorbenen. Da für alle interviewten Personen Bergen-Belsen Befreiungslager war, endet der Berechnungszeitraum mit dem 15.4.1945. Die verwandtschaftlichen Beziehungen rechnen von der interviewten Person aus: war eine Person zum Zeitpunkt ihrer Verhaftung bereits verheiratet, wurden ihre Daten in der Spalte „Eltern" vermerkt, diejenigen der Eltern der Person unter „Großeltern". In diesem selteneren Fall hat die Spalte „Brüder" resp. „Schwestern" auch die Bedeutung von „Söhnen" resp. „Töchtern". Wo unter der interviewten Personen Blutsverwandtschaft vorlag, wurden nur die Daten einer verhafteten Gruppe berücksichtigt, um eine Doppelzählung zu vermeiden. Aus demselben Grund wurden auch Angaben über die Verluste eines ganzen Geschlechtes nicht berechnet, weil keine Daten über dessen Größe bekannt waren.

Die gewählte Methode der Verlustschätzung tendiert dazu, eher eine Unter- als Obergrenze zu liefern: wurde eine Verhaftetengruppe vollständig umgebracht, kann sie mit dieser Methode nicht mehr erfaßt werden. Auch die unmittelbar nach der Befreiung, verstorbenen Familienmitglieder falle aus der Rechnung heraus: im Fall Winterstein würde ein 20%-Verlust sich auf 60% erhöhen.

Das gleich gilt für diejenigen Fälle, wo die letzten Familienmtglieder zwischen dem Zitpunkt der Befreiung und der Interviewserie ausgestorben sind oder ein so hohes Lebensalter erreicht haben, daß ihnen eine Befreiung nicht mehr zuzumuten war. Ebenfalls sinkt die Wahrscheinlichkeit, in die Interviewtengruppe zu gelangen, mit der Anzahl überlebender Familienmitglieder.

Statistik der Wohn- und Gewerbearten vor der Verhaftung

Stand: 23.9.1989

	Reisend	Seßhaft	Gewerbe Vater	Gewerbe Mutter
Laubinger	nein	ja	Textil	Textil Kurzwaren
Mechler	ja	ja	Pferdehändler	Saisonarbeiter
Peters	ja	ja	Pferdehändler	Saisonarbeiter
Brüggemann	ja	ja	Pferdehändler	Saisonarbeiter
Böhmer	ja	ja	Musiker	Textil
Bamberger	ja	ja	?	?
Rosenberg	ja	ja	?	?
Winterstein	ja	ja	Korbflechter	Textil Kurzwaren
Schmidt, Frau	ja	ja	Schausteller	Textil
Schmidt, Herr	ja	ja	Kaufmann (Amb.)	Textil
Seeger	ja	ja	?	?
Clemens	nein	ja	?	?
Pranden	ja	ja	Schausteller	Textil
Franz, S.	nein	ja	Glasfabrik	Hausierhandel
Fischer	ja	ja	Schausteller	Textil
Müller	ja	ja	Ambulanter Handel	beider Eltern
Franz, L.	ja	ja	Strickhandel	Textilhandel
Freiermuth	ja	ja	ungelernt	Textilhandel
Spak	ja	ja	ungelernt	Textilhandel
Summen	16 - 3	19 - 0		

Legende:
Die Statistik basiert auf den Angaben in den Interviews. Der jeweils erste Summen-Wert gibt die Häufigkeit der Ja-Antworten, der zweite die der Nein-Antworten wieder. Unvollständige oder fehlende Daten sind durch ? gekennzeichnet.
Die Spalte „Reisend" spiegelt die Erwerbsform zu beginn des „3. Reiches" wieder, die Spalte „Seßhaft" die Situation unmittelbar vor der Einweisung in die Konentrationslager (Festsetzung).

Dokument 1
Denkmal der Sinti-Familie Schmidt für 40 ihrer im Zigeuner-Familienlager von Auschwitz-Birkenau (BIIE) umgekommenen Mitglieder. Teile der Kosten wurden aus gezahlten Wiedergutmachungsbeträgen bestritten.
Standort: Friedhof in der Nähe von Bremen. Aufnahme Wagner 1989.
Familienbesitz

Dokument Nr. 2
Herr Anton Schmidt, Schausteller, als Wehrmachtssoldat, vermutlich Militärmusiker (Schlaufe auf den Achselklappen). Aufnahme vor der Ausstoßung aus der Wehrmacht als „wehrunfähig", etwa um 1940 in Neumünster/Holstein. Herr Schmidt ließ das denkmal bei Bremen errichten.
Familienbesitz.

Dokument 3 und 4 (Rückseite)
Entlassungspapiere für Herrn Schmidt aus der Kriegsgefangenschaft, 1947. Herr Schmidt war 1944 aus dem KZ Ravensbrück heraus in das Dirlanger-Bataillon gepreßt worden. (vgl. Kapitel 5.7.)
Familienbesitz

III
PARTICULARS OF DISCHARGE
Entlassungsvermerk

THE PERSON TO WHOM THE ABOVE PARTICULARS REFER
Die Person auf die sich obige Angaben beziehen

WAS DISCHARGED ON (Date) — FROM THE* — entlassen
wurde am (Datum der Entlassung) — vom/von der*

[Stamp: Antrag auf Entschädigung nach dem KgfEG gestellt am 27.11.57/26.5.55 — Wohlfahrtsamt Bremen]

RIGHT THUMBPRINT
Abdruck des rechten Daumens

CERTIFIED BY
Beglaubigt durch

NAME, RANK AND APPOINTMENT OF ALLIED DISCHARGING OFFICER IN BLOCK CAPITALS

DISCHARGE — EMBOSSED SEAL
Amtlicher Einprägestempel

INSERT "ARMY" "NAVY" "AIR FORCE" "VOLKSSTURM" OR "PARAMILITARY" ORGANIZATION, e.g. "R.A.D.", "N.S.F.K.", ETC.
Wehrmachtteil oder Gliederung der die Einheit angehört, z.B. "Heer", "Kriegsmarine", "Luftwaffe", "Volkssturm", "Waffen SS", oder "R.A.D.", "N.S.F.K." usw.

Dokument 4

Else Freiermuth, 2800 Bremen   (1)
Rotterdamerstr. 8   Bremen, den 10.6.1987

Ich Else Freiermuth, geb. Schmidt, geb. am 5.5.1932 in Krelingen, bei Walsrode. Als ich 10 Jahre war, kamen meine Eltern und meine Geschwister und ich in die Konzentrationslager, wie Ravensbrück, Bergen-Belsen, Mauthausen und auch nach Auschwitz. Aus Rassischen Gründen. Von da an begann unserer Leidensweg, die Vernichtung und der Tod tagtäglich vor Augen. Meine Mutter und einige Geschwister sind in Auschwitz umgekommen. Mein Vater, meine Schwester Bruder und ich, sind dem Tode nur Knapp entronnen. Dadurch erlitten wir tiefsitzende Körperliche und Seelische Schäden, durch die ständige Angst und Hunger, aber auch zu einem sehr großen Teil, durch die Sterilisation die an meiner Schwester und mir vorgenommen wurde. Erst nach vielen langen Jahren, konnte ich meine erlittenen Qualen niederschreiben. Meine Familie und ich sind Sinti und mussten wegen unserer Rasse durch die Hölle gehen. Tag und Nacht hatten wir schreckliche Angst. In Auschwitz verloren wir 40 Angehörige unserer Familie. Danach kam ich mit meiner Schwester nach Ravensbrück. Dort waren wir Ärztlichen versuchen ausgesetzt. Dann wurden wir Sterilisiert, und mussten mit den großen Schmerzen am nächsten morgen vor dem Block Appel stehen, stundenlang, bis wir wieder ohnmächtig wurden. Das Blut floss uns an den Beinen runter und die Aufseherin schlug mit einem Knüppel auf uns Häftlinge ein und Schrie, ihr Zigeunerschweine, wollt Ihr wohl gerade stehen, dann schlug Sie wieder mit dem Knüppel und den Füßen auf meine Tante ein, biss Sie am Boden lag, und Ihr Kind dadurch verlor. Das war die Hölle von einem Lager. Dann kamen wir mit einem tagelangen Transport ohne Wasser und Essen nach Mauthausen, wo es auch sehr schlimm war. Dann kamen wir nach Bergen-Belsen. Es ist von uns damaligen Kindern und jugendlichen bis heute unmöglich, diese höllischen Qualen und Erfahrungen der frühen Kindheit und Jugend zu verarbeiten. Wir sind bis an unser Lebensende gezeichnet. Wir werden bis zum Lebensende leiden, die die Jahre des Dreckes, Hungers und Kälte in uns gebrannt haben. Neben sterbenden, Toten und gefolterten. Immer bedroht von den Vernichtungskommandos der allmächtigen SS. Wir waren gedehmütigte Wesen, die stunden lang gerade stehen mussten und sich alles gefallen lassen mussten, mit Angst im ganzen Körper. Ich schmiegte mich an meine Tante, um gegen Kälte und schrecken schutz zu suchen, da kam die SS und prügelte uns auseinander. Die SS konnte mit uns tun was sie wollte uns schlagen, Foltern, erschießen, alles war erlaubt. Wer hätte uns beschützen können? Tiefe Verzweiflung überkam uns. Die SS waren Männer und Frauen, gedrillt aud das Quälen und töten, im Hass auf alle Andersdenkenden und Gläubigen Menschen. Sie waren von unglaublicher Roheit und Brutalität, was sich ein normaler Mensch gar nicht vorstellen kann. Es waren Teufel, die die Mordmschinerie in Auschwitz und Bergen Belsen in Gang gehalten haben.
Die Vernichtungslager waren sehr Dreckig. Undere Kleider waren zerissen. die Hare verlaust. Unsere Körper waren ausgehungert und aufgeschwemmt. In den Baracken lagen die Menschen auf dem Boden mit Seuchen geplagt, im Gestank weder Licht noch Wasser. Sie sichten vor sich hin. Sie mussten stehen oder übereinander hocken, die Kranken. die hungernden, die sterbenden. Überall lagen Tote am Boden, die von Zeit zu Zeit weg gebracht wurden, in ein anderes Abteil der Baracke, wo sie übereinander gelegt wurden, wie Holzscheite. Der Boden war bedeckt mit einer stinkenden Masse bedeckt. die Situation war eine Katastrophe die Menschen waren zu schwach um sich zu bewegen und so wurde das gesamte Lager zur Latrine. Es waren sterbende Menschen die sich überall entleerten wo sie gerade standen oder lagen. Am Anfang bekamen wir etwas Rübensuppe und 300 Gramm Brot den ganzen Tag. In den letzten Monaten dann gar nichts mehr. Diese kleinen, minderwertigen Rationen reichten nicht aus, um uns am Leben zu erhalten, was die SS ja auch gar nicht wollte. Die Häftlinge kamen ja bereits geschwächt aus anderen Lagern an. Die meisten starben in wenigen Tagen. Es war so furchtbar, das man es kaum beschreiben kann. Ich lief ständig im Lager rum um mir etwas essbares zu suchen. Als ich an der Küche herum kam, sah ich einen SS Mann, wie er mit dem Gewehr Kolben auf eine Frau einschlug, bis sie sich nicht mehr rührte. Es lief ihr Blut aud dem Munde. Es war so schrecklich, das das Bild werde ich nie vergessen. An einem anderen Tage sah ich, das ein SS Mann auf ein kleines Mädchen schoss, weil sie eine Rübe genommen hat. Das Kind fiel auf die Straße und blutete. Dann kam die Mutter und holte das Kind in den Block wo es dann starb. Die Mutter weinte und sagte, lieber Gott, wenn Du allmächtig bist, dann helfe uns und lasse das nicht zu. Die Mutter und das Kind lagen in unserer Baracke. Der Name von dem Kind war Morgenstern. Es gibt nicht sehr viel Deutsche Leute die uns Sinti noch heute hassen und diskriminieren und möchten uns am liebsten wieder in die Lager einsperren. Diese Leute sind von unglaublicher Roheit. Ich habe Angst vor Menschen, die ihren Hann ins Maßlose steigern können. Wir hätten auch allen Grund die Deutschen zu hassen, was die uns angetan haben, wo wir nur dem Tode knapp entronnen sind. Die Körperlichen und Seelischen Schäden machen uns sehr zu schaffen, das man manchmal denkt, jetzt geht es nicht mehr. Jetzt wo man Älter wird, macht sich das noch mehr bemerkbar, weil man keine Kinder hat. Ich muss jetzt aufhören, ich kann nicht mehr weiter, mein Herz ist so schwer.

Dokument 5
Niederschrift von Frau Freiermuth, geb. Schmidt, über ihre Zeit in den reichsdeutschen Konzentratinslagern Auschwitz-Birkenau, Ravensbrück, Mauthausen und Bergen-Belsen. Juni 1987.
Familienbesitz.

Dokument 6 und 7 (Rückseite)
Herr Fischer, zur Zeit des 1. Weltkrieges, in der Uniform eines bayrischen Landesschützen, vermutlich Musikkorps („Schwalbennester" an den Achselstücken).
Fotoreproduktion: Wagner 1989
Herr Fischer, Zeit des 2. Wltkrieges, vor der Ausstoßung aus der Wehrmacht als „wehrunfähig".
Familienbesitz.

Dokument 7

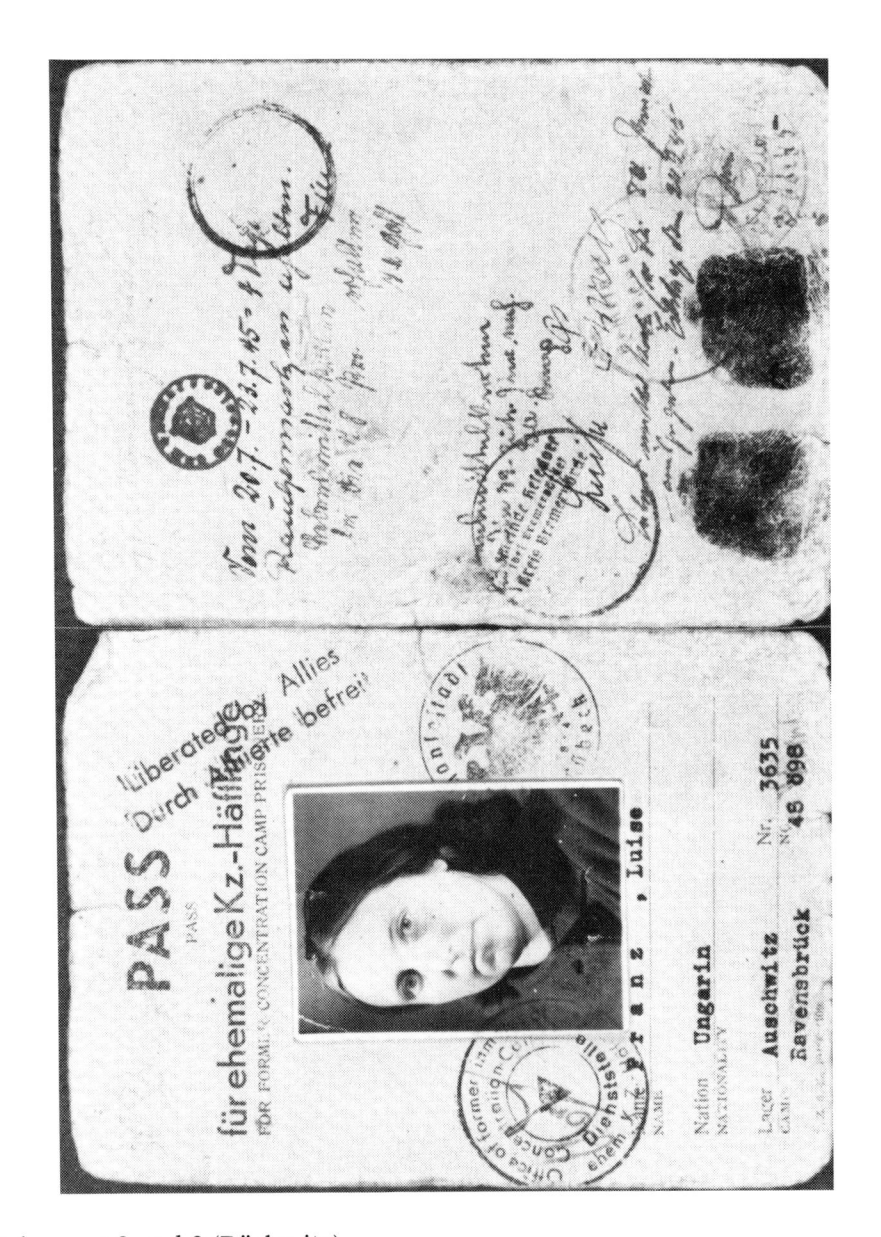

Dokument 8 und 9 (Rückseite)
Paß für ehemalige KZ-Häftlinge für Frau Luise Franz und ihren bei der Befreiung
5-jährigen Sohn Christian, 1945. Das Dokument sieht nicht genug Platz für die
vollständige Lagerlaufbahn von Mutter und Kind vor: Mauthausen und Bergen-
Belsen gingen nicht mehr drauf. Als Nationalität ließ Frau Franz „Ungarin" ein-
tragen. Sie war, wie alle als Zigeuner klassifizierten Deutschen, von der nationalsozialistischen Reichsregierung aus der Staatsbürgerschaft hinausgeworfen worden. Christian Franz vertritt in der Ausstellung der Gedenkstätte mit seinem KZ-
Kinderpaß die Minderheit der deutschen Sinti unter den Gefangenen in Bergen-
Belsen. Reproduktionsfoto: Wagner 1989.
Familienbesitz.

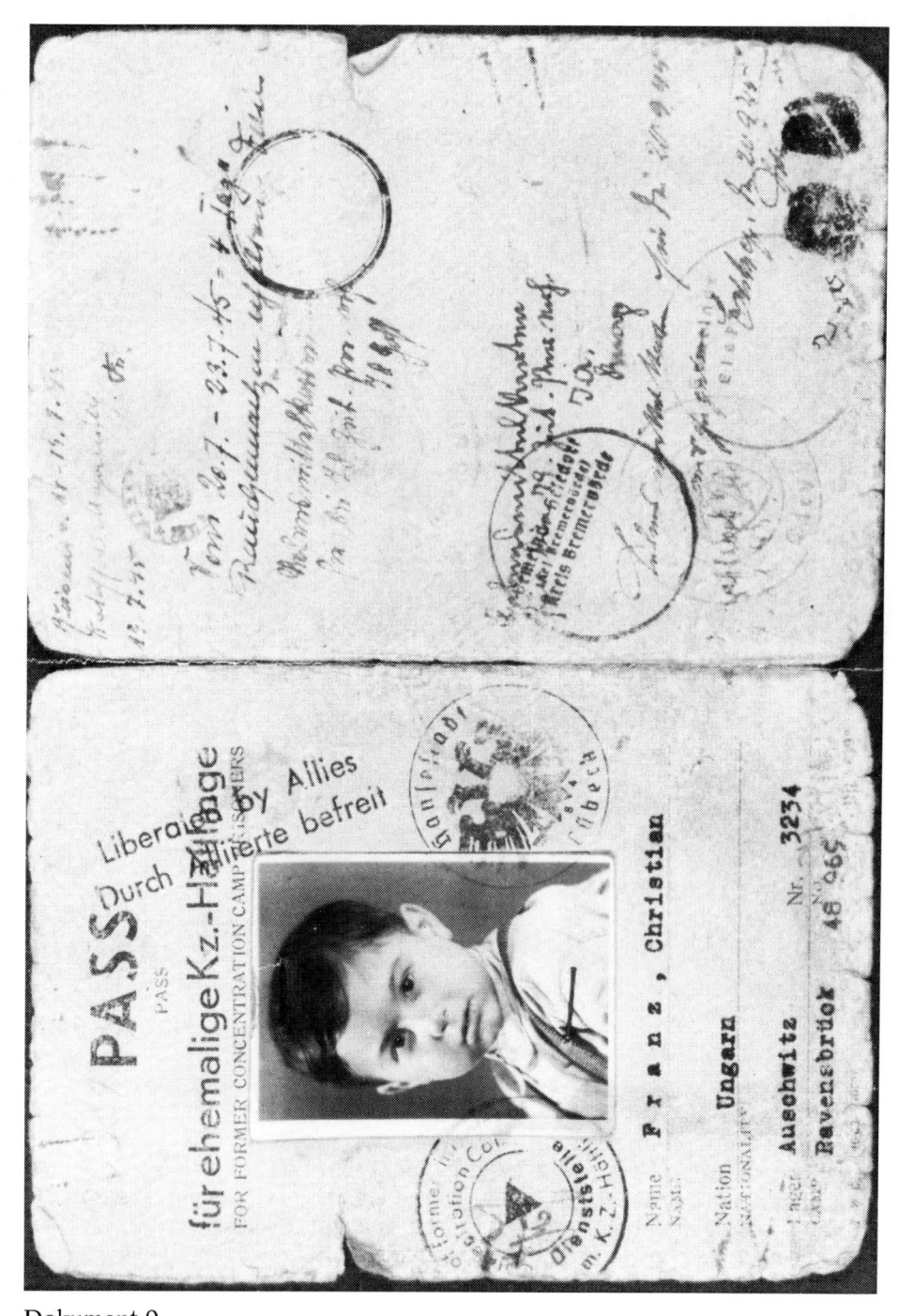

Dokument 9

Geboren 20. Februar 39 40
BORN

Wo (Ort) Lübeck
PLACE

Beruf Kind
PROFESSION

Früh. Wohnort Lübeck
FORMER RESIDENCE

Inhaber dieses Passes ist
BY ORDER OF THE MILITARY
in jeder Hinsicht auf An-
GOVERNMENT THE BEARER OF
ordnung der Mil.-Behörde
THIS PASS MUST RECEIVE IN
zu bevorzugen. Ihm ist
EVERY WAY PRIVILEGE AND HELP.
jede Hilfe zu gewähren.

Von den örtlichen Dienststellen auszufüllen
TO BE FILLED BY LOCAL AUTHORITIES

Bewilligt am GRANTED ON THE	Gegenstand OBJECT	Unterschrift SIGNATURE

> Der Tag der Entlassung kann jetzt noch nicht angegeben werden. Besuche im Lager sind verboten. Anfragen sind zwecklos.

Auszug aus der Lagerordnung:

Jeder Häftling darf im Monat 2 Briefe oder Postkarten empfangen und absenden. Eingehende Briefe dürfen nicht mehr als 4 Seiten à 15 Zeilen enthalten und müssen übersichtlich und gut lesbar sein. Geldsendungen sind nur durch Postanweisung zulässig, deren Abschnitt nur Vor-, Zuname, Geburtstag, Häftlingsnummer trägt, jedoch keinerlei Mitteilungen. Geld, Fotos und Bildereinlagen in Briefen sind verboten. Die Annahme von Postsendungen, die den gestellten Anforderungen nicht entsprechen, wird verweigert. Unübersichtliche, schlecht lesbare Briefe werden vernichtet. Im Lager kann alles gekauft werden, nationalsozialistische Zeitungen sind zugelassen, müssen aber vom Häftling selbst im Konzentrationslager bestellt werden. Lebensmittelpakete dürfen zu jeder Zeit und in jeder Menge empfangen werden.

Der Lagerkommandant

Liebe Schwiegereltern u. Grosseltern! muss euch im Anfang gleich mitteilen das ich Entbunden und ein kl. Mädel habe. Es ist alles soweit gut abgelaufen, habe mich sehr über das Paket gefreut das Ihr mir gesandt habt. Bin mit meinen Kindern gott seidank noch gesund und munter, was ich von Euch auch hoffe. Des öfteren dürfen wir Pakete erhalten, wenn es möglich ist dann schicke mir öfters schon wegen den Kindern, wenn es auch nur Brot und Marmelade ist. Liebe Schwiegereltern wie gern möchte ich mit meiner Familie dies grosse Fest mit Euch verbringen und Feiern; hoffen wir das wir bald zusammen sein können. Wenn es möglich ist schicke mir Schuhe Gr. 39. Nun in der Hoffnung das Ihr meinen Brief bei bester Gesundheit erhält grüsst Euch herzlich Eure Nichte Marie Louise

---

Dokument 10
Brief von Frau Luise Franz an Familie und Verwandte aus dem KZ Ravensbrück. Sie teilt darin die Geburt ihrer Tochter Marie mit. Das Kind starb nach Versiegen der Brustnahrung. Die Mutter wurde anschließend in Ravensbrück zwangssterilisiert.
Familienbesitz.

Der Sonderhilfsausschuß
für den
~~Stadt-Kreis~~ Regierungsbezirk Hannover
~~Land-~~
~~/Kreissonderhilfsausschuß/~~

Az. S 6446 F

Die Gesamtsumme mit 3.900,- DM wurde heute zur Zahlung angewiesen.
Hannover, den 18. April 1953.
Der Regierungspräsident
Im Auftrage:
Westphal

Hannover am 14.4.1953

Dieser Bescheid ist rechtskräftig.
Hannover am 7.4.53
(Ort)   (Datum)
(Siegel)   Der ~~Stadt~~ Kreis
               ~~Land~~
               Kreissonderhilfsausschuß

Haftentschädigungs-Bescheid

nach dem Gesetz über Entschädigung für Freiheitsentziehung durch Maßnahmen der nationalsozialistischen Gewaltherrschaft (Haftentschädigungsgesetz) vom 31. 7. 1949.
in der Fassung vom 16.5.1952.

Urschrift   z. d. A.
1. Ausfertigung   Antragsteller
2.   "   BdöI
3.   "   LA
4.   "   PV. Rech.

In der Haftentschädigungssache des

Name: Franz   Vorname: Luise

geb. am 18.9.1920 in Spittal

Beruf: _____ wohnhaft in Harpstedt, b. Bremen,

hat der ~~Kreis~~sonderhilfsausschuß ~~des Stadt/Landkreises~~ für den Reg.-Bez. Hannover

in der Sitzung vom 7.4.1953, an der teilgenommen haben:

Reg.Ass. Dr. Hampich als Vorsitzender

Prüter _____ als Beisitzer

Friedrichs _____ als Beisitzer

Reg.Rat Westphale _____ als Beauftragter des öffentlichen Interesses

Rosenau _____ als Schriftführerin

nach Anhörung des Antragstellers beschlossen:

/1. ~~wird als Verfolgter der nationalsozialistischen Gewaltherrschaft anerkannt.~~

/2. ~~Er sie war volle Monate seiner ihrer Freiheit beraubt.~~

~~Ihm ihr~~ ~~steht daher eine Haftentschädigung in Höhe von~~

~~DM/V.~~   ~~DM/zu.~~

Der Antragstellerin wird eine Haftentschädigung in Höhe von DM 3.900,-- zuerkannt.

Diese Entscheidung ergeht gebührenfrei.

Dokument 11 („Gründe" auf der folgenden Seite)
Haftentschädigungsbescheid für Frau Luise Franz vom 14.4.1953. Auffällig die Benutzung von rassistischem Vokabular (Zigeunermischling) und verdeckt-infamen Formulierungen („wegen asozialen Verhaltens einer Sonderhilfe nicht für unwürdig erklärt.") Jeder kann sich seine Deutung aussuchen.
Familienbesitz.

Gründe:

Die Antragstellerin ist Zigeunermischling. Mit Beschluß des Nieders. Landesausschusses für Sonderhilfssachen in Hannover in der Sitzung vom 6.10.1950 wurde die Antragstellerin als Verfolgte der NS-Gewaltherrschaft anerkannt und wegen asozialen Verhaltens einer Sonderhilfe nicht für unwürdig erklärt. Mit Bescheid des Sonderhilfsausschusses des Kreises Grafschaft Hoya vom 3.2.1951 wurde die Antragstellerin als Verfolgte der NS-Gewaltherrschaft anerkannt und ihr eine Geldrente in Höhe von DM 70,--, entsprechend einer Erwerbsminderung von 30 % zugesprochen. Diesen Beschluß hat der Beauftragte des öffentlichen Interesses beim Nieders. Landesausschuß für Sonderhilfssachen in Hannover mit der Begründung angefochten, es sei nicht nachgewiesen, daß die bei der Antragstellerin durchgeführte Sterilisation zu einer Minderung ihrer Erwerbsfähigkeit geführt habe.

Mit Antrag vom 10.11.1949 beantragte die Antragstellerin eine Haftentschädigung nach dem Haftentschädigungsgesetz vom 31.7.1949.

Ihren Antrag begründet die Antragstellerin damit, daß sie als Zigeunermischling rassisch und politisch verfolgt worden und in der Zeit vom 8.3.1943 bis 15.4.1945 in den KZ-Lagern Auschwitz, Ravensbrück, Mauthausen und Bergen-Belsen inhaftiert gewesen sei. Der Ehemann der Antragstellerin und ihr damals 6-jähriges Kind Christian hätten das gleiche Schicksal gehabt.

Laut eidesstattlicher Erklärung des Reinhold Weiss war die Antragstellerin vom 13.4.1943 bis März 1945 in den KZ-Lagern Auschwitz und Ravensbrück inhaftiert. Aus einer Mitteilung der Stadt Bremen vom 19.2.53 geht hervor, daß die Antragstellerin am 8.3.1943 in das KZ-Lager Auschw überführt wurde. Die Zeugin Karoline Steinbach hat in einer Erklärung a Eides Statt am 10.4.1949 versichert, die Antragstellerin im April 1943 im KZ-Lager Auschwitz kennengelernt zu haben, später sei sie nach Ravensbrück verlegt worden. Laut Auskunft des ITS befand sich die Antragstellerin vom 7.3.1945 bis 17.3.1945 in dem KZ-Lager Mauthausen und wur dann nach Bergen-Belsen verlegt.

Laut Auskunft aus dem Strafregister der Staatsanwaltschaft zu Lüneburg ist die Antragstellerin nicht vorbestraft.

Laut Auskunft der Dokumenten-Zentrale in Berlin gehörte die Antragstellerin der NSDAP oder einer ihrer Gliederungen nicht an.

Wegen des weiteren Vorbringens der Antragstellerin sowie des weiteren Ergebnisses der Beweisaufnahme wird auf den Akteninhalt Bezug genomme-

Der zulässige und fristgerecht gestellte Antrag auf Haftentschädigung ist begründet. Die Antragstellerin hat einen Anspruch auf Haftentschädigung nach dem Haftentschädigungsgesetz vom 16.5.1952. Sie gilt als Verfolgte der nationalsozialistischen Gewaltherrschaft. Nach § 1 diese Gesetzes kann u.a. derjenige einen Anspruch geltend machen, der ausschließlich aus politischen oder rassischen Gründen seiner Freiheit beraubt war. Diese Voraussetzungen sind bei der Antragstellerin gegeben. Der Ausschuß ist auf Grund der eidesstattlichen Erklärungen des Zeugen Weiss und der Zeugin Steinbach sowie auf Grund der eigenen Einlassung der Antragstellerin im Termin zur mündlichen Verhandlung und der Mitte: lung des ITS zu der Überzeugung gelangt, daß die Antragstellerin als Zigeunermischling s.Zt. ausschließlich aus politischen und rassischen Gründen ihrer Freiheit beraubt war. Im übrigen ist die Antragstellerin durch rechtskräftigen Entscheidung des Sonderhilfsausschusses für den

Sterbeurkunde

Sonderstandesamt Arolsen, Kreis Waldeck, Abt. ...A... Nr. ...345/1971...

...Elfriede P o h l -/-...

....,

wohnhaft in ...Teplitz-Schönau, Bördegasse 33 -/-...

....,

ist am ...1. November 1943 -/-... um ...-/-... Uhr ...-/-... Minuten

in ...Auschwitz-Birkenau -/-...

verstorben.

D...ie... Verstorbene war geboren am ...27. August 1929...

in ...Bennungen, Kreis Sangerhausen -/-...

D...ie... Verstorbene war ...nicht verheiratet -/-...

Arolsen, den ...8. Oktober 1971...

(Siegel)

Der Standesbeamte
I. V.

[Unterschrift]

Dokument 12
Sterbeurkunde für eines von vier eigenen Kindern von Frau Schwanhilde Franz, die im Zigeuner-Familienlager Auschwitz umgekommen sind.
Familienbesitz.

Dokument 13
Auskunft des International Tracing Service (ITS) des Roten Kreuzes in Arolsen für Elfriede Pohl, die Tochter von Frau Franz. Die Sterbeurkunde für das Kind wurde auf der Basis dieser Auskunft gefertigt. Die Namensstreitigkeiten zwischen Sintifamilien und Behörden der Bundesrepublik sind ein Ausschnitt aus dem Fortsetzungs-Trauerspiel der „Wiedergutmachung". Der Rechtsstreit zwischen Frau Franz und der Bundesrepublik Deutschland um die Anerkennung ihres in Auschwitz umgekommenen Stiefkindes läuft immer noch.
Familienbesitz.

Amé čorré rom samas. Avilé le njílaša thaj íngerdine
ame andi tēgladjára. Kothé senvestetisárde amé trín kurké. T' apal le máj bāre njílaša avilé t' opré iskirisárde
amé thaj pušlé, sodé beršengé sam. Taj pále ingerdiné a
ando Njámco. Khoté pále le rátjenca marénas ame, pájésa
piavnas ame ando Njamnax Taxóvo taj cígnuda denas ame.
Šingrénas ame le bálendar, marénas ame bikačekósa, kerná
aménca sar le ketanénca. Kámnas te phabārén ame. Ingerdín' ando Berzén.

Khoté diné ame but te xán, dine ma ek sostjín, kálca
Taj p' amáro vást šudiné ek kālo trušúl. Amáré bal tēlé
line.

Avilás ek tistkínja, ginadás le cine šavorén. Anda
Taxóvo ingerdín' ame ando Berzén. Koté čí denas amé te
xán, merásas andi bok, cígnuda xasas. Marénas ame. Dúj
šon mindig ando kinozō lāgeri samas. Taj denas amé ek
dópaš ropáj, štāré žénénge ek fálato ropáj. Triné čásóngo opré uštjavnás ame, po nángo bár bešavnas ame le njam
cícka kúrvi. Čí sōvásas sóro rātjí.

Ando báro tifúsi kana merlas jek, atúnči kote šonas
múles trín djes paš' aménde; khote sás te xás kaj amāró
múlo sas. Či dín' ame trín šón mānaro. Ando šudró pájí na
járnás ame taj amāré ciné šavorén, ando pājí ando šudró,
jivendé. Dúj šavorá merénas kothe.

Sas ek úngriko tísto. Kodo muntundás ame anda halāllāgeri. Taj gelás angla ángolo biciklésa, akhardás les
hot te muntuj amáro trájo ke mergezime j amáro xābén. Avlas kodo kaj phabárlas, kodó kaj mudārlás ame. Avilás la
ke -- savatoné rātjí. Phendás hodj but te xán del ame
útójára: "Kinder, Kinder, essen Fleisch, Milch!" De o
úngriko tísto muntundás amáro trájo; phendás te na xas.

Kan' avilás o ángolo āndré, le but konzérvi, még vi
pe vúlica sas le intrégi cipóve, le káláca.

Kodo lāgeri, o tifusóšo lāgeri, jag dás les.

Original (Dokument 14)

Dokument 14 (Übersetzung)
Bericht einer ungarischen Romzigeunerin, entweder Frau Horvath oder Frau Nemeth. Das Original des Berichtes wurde im wlachischen Dialekt des Romanes erzählt, von Josef Vekkerdi aufgezeichnet und ins Englische übersetzt. Der Text ist noch niemals publiziert worden und wurde mir von meinem englischen Kollegen David Smith für diese Veröffentlichung freundlicherweise zur Verfügung gestellt.

Meine Übersetzung von Dokument Nr. 14 aus dem Englischen:

„Wir waren arme Roma. Pfeil-Kreuzler (1) kamen und deportierten uns in eine Ziegelei. Dort ließen sie uns drei Wochen leiden. Danach kamen die Führer der Pfeil-Kreuzler und registrierten uns und fragten, wie alt wir waren. Und dann deportierten sie uns nach Deutschland. Dort schlugen sie uns jede Nacht und ließen uns (Salz?) Wasser trinken in Dachau und ließen uns Brennesseln essen. Sie zerrten uns an den Haaren, schlugen uns mit (Peitschen?), behandelten uns wie Soldaten. Sie wollten uns verbrennen und brachten uns nach Bergen-Belsen. Dort gaben sie uns viel zu essen, sie gaben mir kurze und lange Hosen. Und sie machten ein schwarzes Kreuz auf unsere Arme.(2) Sie schoren uns die Köpfe. Eine Offizierin kam, sie zählte die kleinen Kinder. Von Dachau deportierten sie uns nach Bergen-Belsen. Dort gaben sie uns nichts zu essen, wir starben vor Hunger, wir aßen Brennesseln. Sie schlugen uns. Wir blieben zwei Monate lang in diesem Folter-Lager. Sie gaben uns Steckrüben, für vier Personen ein Stück Steckrübe. Um drei Uhr nachts weckten sie uns, der verdammte Deutsche ließ uns auf der nackten Erde schlafen. Die ganze Nacht konnten wir nicht schlafen. Wenn eine von uns im großen Typhus starb, legten sie die Leiche drei Tage neben uns; wir mußten dort schlafen, wo unsere Tote gelegen hat. Drei Monate lang gaben sie uns kein Brot. Sie badeten uns und die kleinen Kinder in kaltem Wasser, im Winter, in kaltem Wasser. Zwei meiner Kinder sind dort gestorben.
Da war ein ungarischer Offizier. Er errettete uns vor dem Todeslager. Er fuhr mit dem Fahrrad den Engländern entgegen und forderte sie auf, unser Leben zu retten, denn unser Essen war vergiftet. Der Mann, der uns verbrannte, der uns tötete, kam am Sonnabend - nein, in der Nacht zum Sonntag und erzählte uns, er würde uns viel zu essen geben in der letzten Zeit: „Kinder, Kinder, essen Fleisch, Milch!" (3) Aber der ungarische Offizier rettete uns das Leben, er riet uns, nicht zu essen. Als die Engländer ankamen, waren die Wege bedeckt mit Massen von Konserven, Brotlaiben, Kekse.
Sie legten Feuer an das Lager, an das Typhuslager".

Noten zu dem Dokument
1. Ungarische Faschisten.
2. Vermutlich medizinische Versuche mit Trinken von Meerwasser
3. Die wörtliche Rede im Original deutsch gesprochen.

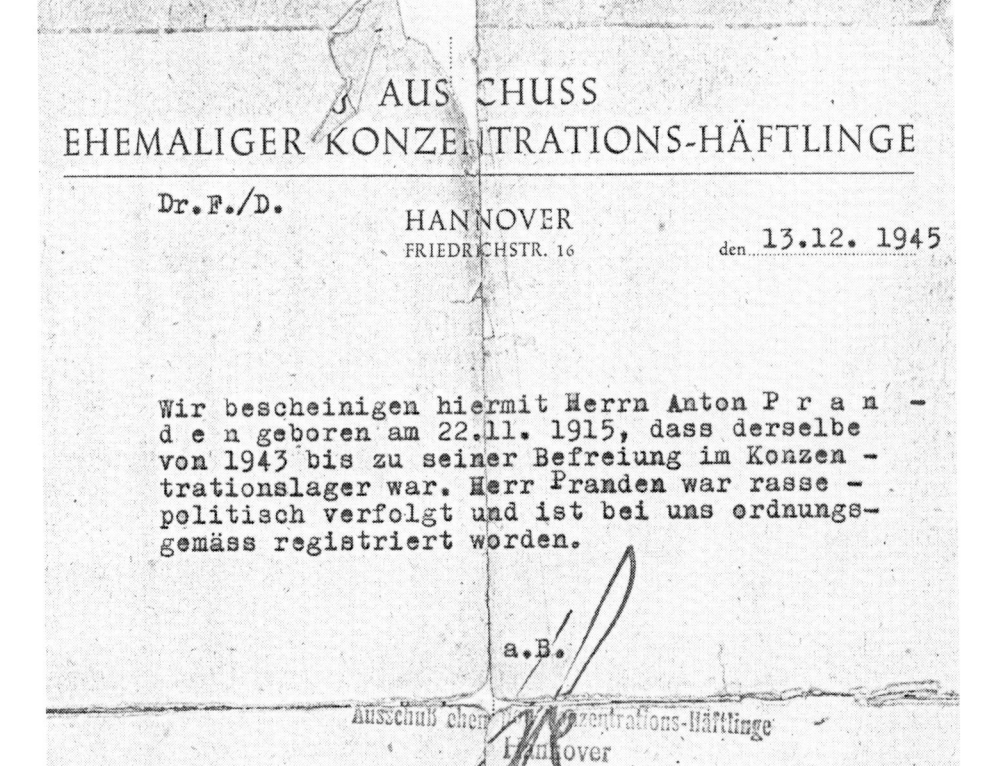

> **AUSSCHUSS
> EHEMALIGER KONZENTRATIONS-HÄFTLINGE**
>
> Dr.F./D.
>
> HANNOVER
> FRIEDRICHSTR. 16 den 13.12.1945
>
> Wir bescheinigen hiermit Herrn Anton P r a n -
> d e n geboren am 22.11.1915, dass derselbe
> von 1943 bis zu seiner Befreiung im Konzen -
> trationslager war. Herr Pranden war rasse -
> politisch verfolgt und ist bei uns ordnungs-
> gemäss registriert worden.
>
> a.B.
> Ausschuß ehem. Konzentrations-Häftlinge
> Hannover
> (Dr. Fenyes)

Dokument 15
Bescheinigung vom „Ausschuß ehemaliger Konzentrations-Häftlinge" in Hannover für Herrn Anton Pranden. Herr Pranden war nicht in Bergen-Belsen inhaftiert. Dem Ausschuß war der rassistische Charakter der Verfolgung noch selbstverständlich. Das höchste Gericht der Bundesrepublik Deutschland hat seit Mitte der fünfziger Jahre fast ein Jahrzehnt hindurch geurteilt, daß die Verfolgung der europäischen Zigeuner bis zur Einweisung in Konzentrationslager 1943 ausschließlich der Prävention von Asozialität und Kriminalität gedient hat - und damit nicht wiedergutmachungspflichtig gewesen ist. Das war empirisch falsch - und wörtlich die Ideologie der Nationalsozialisten.
Familienbesitz

Dokument 16
Ausweis für Frau Wanda Pranden, ausgestellt in deutsch und englisch vom „Ausschuß ehemaliger Konzentrations-Häftlinge" in Hannover. Die niedrige Z-Nummer aus Birkenau bezeugt den frühen Zeitpunkt der Verhaftung. Frau Pranden wurde aus dem Großen Frauenlager Bergen-Belsens von der Britischen Armee befreit.
Familienbesitz.

Topografische Quellen

1. Zeichnung Arbeitslager. Links oben: Wasserversorgung des Truppenübungsplatzes Bergen. Rohrnetzplan: Anschluß Arbeiterlager u. Hörsten. Links unten: Zuleitung u. Anschlüsse der Versorgungsgebiete Hörsten. H.(eeres-) N.(eubau-) Ma.- u. Arbeiterlager. Rechts oben: Arbeiterlager Bergen-Belsen, späteres Konzentrationslager Bergen-Belsen. (Nach einer Original-Lichtpause ohne Firmenkopf u. Datum) Planung ca. 1935/36. Gez. 12.9.1988 K. Baumann, Fassberg. Maßstab: 1:1000.
Standort des Originals: unbekannt. Standort in Kopie: Niedersächsische Landeszentrale für Politische Bildung, Hannover.

2. Zeichnung mit unbekannten Zweck, möglicherweise für das StaLag 311 oder das spätere Kriegsgefangenen-Lazarettlager. Zeit ca. 1940/41. Deutsch-englische Signaturen. Rechts oben: Gez. K. Baumann, Fassberg 25.8.1988 nach einer Original-Lichtpause Maßstab 1:1000. Reference-Vermerk der BAOR (British Army on the Rhine) vom 21.4.1945.
Standort des Originals: unbekannt. Standort in Kopie: Niedersächsische Landeszentrale für Politische Bildung, Hannover.

3. Plan für die Unterbringung einer ganzen Division, Zeit reichsdeutsch ca. 1935/36. Plan der Belsener Kasernen.
Standort des Originals: Public Record Office, London. Standort in Kopie: Niedersächsische Landeszentrale für Politische Bildung, Hannover.

4. Detailkopien daraus mit eingetragenen Lagergrenzen aus britischer Verwaltungszeit.
Standort des Originals: Public Record Office, London. Standort in Kopie: Niedersächsische Landeszentrale für Politische Bildung, Hannover.

5. Luftaufnahme der Kasernengegend des späteren Nebenlagers, britisch, aufgenommen am 17. September 1944. Bildnummer 3099. Technische Kennzeichnung: 106G.2946.17.Sept.44;F/36"//541.SQON-->.
Standort des Originals: University of Keele, Großbritannien. Standort in Kopie: Niedersächsische Landeszentrale für Politische Bildung, Hannover.

6. Luftaufnahmen des Hauptlagers, stereoskopisches Bildpaar mit Zentrum auf dem Kleinen Frauenlager, britisch, aufgenommen am 17. September 1944. Bildnummern unbekannt, technische Kennzeichnung: 106G.2946. 17.Sept.44. F/36"//541.SQON-->.
Standort des Originals: Universitiy of Keele, Großbritannien. Standort in Kopie: Niedersächsische Landeszentrale für Politische Bildung, Hannover.

7. Luftbildvergrößerung Maßstab 1:5000 aus dem Bildflug Aller (136). Datum der Aufnahme: 26.6.1961. Bildausschnitt zeigt das Gelände des ehemaligen Hauptlagers mit Massengräbern, Obelisk und Inschriftenwand; in der Umgebung das Tal der Meiße, den Schießstand und Teile des Truppenübungsplatzes.
Standort des Originals: Niedersächsisches Landesverwaltungsamt - Landesvermessung - Standort in Kopie: Niedersächsische Landeszentrale für Politische Bildung, Hannover.

8. Topografische Karte des Truppenübungsplatzes Bergen-Belsen 1:25000, 1938/42.
Standort des Originals: Niedersächsisches Landesverwaltungsamt - Landesvermessung - Standort in Ausschnitt-Kopie: Niedersächsische Landeszentrale für Politische Bildung, Hannover.

9. Zielkarte des Truppenübungsplatzes Bergen-Belsen 1:25000, 1938/42,

Standort des Originals: Niedersächsisches Landesverwaltungsamt - Landesvermessung - Standort in Ausschnitt-Kopie: Niedersächsische Landeszentrale für Politische Bildung, Hannover.
10. Karte nach Verbrennung des Hauptlagers, links oben: Gedenkstätte Belsen. Vorhandene Situation. Links unten: Maßstab 1:2500. Rechts unten: Hannover, im Februar 1946. Signatur des Kartenzeichners, unleserlich.
Standort des Originals: unbekannt. Standort in Kopie: Niedersächsische Landeszentrale für Politische Bildung, Hannover. Wertvoll durch Höhenlinien im Meterabstand.

Listen
1. Aus 325 Zigeunerinnen Kdo. Taucha bei Leipzig überstellt nach Bergen-Belsen (Nr. Buchenwald). Es folgen für 66 Frauen die Lagernummer Buchenwald, Name, Vorname, Geburtstag und Geburtsort und der Vermerk: Nach B.B. 14.3.1945.
Standort des Originals: unbekannt. Standort in Kopie: Niedersächsische Landeszentrale für Politische Bildung, Hannover.
2. Poststelle Nachweis der Häftlingsnummer für 234 weibl. Häftlinge von KZ Ravensbrück nach Kdo. Hasag-Taucha, davon am 14.3.1945 nach Bergen-Belsen (eingetroffen am 9.1944 von Ravensbrück nach Kdo Taucha).
Es folgen für 97 als Polinnen, 27 als Zigernerinnen und 26 als Jüdinnen klassifizierte Frauen die Daten wie zu Nr. 1.
Standort des Originals: unbekannt. Standort in Kopie: Niedersächsische Landeszentrale für Politische Bildung, Hannover.
3. Frauenlager Mauthausen. Die Liste traf so kurz vor Drucklegung ein, daß sie nicht mehr ausgewertet werden konnte. Zahlreiche als Zigeunerinnen klassifizierte Frauen und Kinder mit Transportvermerk 17.3.1945 für das F(rauen)K(onzentrations)L(ager) Bergen-Belsen.
Standort des Originals: Archiv Mauthausen. Standort in Kopie: Niedersächsische Landeszentrale für Politische Bildung, Hannover.
4. Lagerlisten für Haupt- und Nebenlager KZ Mittelbau. Nachweis für etwa 800 als Zigeuner klassifizierte Männer in den Nebenlagern Ellrich und Harzungen. Erschließungskartei, Standort des Originals: Archiv der Mahn- und Gedenkstätte Mittelbau, Standort in Kopie: Niedersächsischer Verband deutscher Sinti, Hannover.

10.0. Literaturverzeichnis

Besucherdienst der Gedenkstätte Bergen-Belsen, hrsg. von der Niedersächsischen Landeszentrale für Politische Bildung, Quelle Nr. 17, o.O., o.J.

Buchheim, Hans, Die Zigeunerdeportationen vom Mai 1940, in: Gutachten des Instituts für Zeitgeschichte, 1.58, München 1958.

Chronologie Bergen-Belsen, hrsg. von der Arbeitsgemeinschaft Bergen-Belsen, o.O., o.J.

Collis, W.R.F., The Ultimate Value, London 1951,

Collis, W.R.F., H. Hogerzeil, Strait on, London 1947.

Dieckmann, Götz, und Hochmuth, Peter, KZ Dora-Mittelbau, o.O., o.J.

Fenelon, Fania, Das Mädchenorchester in Auschwitz, München 1984.

Frejafon, G.L., Bergen-Belsen, Bagne Sanatorium, Paris 1947.

Hardman, Leslie H., The Survivors. The story of the Belsen Remnant, London 1958.

Hogerzeil, H., Collis, W.R.F., Strait on, London 1947.

Johe, Werner, Neuengamme, Zur Geschichte der Konzentrationslager in Hamburg, 4. durchgesehene und erweiterte Auflage, Hamburg 1984.

Kenrick, Donald, und Puxon, Grattan, Sinti und Roma, Die Vernichtung eines Volkes im NS-Staat, Göttingen 1981.

Kielar, Wieslaw, Anus Mundi, Fünf Jahre Auschwitz, Frankfurt/Main 1984.

Kogon, Eugen, Der SS-Staat, München 1974.

Kolb, Eberhard, Bergen Belsen. Geschichte des „Aufenthaltslagers" 1943-1945, Hannover 1962.

Kolb, Eberhard, Bergen Belsen. Vom "Aufenthaltslager" zum Konzentrationslager 1943-1945, Göttingen 1985.

Küstermeier, Rudolf, Wie wir in Belsen lebten, in Sington, Die Tore öffnen sich, Hamburg 1948.

Mittelbau-Dora, Kurzgefaßte Chronik eines faschistischen Konzentrationslagers, bearbeitet von Burghoff, Ingrid und Lothar, und Pelny, Kurt, o.O., o.J.

Niedersachsen I, Regierungsbezirke Braunschweig und Lüneburg, Heimatgeschichtlicher Wegweiser zu Stätten des Widerstandes und der Verfolgung 1933-1945, Bd. 2, hrsg. vom Studienkreis zur Erforschung und Vermittlung der Geschichte des Widerstandes 1933-1945 und dem Präsidium der Vereinigung der Verfolgten des Naziregimes - Bund der Antifaschisten, Köln 1985.

Novitsch, Miriam, The Extermination Of The Gypsies, An other aspect of the Nazi Crime of Genocide, Typoskript eines Referates auf dem Welt-Roma-Kongress in Göttingen, 1981, Kibbutz Lohamei-Haghettaoth, o.J.

Pankok, Otto, Zigeuner, 1. Auflage Düsseldorf 1948, zitiert nach der 2. Auflage, Düsseldorf 1958.

Pelny, Kurt, Das ehemalige KZ "Mittelbau-Dora", Nordhausen o.J.

Sington, Derek, Belsen Uncovered, London 1946, deutsch: Sington, Derrick, Die Tore öffnen sich, Hamburg 1948.

Sinti und Roma im ehemaligen KZ Bergen-Belsen am 27. Oktober 1979, Göttingen 1980.

Stojka, Ceija, Wir leben im Verborgenen, Erinnerungen einer Rom-Zigeunerin, hrsg. von Karin Berger, Wien 1988.

Thurner, Erika, Nationalsozialismus und Zigeuner in Österreich, Wien und Salzburg 1983.

Trial of Josef Kramer and Fourty-Four-Others, (The Belsen-Trial), hrsg. von Phillips, R., London, Edinburgh, Glasgow 1949.

10.1. Verzeichnis der Bilder

Otto Pankok, Tatjana am Wagen, 1948, Kohlezeichnung, Format 129 x 97 cm. Standort Haus Esselt, Hünxe-Drevenack. Das Bild wurde für die Veröffentlichung als Titelbild benutzt. Abdruck mit freundlicher Genehmigung von Eva Pankok.

Otto Pankok, Ringela, Kohlegemälde 1933, Format 149 x 99 cm, Standort Haus Esselt, Hünxe-Drevenack. Abdruck mit freundlicher Genehmigung von Eva Pankok.

Otto Pankok, Der Mulo, Kohlegemälde, 1934, Format 100 x 118 cm, Standort Haus Esselt, Hünxe-Drevenack. Das Bild wurde als Rückbild benutzt. Abdruck mit freundlicher Genehmigung von Eva Pankok.

Otto Pankok, Romanus, Kohlegemälde 1948, Format 118 x 98 cm, Standort Haus Esselt, Hünxe-Drevenack. Das Bild erhielt in einer Ausstellung von 1948 den Titel "Aus Auschwitz zurück". Abdruck mit freundlicher Genehmigung von Eva Pankok.